미국의 단편소설 작가들

단편소설의 탄생과 진화

미국의 단편소설 작가들

초판 발행일 2020년 9월 10일

지은이 김욱동
펴낸이 유현조
편집장 강주한
편 집 온현정
인쇄·제본 영신사
종 이 한서지업사

펴낸곳 소나무
등록 1987년 12월 12일 제2013-000063호
주소 경기도 고양시 덕양구 대덕로 86번길 85(현천동 121-6)
전화 02-375-5784
팩스 02-375-5789
전자우편 sonamoopub@empas.com
전자집 blog.naver.com/sonamoopub1

ISBN 978-89-7139-704-6 93840

이 도서의 국립중앙도서관 출판예정도서목록(CIP)은 서지정보유통지원시스템 홈페이지(http://seoji.nl.go.kr)와 국가자료공동목록시스템(http://www.nl.go.kr/kolisnet)에서 이용하실 수 있습니다.(CIP제어번호: CIP2020034807)

미국의 단편소설 작가들

단편소설의 탄생과 진화

김욱동 지음

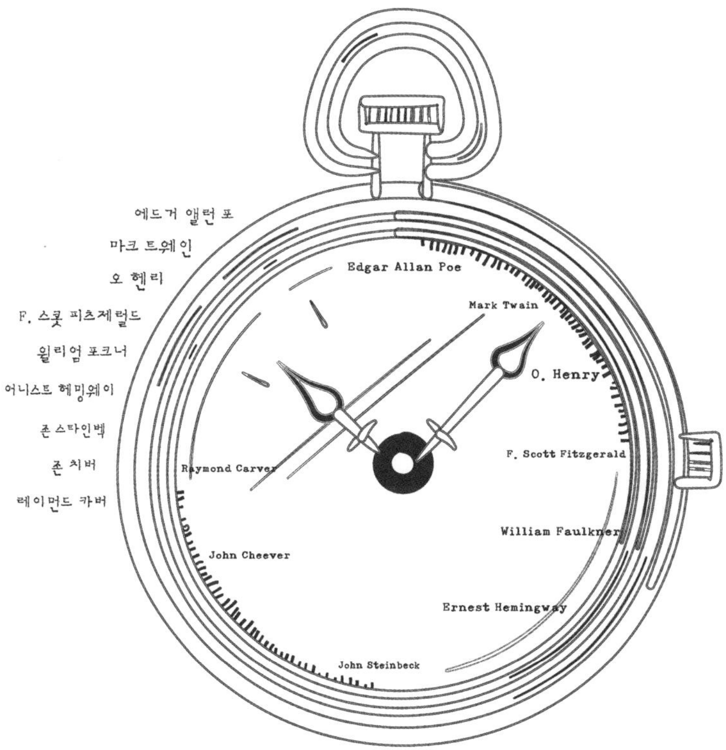

소나무

책머리에

미국 소설가 윌리엄 포크너에게 문학의 첫사랑은 소설이 아니라 시였다. 그는 시를 두고 "감동적인 그 무엇, 절대적인 에센스로 추출한 인간 조건의 열정적인 순간"이라고 말했다. 시인으로 실패한 포크너는 뒷날 소설을 써서 큰 성공을 거두었다. 노벨 문학상을 받은 뒤 그는 한 인터뷰에서 "어쩌면 모든 소설가는 하나같이 처음에는 시를 쓰고 싶어 했는지 모릅니다. 그러나 작가들은 자신에게 시를 쓸 수 있는 능력이 없다는 사실을 깨닫고는 단편소설에 손을 대지요"라고 밝혔다. 그러면서 자신은 시 창작에 실패한 뒤 단편소설에 손을 댔고 그것에도 실패하고 난 다음에서야 비로소 장편소설을 쓰게 되었다고 고백했다.

포크너의 말을 넘겨받아 한 호사가는 문학에 뜻을 두었으되 장편소설마저 쓰지 못하는 사람은 문학 비평가나 수필가가 된다고 지적하기도 했다. 포크너의 말대로 단편소설이란 시 다음으로 가장 엄격한 문학 형태다. 길이가 짧다고 쉽게 생각하고 덤벼들었다가는 낭패 보기 쉬운 문학 장르가 바로 단편소설이다. 문학청년들이 단편소설이 집필하기 쉽다고 생각한 것은 한낱 허상에 지나지 않는다. 작은 고추가 맵다는 우리네 속담도 있듯이 실제로 이 문학 장르에는 고도의 예술적 심미안과 수준 높은 문학적 역량, 그리고 글쓰기의 기술이 필요하다.

한국의 한 단편소설 작가는 언젠가 작품을 고안하는 데 한 달, 집필하는 데 한 달, 고치고 다듬는 데 한 달 걸린다고 말한 적이 있다. 그러니까 구상에서 발표까지 단편소설 한 편을 이 세상에 내놓는 데 세 달 정도 걸리는 셈이다. 그러나 그의 말은 장편소설과 비교하여 짧게 걸린다는 뜻이지 정확히 세 달이 걸린다는 말은 아니다. 이보다 시간이 훨씬 적게 걸릴 수도 있고, 이와는 반대로 몇 달, 아니 몇 년을 두고 끙끙거릴 수도 있다. 문제는 집필하는 데 시간이 얼마 걸리느냐가 아니라 얼마나 훌륭한 단편소설 작품을 쓰느냐에 있다.

나는 그동안 영국과 미국을 비롯한 외국의 장편소설을 연구하고 번역하는 데 온 힘을 쏟아 왔다. 그러나 몇 해 전부터 장편소설 못지않게 중요한 장르가 단편소설이라는 사실을 깨닫기 시작했다. 그리하여 세계의 유명 단편소설, 그중에서도 미국의 단편소설을 눈여겨봤다. 19세기 이후 미국 문학은 장편소설에서 두각을 보였지만 장편소설 못지않게 단편소설에서도 선구적인 역할을 했다. 세계 문학사에서 최초로 단편소설의 이론적 기초를 다진 곳은 다름 아닌 미국이다. 에드거 앨런 포는 시인으로 이름을 떨쳤지만 아직 걸음마 단계에 있던 단편소설의 이론을 정립하고 그 이론을 바탕으로 직접 단편소설을 집필하여 본보기를 보였다. 어떤 의미에서는 단편소설이야말로 가장 '미국적인' 문학 장르라고 하여도 크게 틀리지 않는다.

내가 이 책을 처음 기획한 것은 십여 년 전으로 거슬러 올라간다. 2008년에 나는 『소설의 제국』(소나무)이라는 책을 출간했다. 이렇게 거창한 제목을 내건 것은 미국이 정치와 경제, 군사적으로 제국의 역할을 할 뿐만 아니라 소설 분야에서도 그러한 역할을 해 왔다고 말하고 싶었기 때문이다. 이 책을 출간하고 난 뒤 나는 곧바로 미국의 단편소설을 집중적으로 다루는 책을 집필하기 시작했다. 그러나 이 일 저 일에 치여 십 년이 넘도록 완성하지 못하고 있다가 이제 겨우 시간을 내어 책을 마무리 짓고 마침내 햇빛을 보게 할 수 있었다. 그러니까 지금 출간하는 『미국의 단편소설 작가들』은 『소설의 제국』의 속편에 해당하는 책이다. 앞 책에서 미국의 장편소설을 주로 다루었다면 이번에 출간하는 책에서는 단편소설을 논의 대상으로 삼았다. 또한 미국 소설을 통시적으로 조감한 책은 『미국 소설의 이해』(소나무, 2001)다. 이 세 권의 책으로 나는 미국 소설을 어느 정도 정리할 수 있게 되었다.

이 작은 책이 좁게는 미국 소설, 더 넓게는 미국 문학의 정상에 오르려는 독자들에게 친절한 길잡이 노릇을 할 수 있기를 바라마지 않는다. 인터넷과 소셜미디어에 밀려 하루가 다르게 독자들의 수가 점점 줄어든다. 우리는 지금 스마트폰이나 아이패드 같은 디지털 기기에서는 눈을 떼지 않으면서도 책에는 좀처럼 손을 대지 않는 '부독(不讀)'의 시대 또는 '무독(無讀)'의 시대에 살고 있다. 그래서 출판사들은 책이 안 팔린다고 아우성친다. 이처럼 단행본을 출간하기 무척 어려울 때 이 책의 출간을 선뜻 허락해 준 소나무출판사 편집부 여러분께 깊은 감사를 드린다.

2020년 여름

울산 UNIST 연구실에서

김욱동

차례

1

에드거 앨런 포

단편소설의 창시자

불행한 어린 시절은 작가에게 더할 나위 없는 좋은 훈련이 된다는 어니스트 헤밍웨이의 말이 사실이라면, 에드거 앨런 포(1809~1849)는 작가로서 훌륭한 훈련을 받은 셈이다. 미국의 어느 작가보다도 포는 어린 시절을 불행하게 보냈을 뿐만 아니라 요람에서 무덤까지 그야말로 신산스럽게 살았다. 미국에서 이 지방 저 지방 돌아다니며 순회공연을 하던 떠돌이 배우의 아들로 태어난 포는 채 한 살도 되기 전에 아버지가 어디론가 사라져 버렸다. 역시 배우였던 어머니는 갓난아이인 그의 동생과 그를 데리고 버지니아 주 리치먼드로 거처를 옮겼다. 그러나 그 이듬해 어머니마저 병으로 사망했고, 고아가 된 포는 결국 리치먼드에 살던 부유한 담배 상인 존 앨런의 양아들이 되었다. 도박과 방탕을 비롯한 여러 문제로 1930년에 양아버지 앨런으로부터 의절 당할 때까지 그와 양아버지 사이에는 활시위처럼 팽팽한 긴장과 갈등이 계속되었다.

작가에게 이러한 외적 긴장이나 내적 갈등은 때로 창조의 원동력 역할을 한다. 아일랜드의 시인 윌리엄 버틀러 예이츠는 훌륭한 문학 작품이란 오직 작가 자신과의 처절한 투쟁에서만 생겨난다고 말했다. 예이츠의 말이 옳다는 것은 포와 같은 시대에 살았던 미국 작가 윌리엄 길모어 심스와 비교해 보면 잘 알 수 있다. 포가 "지금까지 미국이 배출한 소설가 중에서 가장 훌륭한 소설가"로 높이 평가한 심스는 포처럼 주로 남북전쟁 이전에 활약했다. 심스는 포처럼 문학적 재능이 뛰어났지만 포와는 달리 비교적 유복한 가정에서 남부럽지 않게 자랐다. 그러나 심스는 내적 갈등에서 비롯하는 긴장이나 고통이 별로 없었기 때문에 결국 위대한 작가가 되지 못했다. 심스는 장편소설을 비롯하여 희곡과 시 등 수십 권에 이르는 작품을 썼지만 포와 비교해 볼 때 한낱 미국 남부 지방의 삶을 그린 평범한 '지방색 작가'에 지나지 않는다.

'지방색'이란 특정한 지역의 방언, 생활방식, 태도, 민속, 풍경 같은 지역적 특징에 초점을 맞추는 문학 양식으로 미국 문학에서는 남북전쟁 직후에 한때 유행했다. 그러나 지방색 문학은 지리적 한계를 뛰어넘는 보편성을 획득하지 못하면 글자 그대로 '지역적' 문학으로 남게 된다. 심스처럼 특정한 지역에 뿌리를 박고 있으면서도 보편성을 획득하여 성공한 미국 작가로는 아마 윌리엄 포크너가 첫손가락에 꼽힐 것이다. 포크너는 '우표딱지만 한' 북부 미시시피 지역(라피엣 군과 옥스퍼드 읍)을 기반을 작품을 썼지만, 이러한 지리적 한계를 극복하고 자신이 태어나 자란 고향 땅을 신화적 왕국(요크너퍼토퍼 군, 제퍼슨 읍)으로 끌어 올리는 데 성공했다.

단편소설의 집을 설계한 포

이렇게 평생 삶의 잔치에 초대받지 못한 에드거 앨런 포는 '지방색 작가'라는 꼬리표가 늘 붙어 다니는 심스와는 달리, 척박한 미국 문단에 낭만주의를 활짝 꽃피웠을 뿐만 아니라 이른바 '미국 문예부흥'에서도 주도적인 역할을 했다. 포는 너새니얼 호손, 허먼 멜빌, 랠프 월도 에머슨, 월트 휘트먼 등과 더불어 명실공히 미국 문학을 영국과 유럽 문학 전통에서 젖을 떼고 민족문학 또는 국민문학으로 이유식을 하는 데 필요한 토대를 마련했다. 특히 포는 미국 문학뿐만 아니라 세계 문학에서 단편소설의 신기원을 이룩했다는 평가를 받는다. 또한 그는 미국 문학에 순수시의 기틀을 마련하기도 했다. 포는 미국 문학사에서 창작가로서뿐만 아니라 이론가로서도 굵직한 획을 그었다.

그러나 이렇게 재능 있는 작가이면서도 포는 모국에서는 이렇다 할 만한 주목을 받지 못했다. 한 세기쯤 뒤에 활약한 윌리엄 포크너처럼 포는 유럽에서 먼저 그 가치를 인정받고 나서야 비로소 미국에 역수입되다시피 했다. 가령 프랑스의 상징주의 시인 샤를 보들레르는 그를 인간의 마음을 깊이 탐구한 작가로 높이 평가했다. 특히 보들레르는 포의 작품을 읽고 나서 "여기에 내가 쓰고 싶었던 것이 모두 들어 있다"고 말했다. 보들레르의 뒤를 이어 스테판 말라르메는 포를 그동안 죽은 것과 다름없던 일상어를 회복한 '원형적인 시인'으로 평가했다. 그런가 하면 포의 시학과 비평 이론에 주목한 폴 발레리는 그를 "위대한 문학 엔지니어"라고 부르면서 칭찬을 아끼지 않았다. 한마디로 만약 포가 없었더라면 프랑스에서 상징주의는 빛을 보지 못했거나, 비록 빛을 보았다고 해도 뒤늦게 빛을 보았을 것이다.

그러나 프랑스에서와는 달리 미국에서는 포에 대한 평가가 여간 인색하지 않았다. 인색하다는 표현으로는 부족하고 아예 혹평을 일삼기 일쑤였다. 예를 들어 제임스 러셀 로웰은 포의 작품 중 '5분의 2가 허튼소리'라고 비판했는가 하면, 랠프 월도 에머슨도 포의 시 작품을 두고 귀에 듣기 좋게 "딸랑딸랑 방울을 울리는 사람"이라고 꼬집었다. 미국 문학에 심리주의 리얼리즘 전통을 세운 헨리 제임스는 그들보다 한술 더 떠 포의 작품을 좋아하는 것은 생각이 아직 원시 상태에 머물러 있음을 보여 주는 징표라고 혹평했다.

작가들이 가끔 그러하듯이 포도 시를 쓰기 시작함으로써 작가로서의 첫걸음을 내디뎠다. 이미 열한 살 때부터 시를 쓰기 시작한 그는 열여덟 살에 『태멀레인과 기타 시』(1827)를, 스무 살에 『시집』(1831)을 각각 출판했다. 그러나 시를 써서 생계를 유지한다는 것은 예나 지금이나 어렵다. 시를 써서 생계를 유지하기가 불가능하다는 사실을 깨달은 포는 소설에 손대기 시작하여 1832년부터 잇달아 단편소설을 발표했다. 또한 그는 그의 유일한 장편소설이라고 할 『아서 고든 핌의 이야기』(1838)를 출간했다. 허먼 멜빌의 『모비 딕』(1851)이나 로버트 루이스 스티븐슨의 『보물섬』(1883)을 떠올리게 하는 이 작품은 바다를 소재로 한 모험 소설이다. 이즈음 그는 《남부 문학 메신저》지(誌)를 비롯한 몇몇 잡지의 편집자로도 활

단편소설의 이론과 실제에서 굵직한 획을 그은 에드거 앨런 포.
그의 시와 단편소설은 프랑스에서 상징주의 문학이 태어나는 데 비옥한 밑거름이 되었다.

약했다.

그러나 무엇보다도 미국 소설사에서 포가 이룩한 업적이라면 단편소설의 이론을 정립하고 그러한 이론에 근거하여 뛰어난 작품을 많이 발표했다는 점이다. 물론 미국 문학사에서 단편소설의 씨앗을 처음 뿌린 사람은 워싱턴 어빙이다. 그는 『스케치북』(1819)에 수록한 「립 밴 윙클」과 「슬리피 할로의 전설」 같은 작품에서 오늘날 단편소설의 개념에 가장 가까운 작품을 썼다. 그러나 좀 더 엄밀히 말하자면 어빙의 작품은 단편소설로 보기에 미흡한 점이 한두 가지가 아니다. 참다운 의미의 단편소설은 포에 이르러 비로소 활짝 꽃피었다. 이렇게 단편소설의 이론적 체계를 처음 마련했을 뿐만 아니라 실제로 단편소설 작품을 창작했다는 점에서 포는 흔히 '단편소설의 할아버지'로 일컬어진다. 포의 이러한 단편소설 이론이 가장 잘 드러나 있는 글은 「작문 철학」이다.

> 만약 어떤 문학 작품이 너무 길어서 앉은자리에서 한꺼번에 읽을 수 없다면 우리는 인상의 통일에서 오는 매우 중요한 효과를 잃어버리는 것으로 만족해야 한다. 두 번 나누어 읽게 되면 온갖 세상일이 간섭하게 되어 총체성 같은 모든 것이 즉시 파괴되기 때문이다.

이렇듯 포는 단편소설이 장편소설보다 뛰어난 이유를 길이가 짧아서 '인상의 통일성'과 그에 따르는 '단일한 효과'를 얻을 수 있다는 데서 찾는다. 장편소설처럼 길이가 길어서 여러 번 나누어 읽게 되면 그러한 작품에서 얻는 인상이 분산되면서 단일한 효과를 얻는 데 실패할 수밖에 없다. 이러한 인상의 통일성과 단일한 효과로 말하자면 길이가 짧은 서정시가 단편소설보다 더 클 것이다. 그래서 포는 서정시가 단편소설보다 더 훌륭한 문학 형태라고 잘라 말한다.

더구나 포는 단편소설이 마치 건축을 설계하듯이 치밀한 계획과 의도에서 창작해야 한다고 주장한다. 삶의 모습을 파노라마식으로 보여 주는 장편소설과는 달리, 단편소설은 '삶의 한 단면'을 보여 주는 문학 장르다. 이렇게 삶의 한 단면을 묘사하는 단편소설은 간결성이나 압축성을 생명으로 삼는다. 그래서 단편소설 작가는 언어를 극도로 아껴서 사용해야 한다. 포는 호손의 작품집 『두 번 들은 이야기』(1837)에 관한 서평에서 심지어 낱말 하나라도 작가가 목표로 삼고 있는 효과를 얻을 수 있도록 유기적으로 사용해야 한다고 지적한다.

> 뛰어난 예술가는 늘 이야기를 짜임새 있게 구성해 왔다. 그는 사건에 맞도록 자기 생각을 만들어 내는 것이 아니라, 먼저 어떤 '단일한 효과'를 얻도록 의도적으로 고안해 낸 다음 그것에 맞는 사건을 만들어 그 사건을 결합하고, 이렇게 미리 고안해 낸 효과를 수립하는 데 가장 알맞은 어조로 그 사건을 다룬다. 만약 바로 첫 문장이 이러한 효과를 가져오지 못한다면 그는 첫 단계에서부터 실수를 범하는 것이 된다. 작품 전체를 통해 어휘 하나라도 직접 또는 간접으로 이렇게 미리 수립한 한 가지 의도를 향해 사용해야 한다.

포는 건축가가 설계도면에 따라 집을 짓듯이 단편소설 작가도 미리 고안해 놓은 의도에 따라 작품을 구성해야 한다고 지적한다. 설계도면에 따르지 않고 집을 지으면 부실해지는 것처럼, 작가의 의도에 따라 창작하지 않는 작품도 부실할 수밖에 없다.

앞의 인용문에서 볼 수 있듯이 건축가에게 벽돌이 건축 자재라면 작가에게 어휘는 소설의 집을 짓는 자재다. 벽돌을 쌓은 벽이 모여 집이 되듯이 어휘를 배열한 문장은 소설이라는 집의 뼈대가 된다. 건축가가 설계도면에 따라 벽돌을 하나하나 쌓듯이, 단편소설 작가도 미리 수립한 의도에 따라 어휘를 선택하고 배열해야 한다. 불필요한 어휘를 하나 더 집어넣거나, 필요한 어휘를 하나 빼서도 안 된다. 벽돌 하나를 빼면 집이 와르르 무너지듯이 필요한 어휘를 하나 빼거나 필요 없는 어휘를 하나 집어넣으면 단편소설의 집도 허물어질 수 있기 때문이다. 단편소설이란 그만큼 고도의 기술과 극도의 경제성을 요구하는 문학 장르다. 포가 주창한 단편소설 이론은 다음과 같이 크게 다섯 가지로 다시 요약할 수 있다.

첫째, 단편소설은 길이가 짧아야 한다. 소금이 짜다는 말처럼 자칫 진부하게 들릴지 모르지만 길이가 짧은 것이야말로 단편소설을 규정짓는 가장 중요한 특징이다. 그러나 짧다는 것은 어디까지나 상대적인 기준일 뿐이다. 그래서 포는 '앉은자리에서' 읽을 수 있는 분량이어야 한다고 말한다. 물론 이러한 규정도 엄밀히 따지고 보면 상대적이라고 할 수밖에 없다. 겨우 십 분만 앉아 있어도 엉덩이를 들썩이는 사람이 있는가 하면, 한 시간 이상 끄덕하지도 않고 앉아서 책을 읽는 사람이 있기 때문이다.

어찌 되었든 단편소설은 장편소설이나 중편소설과 비교해 그 길이가 짧아야 한다.

둘째, 단편소설에서는 '인상의 통일성'과 '단일한 효과'를 노려야 한다. 훌륭한 단편소설이라면 작품이 시작할 때부터 끝날 때까지 일관성 있는 사건이나 단일한 행위를 다루어야 한다. 단편소설의 이러한 특성을 가리키기 위해 어떤 이론가들은 '삶의 단면' 또는 '삶의 조각'이라는 말을 자주 사용한다. 삶의 모습을 다루되 오직 한 조각의 삶만을 다루어야 한다. 단편소설 작가는 하나의 일화나 사건·상황을 사용함으로써 단일한 효과를 얻어야 한다. 단편소설에서 실타래처럼 얽히고설킨 플롯은 축복이 아니라 오히려 저주다.

셋째, 단편소설은 경제적이고 압축적이어야 한다. 단편소설에서는 장편소설에서처럼 사건을 자세하고 길게 묘사할 여유가 없다. 모든 사건은 결말을 향해 치닫기 때문에 낱말 하나하나가 소중하다. 극단적으로 말하면 한 낱말을 빼서도 안 되고 더 넣어서도 안 된다. 단편소설 작가는 '최소한의 자재로 최대한의 효과를 거둔다'는 경제 원칙을 따라야 한다. 그러므로 단편소설에서는 낱말을 한 마디도 낭비해서는 안 된다. 단편소설에서 모든 요소나 세부 사항은 서로 유기적으로 연관되어야 하기 때문이다. 적어도 이 점에서 단편소설은 소설보다는 차라리 시에 가깝다.

넷째, 단편소설은 논리적 진실을 담고 있어야 한다. 그런데 여기에서 포가 '과학적 진실'이라 하지 않고 '논리적 진실'이라고 말하는 점을 눈여겨보아야 한다. 과학자의 실험과 관찰보다는 작가의 상상력과 직관에 의

존하는 만큼 단편소설에서는 사건의 논리적 인과관계가 무엇보다도 중요하다. 과학적 진실과 논리적 진실은 서로 일치할 수도 있지만 서로 상충할 때도 있다.

다섯째, 단편소설은 독자들이 모든 사건이 종결되었다는 느낌을 받도록 끝내야 한다. 문장부호를 빌려 표현하자면, 대시(—)나 줄임표(…)로 끝을 맺어서는 안 되고 마침표(.)로 끝을 맺어야 한다. 요즈음 소설 이론에서 흔히 말하는 용어를 빌려 표현한다면 단편소설은 '닫힌 결말'이어야 한다. 물론 포가 말하는 이 다섯 번째 조건은 현대 단편소설에서는 그렇게 썩 잘 들어맞지는 않는다. 사건을 종결하지 않는 대신 독자의 판단에 맡기는 '열린 결말'을 사용하는 작가들이 적지 않기 때문이다.

포는 비단 단편소설의 이론을 정립한 것에 그치지 않고 더 나아가 그 이론을 직접 자신의 작품에 적용하여 단편소설을 썼다. 그는 말하자면 단편소설의 이론과 실천 모두에 깊은 관심을 기울였다. 포에게 이론과 실천은 마치 동전의 양면처럼 서로 나누어 생각할 수 없을 정도로 하나였다. 미국 문학사, 아니 세계 문학사를 통틀어서도 포처럼 이론과 실제에서 뛰어난 작가를 찾아보기란 여간 어렵지 않다. 그는 창작은 작가의 몫이고 이론과 비평은 학자나 비평가의 몫이라는 통념을 여지없이 깨뜨렸다.

포가 말하는 단편소설 이론을 좀 더 쉽게 이해하기 위해 가장 대표적인 그의 작품 중 하나로 꼽히는 「고자질하는 심장」(1843)을 한 예로 들어보기로 하자. 이 작품의 주인공이요 서술 화자인 '나'는 평소 자신의 심기를 거슬리게 하던 동거 노인을 일주일 동안 사전에 준비한 뒤 살해한다. '나'는 시체를 토막 내고 자신의 집 마룻바닥에 숨긴다. 노인이 죽으면서 지른 외마디의 비명을 들은 이웃이 경찰에 신고하고 경찰 세 명이 '나'의 집에 찾아온다. 그러나 경찰은 범행을 입증할 아무런 증거도 찾아내지 못한다. 전혀 동요하지 않는 '나'는 경찰에게 노인의 방을 보여 주며 그들에게 의자까지 가져다주는 여유를 보인다. 경찰들도 이제 더는 '나'를 의심하지 않게 되고 가벼운 담소를 나누기까지 한다. 하지만 원인 모를 불안감에 빠진 '나'는 노인의 심장 소리가 뚜렷하게 들려오는 것을 의식하면서 경찰에게 모든 범행을 자백하기에 이른다.

이 작품은 무엇보다 먼저 길이에서 '앉은자리에서' 한꺼번에 읽을 수 있는 짧은 분량이다. 좀 더 구체적으로 말해서 이 단편소설은 20단락이 채 되지 않는다. 둘째, 이 작품은 첫 문장에서 포가 미리 고안한 효과를 가져올 문장을 구사한다. "사실이다! 나는 너무나도 신경질적이었으며 지금도 그러하다. 그렇다고 왜 나를 미친 사람이라고 말하려 드는가?" 더구나 이 작품은 시작뿐만 아니라 클라이맥스에서 끝을 맺는다. 죄책감에서 벗어날 길이 없는 '나'는 자신의 범행을 고백하면서 시체를 숨긴 판자를 뜯는다. 셋째, 이 작품에서는 '인상의 통일성'과 그에 따른 '단일한 효과'를 얻을 수 있다. 이 단편소설에서 포는 첫 장면부터 끝 장면까지 긴장감으로 가득 찬 분위기를 조성하면서 독자에게 초조감과 불안감을 불러일으킨다.

단편소설의 세 유형

에드거 앨런 포는 단편소설의 이론을 정립하고 그 이론에 따라 작품을 창작하되 어느 특정한 장르에 국한하지 않고 여러 장르를 자유롭게 넘나들었다. 이것은 다른 작가들에게서는 좀처럼 볼 수 없고 오직 포에게서만 찾아볼 수 있는 특징이다. 포가 얼마나 단편소설의 여러 가능성을 탐색했는지 알 수 있다. 단편소설은 그에게 마치 문학의 실험실과 같았다. 이 실험실에서 그는 여러 가능성과 한계를 부단히 탐색했다. 포의 단편 작품은 ① 공포 소설, ② 심리 소설, ③ 추리 소설의 세 갈래로 크게 나뉜다. 물론 이러한 장르에 속하지 않는 모호한 작품들도 더러 있다.

고딕 로맨스 전통에 속하는 공포 소설은 독자에게 공포감을 불러일으키는 작품이다. 그의 작품에는 남성 주인공이 애인이나 아내인 여성 주인공을 살해하고, 무덤에 파묻힌 여주인공이 다시 살아나 수의를 입은 채 그에게 나타나는 장면이 자주 나온다. 공포 소설은 미국 문학에서는 일찍이 찰스 브록든 브라운이 이 장르를 개척해 관심을 끌었다. 포는 평소 브라운의 작품을 잘 알고 있었을 뿐만 아니라 그의 작품을 매우 높이 평가했다. 또한 포는 월터 스콧의 작품을 비롯하여 동양의 이국적 분위기에 매료된 조지 고든 바이런 같은 영국 낭만주의 시인에게서도 큰 영향을 받았다. 이 밖에도 호러스 월폴이나 앤 래드클리프 같은 고딕 소설가한테서 받은 영향도 엿보인다. 포 자신이 가장 좋아한 작품으로 알려진 「라이지어」(1938)를 비롯하여 「어셔가(家)의 몰락」(1839) 등은 공포 소설의 갈래에 속하는 대표적인 작품이다. 특히 후자의 작품에서 죽음, 시체, 인간처럼 살아 있는 듯한 집, 지하 무덤, 폭풍우가 몰아치는 밤 등은 공포 소설에서 볼 수 있는 기본적인 장치다. 그러나 포는 미국이나 유럽의 공포 소설을 단순히 모방하는 것에 그치지 않고 이 장르의 수준을 한 단계 올려놓았다는 평가를 받는다.

「라이지어」는 한편으로는 포 특유의 탐미주의를 보여 주고 다른 한편으로는 공포감을 불러일으키는 작품이다. 포는 "라이지어를 언제, 어떻게 하여 처음으로 알았는지, 심지어는 어디에서였는지조차 나는 도무지 기억하지 못한다"는 문장으로 이 작품을 시작한다. 주인공은 라일 강변의 어느 옛 도시에서 그녀를 만났다는 사실밖에는 아무것도 기억하지 못한다. 포는 라이지어를 외모와 지성을 겸비한 가장 이상적인 미의 소유자로 묘사한다. 주인공은 비할 데 없이 아름다운 '미의 화신' 라이지어와 결혼하지만 그녀는 병에 걸려 사망한다.

그 뒤 주인공은 로위나와 재혼하지만 그녀 역시 갑작스럽게 병에 걸려 사망한다. 그런데 로위나의 시체는 다시 살아났다가 죽는 과정을 몇 차례 되풀이한 뒤 마침내 수의를 벗고 주인공 앞에 모습을 드러내는데, 그 모습은 두 번째 아내가 아닌 첫 번째 아내 라이지어가 아닌가. 작가의 전기적 사실에 바탕을 둔 이 작품에서 포는 현실 세계에서 이루지 못한 소망을 환상을 통해 실현하려고 한다. 그러나 그가 다루는 이상심리는 사뭇 섬뜩하여 독자들에게 적잖이 공포감을 불러일으킨다.

포의 단편소설 중 심리 소설은 주로 작중인물의 미묘한 심리적 갈등이나 내적 긴장 그리고 그것에서 비롯하는 이상심리를 다룬다. 포의 작품에는 병적으로 우울하거나 신경 질환에 가까울 만큼 감정이 예민한 작중인물이 의외로 많이 나온다. 심지어는 광기를 지니고 있거나 거의 광기에 가까운 성격을 보이는 작중인물도 적지 않다. 「베러니스」(1835)를 비롯하여 「고자질하는 심장」, 1인 2역의 모티프를 사용하는 「윌리엄 윌슨」(1839), 「군중의 사나이」(1840), 그리고 「검은 고양이」(1843) 등은 가장 대표적인 심리 소설로 꼽힌다. 「베러니스」에서 주인공은 친척뻘 되는 약혼녀의 치아를 모두 뽑은 뒤 생매장하다시피 한다.

포는 「검은 고양이」에서 죄의식, 광기, 분노, 악마성 같은 인간의 어두운 내면세계를 파헤친다. 검은 고양이를 죽이려다가 그만 실수로 자신의 아내를 죽인 주인공은 시체를 벽 속에 집어넣고 발라 버린다. 그런데 그만 실수로 고양이까지 벽 속에 집어넣는다. 수사관이 벽을 치자 고양이가 울음소리를 내는 바람에 모든 것이 밝혀지고 결국 주인공은 교수형을 당한다.

추리 소설은 미스터리나 탐정 소설로 주로 인간 이성(理性)의 힘으로 사건을 해결하는 작품이다. 초자연적인 공포 소설의 반대쪽에 있는 이 유형의 소설은 언뜻 비이성적인 감정에 호소하는 공포 소설이나 심리 소설과는 모순처럼 보일는지 모른다. 실제로 지금까지 적지 않은 비평가들이 포 작품에 나타나는 이러한 모순을 지적해 왔다. 그러나 좀 더 꼼꼼히 따져 보면 극과 극이 서로 통하듯이 이성적인 것을 지나치게 밀고 나가다 보면 광기에 이르게 마련이다. 이 갈래에 속하는 작품으로는 「황금 벌레」

(1843), 「도둑맞은 편지」(1845), 그리고 「모르귀가(街)의 살인」(1841) 등이 꼽힌다.

「모르가의 살인」에서는 제목 그대로 프랑스의 한 마을에서 일어난 괴상한 살인 사건을 소재로 삼는다. 잔학한 살인 행위로 세상 사람들을 전율시키면서 온 도시에 충격을 준 이 사건을 파리 경찰국의 형사들은 수사의 실마리도 찾지 못한 채 제자리걸음만 되풀이한다. 이때 관찰력이 뛰어나고 분석력이 탁월한 명탐정 오귀스트 뒤팽이 나타나 사건을 순간적으로 해결한다. 치밀한 구성, 오싹하고 음산한 분위기를 자아내는 묘사, 사물에 대한 놀라운 관찰과 분석이 한데 어울려 이 작품은 흔히 추리 소설의 선구자로 평가받는다.

한편 「도둑맞은 편지」는 프랑스 궁정의 한 귀부인이 아주 소중한 편지를 도둑맞았다가 되찾는 내용이다. 상대방이 그것을 가져가는 것을 두 눈으로 지켜보면서도 주변 상황 때문에 꼼짝 못하고 당한다. 편지를 훔친 D 장관은 정치적으로 중요한 그 편지를 이용해 횡포를 부리고, 편지를 되찾으려는 온갖 노력은 물거품이 된다. 이 사건을 넘겨받은 G 경시총감은 오귀스트 뒤팽을 찾아가 도움을 청하고 뒤팽은 사건을 해결한다. D 장관은 훔친 편지를 누구나 다 볼 수 있는 곳에 놓아두었고, 뒤팽은 그 사실을 역이용하여 찾아낸 것이다.

물론 포의 단편소설은 앞에서 말한 세 갈래에 들지 않는 작품도 얼마든지 있다. 가령 「녹초가 된 사나이」(1939)는 사회 풍자 소설로, 「타르 박사와 페더 교수」(1845)는 그로테스크한 블랙 유머로, 「페스트 왕」(1835)은 진지한 주제를 익살스럽게 꾸미는 벌레스크로 볼 수 있다. 또한 포의 작품에는 하나 이상의 갈래에 속하는 작품이나 어느 갈래로도 쉽게 분류할 수 없는 작품도 더러 있다. 가령 「타원의 초상화」(1842)나 「홉-프로그」(1849) 같은 작품이 여기에 속할 것이다.

「어셔가의 몰락」

포의 단편소설을 좀 더 쉽게 이해하기 위해서는 그의 가장 대표적인 작품이라고 할 「어셔가의 몰락」을 한 예로 들어 보는 것이 좋을 것 같다. 포는 이 작품을 1839년에 《버튼의 신사 잡지》에 처음 발표한 뒤 조금 수정하여 그 이듬해에 출간한 작품집 『그로테스크와 아라베스크의 이야기』(1840)에 수록했다. 이 단편소설은 미국 문학사에서 큰 획을 그은 작품일 뿐만 아니라 다른 여러 매체로 만들어져 대중의 인기를 끌었다.

가령 일찍부터 여러 영화감독이 이 작품을 영상으로 옮기려고 시도했다. 예를 들어 프랑스의 영화 이론가요 영화감독인 장 엡스탱이 1928년에 이미 포의 작품을 원작으로 무성영화를 만들었다. 원작의 내용을 조금 변형했다는 비판을 받았지만 엡스탱은 탁월한 형식미로 원작의 음울한 분위기를 고스란히 살려 냈다. 특히 그의 영화에서는 1920년대 프랑스 인상주의자들과 아방가르드 예술가들이 시도한 혁신적인 영상 실험의 흔적을 볼 수 있어 영화사에서도 자주 거론된다. 그 뒤 포의 작품을 무려 일곱 편이나 영화로 만든 로저 코먼은 1960년에 메가폰을 잡고 빈센트 프라이스를 주역 배우로 삼아 두 번째 영화를 만들었다. 「어셔가의 몰락」을 영화로 만든 작품 중에서는 아마 코먼 작품이 가장 유명할 것이다. 그 뒤 1979년에 이 작품은 다시 텔레비전 영화로 만들어져 인기를 끌기도 했다.

이 밖에도 「어셔가의 몰락」은 여러 번 연극으로도 각색되어 무대에서 공연되었다. 1970년대 초 스티븐 버코프가 원작에 충실하게 35개에 이르는 장면으로 각색했다. 앰버 레인 출판사가 출간한 이 작품은 1974년 '에든버러 페스티벌'에서 공연된 뒤 이듬해에는 '햄스테드 시어터 클럽'에서도 공연되었다. 2008년에 예일 대학교 학생 새러 허쉬와 몰리 폭스가 각색한 대본으로 만든 뮤지컬이 '뉴욕 국제 프린지 페스티벌'에서 최우수 음악상을 받아 화제가 되기도 했다.

또한 「어셔가의 몰락」은 영화뿐만 아니라 음악 작품으로 각색되어 재탄생되었다. 클로드 드뷔시는 포의 작품을 원작으로 오페라를 작곡하던 중 미처 완성하지 못하고 사망했다. 만약 드뷔시가 오페라를 작곡했더라면 그 특유의 몽상적인 기법으로 이 단편소설의 비현실적이고 음산한 분위기를 한껏 살려 냈을 것이다. 1987년에 미국의 현대 음악 작곡가 필립 글래스는 드뷔시의 바통을 이어받아 이 작품을 원작으로 오페라를 작곡했다. 특히 이 오페라에서 글래스는 어셔가의 남매를 근친상간적인 관점에서 해석하여 관심을 끌었다. 실제로 포의 작품에도 로더릭과 매들린의 관계를 근친상간으로 볼 수 있는 여지는 충분히 있다. 1976년에 나온 앨런 파슨스 프로젝트의 데뷔 앨범 〈미스터리와 상상력의 이야기들〉은 「어서가의 몰락」을 비롯한 포의 여러 작품을 원작으로 삼고 있다. 이 앨범에는 미국의 배우 오슨 웰스가 내레이터로 등장하기도 했다. 2014년에 데이브 멀로이가 만든 송 사이클 〈유령 사중주〉도 「어셔가의 몰락」에 바탕을 둔 작품으로 관심을 끌었다.

「어셔가의 몰락」은 포의 작품 세계를 엿볼 수 있는 가장 좋은 작품 중 하나다. 전기 비평적 관점에서 보면 지나치게 정신이상을 두려워하는 작가의 불안한 심리를 엿볼 수 있다. 이 작품에서 포는 그의 핵심 소재라고 할 광기, 죽음, 공포, 가족, 고독과 소외, 자아분열, 정체성 등의 문제를 심도 있게 다룬다. 앞에서 이 작품을 공포 소설로 분류했지만 좀 더 넓은 의미에서는 얼마든지 심리 소설로도 읽을 수 있다. 실제로 '공포'와 '심리'는 따로 떼어서 생각할 수 없을 만큼 서로 깊이 연관되어 있다. 포의 작품이 흔히 그러하듯이 이 작품에서도 현실과 환상, 사실적인 것과 허구적인 것, 자연적인 것과 초자연적인 것을 엄격히 구분 짓기란 여간 어렵지 않다.

포의 작품이 흔히 그러하듯이 「어셔가의 몰락」도 작품의 제목을 찬찬히 눈여겨보아야 한다. 원문의 영어 'house'는 이중적인 의미를 담고 있다. 물리적인 실제 건물을 가리킬 수도 있고, 대대로 이어져 내려온 명문 가문 어셔 집안을 가리킬 수도 있다. 만약 전자로 해석한다면 '어셔의 집의 붕괴'로 옮기는 쪽이 맞다. 그러나 후자로 해석한다면 '어셔 가문의 몰락'이나 '어셔 집안의 파멸'로 옮기는 쪽이 더 맞다. 이 작품의 제목을 지으면서 포는 장기의 양수겸장처럼 이 두 가지 의미를 모두 염두에 둔 듯하다. 그런데 여기서 흥미로운 것은 이 두 가지가 서로 뒤엉켜 있어 분리하기 어렵다는

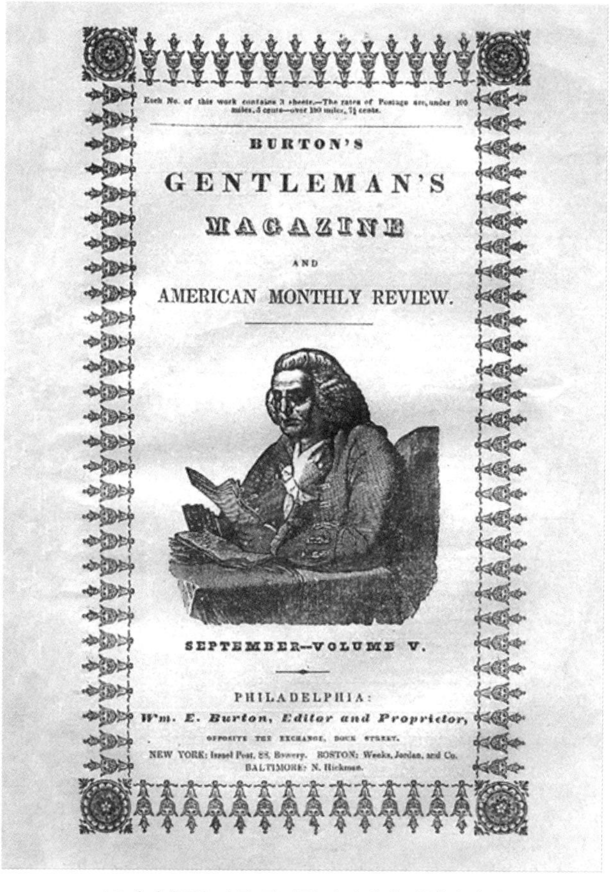
Each No. of this work contains 3 sheets.—The rates of Postage are, under 100 miles, 3 cents—over 100 miles, 7½ cents.

BURTON'S

GENTLEMAN'S

MAGAZINE

AND

AMERICAN MONTHLY REVIEW.

SEPTEMBER—VOLUME V.

PHILADELPHIA:

Wm. E. Burton, Editor and Proprietor,

OPPOSITE THE EXCHANGE, DOCK STREET.

NEW YORK: Israel Post, 88, Bowery. BOSTON: Weeks, Jordan, and Co.
BALTIMORE: N. Hickman.

19세기 중엽 미국 필라델피아에서 발행되었던
《버튼의 신사 잡지(Burton's Gentleman's Magazine)》.
에드거 앨런 포는 한때 이 잡지의 편집자로 일하면서 「어셔가의 몰락」을 비롯한
몇몇 단편소설을 발표했다.

점이다. 작품의 결말 장면에서 매들린이 갑자기 나타나 온 힘을 다하여 로더릭을 끌어안은 채 마룻바닥에 쓰러지면서 숨을 거두고, 몸과 마음이 쇠약할 대로 쇠약해진 로더릭도 그 충격으로 심장마비로 사망한다. 마지막 후예가 사망하면서 어셔 가문은 완전히 대단원의 막을 내린다. 이와 동시에 유서 깊은 어셔가의 저택도 두 동강이로 허물어져 내려 연못 속으로 사라지고 만다.

제목이야 어찌 되었든 「어셔가의 몰락」은 명문 귀족 집안인 어셔 가문의 쌍둥이 남매 로더릭과 매들린의 파멸 과정을 그린다. 그런데 이러한 파멸 과정은 오직 일인칭 서술 화자 '나'를 통해 독자에게 전달된다. 다른 작품의 일인칭 화자와는 달리 '나'는 철저히 베일에 싸여 있는 수수께끼 같은 인물이다. 포는 '나'가 로더릭 어셔의 어린 시절부터 친구라는 사실만 밝힐 뿐, 나이나 직업, 고향, 배경 등에 관해서는 전혀 언급하지 않는다. '나'는 어셔가의 이야기를 전달하는 서술자의 역할만 수행할 따름이다. 이렇게 '나'의 역할을 서술 화자에 국한시킴으로써 포는 어셔가의 두 자매에게 초점을 맞춘다. 그런데 화자 '나'는 작품 곳곳에서 자신이 말하거나 묘사하는 것이 정확한 것인지 확신이 서지 않는다고 밝히기 일쑤다. 어느 날 '나'는 오랜 친구인 로더릭에게 갑작스럽게 편지 한 통을 받고 그의 집으로 그를 찾아간다.

> 그해 가을 컴컴하고 우중충하고 적막하며 숨이 막힐 듯 구름이 하늘에 낮게 드리운 어느 날, 나는 혼자 말을 타고 남다르게 황량한 곳을 지나고

> 있었다. 저녁의 어스름이 다가오던 무렵 나는 마침내 음침한 어셔가의 저택이 보이는 곳에 이르렀다. 나는 그 집이 어떠했는지 잘 모른다. 그러나 그 건물을 처음 힐끗 바라보자 견딜 수 없는 우울감이 내 영혼을 엄습했다.

어셔가의 저택 주변의 분위기도 황량하기 이를 데 없지만 그 건물은 더욱 황량하다. 그야말로 음침하고 소름이 오싹오싹 끼치는 분위기다. 이렇게 을씨년스러운 것은 비단 지리적 공간만이 아니다. 시간적 배경도 일년 중 가을, 그것도 하루해가 저무는 일몰의 시각이다.

포는 앞으로 전개될 사건에 걸맞게 시간적 배경과 공간적 배경을 설정한다. 더구나 고풍스러운 집은 지붕에서 건물 아래까지 가느다란 금이 나 있고, 집 앞에는 보기에도 황량한 작은 연못이 있다. '나'는 작품 첫머리에서 그 건물을 바라보면서 '견딜 수 없는 우울감'에 사로잡혔다고 밝힌다. "그때의 느낌은 우리가 세상에서 느끼는 어떤 느낌과도 비교할 수 있는 것이 아니었다. 다만 아편 중독자가 약 기운이 사라져 고통스럽게 일상으로 되돌아가야 할 때의 느낌이랄까, 고통을 가리던 장막이 끔찍하게 걷힐 때 아편 중독자가 갖는 느낌과 비교한다면 그래도 비교가 될 수 있었을 것이다"라고 말한다.

그러나 여기서 한 가지 염두에 둘 것은 이러한 구체적인 배경 설명과는 달리 포는 이 저택이 미국의 어느 지역에 있는지, 또 비극적인 사건이 어느 해에 일어났는지 전혀 언급하지 않는다는 점이다. 포는 이 작품을 집필하면서 보스턴에 있는 영국의 출판업자 헤즈카이어 어셔 저택에서 영감을 받은 것으로 알려져 있다. 작가는 그러한 역사적 시간과 지리적 공간보다는 오히려 작품의 을씨년스러운 분위기에 초점을 맞춘다. 포가 이 작품에서 인용하는 시 그대로 어셔가의 저택은 말하자면 귀신이 출몰하는 '유령의 궁전' 같은 곳이다.

이렇게 을씨년스러운 분위기는 저택 안도 마찬가지다. 로더릭과 그의 쌍둥이 누이 매들린은 자연 대신에 인공적인 가구들로 장식한 어두운 방에서 살고 있다. 두꺼운 커튼으로 창을 막아 햇빛이 좀처럼 들어오지 않는 방 안에는 여기저기 책과 악기들이 널려 있다. 낡고 오래된 가구들은 하나같이 자연스럽거나 편안한 느낌을 주지 않는다. 을씨년스럽고 황량한 분위기는 어셔가에 사는 두 주인공의 심리 상태를 잘 보여 준다. 실제로 작가는 이 집을 마치 인간처럼 묘사한다. 가령 건물 벽에 있는 유리창들을 사람의 "눈과 같다"고 묘사한다.

저택 안에서 화자 '나'가 만난 로더릭 어셔의 모습은 보기에도 끔찍하다. 시체처럼 창백한 표정, 심하게 번뜩이는 물기 어린 큼직한 두 눈, 조금 얇고 창백하지만 뛰어나게 아름다운 곡선의 입술 등에서 '나'는 친구가 정상이 아니라는 사실을 알아차린다. 대화 도중 로더릭이 이따금 내비치거나 애매하게 암시하는 말에서도 그가 육체적으로나 정신적으로나 심각한 병을 앓고 있다는 것을 깨닫는다. 비평가 앨런 테이트가 "포는 살아 있는 것은 어떤 것에도 흥미를 갖지 않는다. 포에게 모든 것은 죽어 있다. 집이 그러하고, 방이 그러하며, 가구가 그러하다"고 밝히는 것은 바로 그 때문이다. 로더릭은 화자인 친구에게 자신의 감각이 지나치게 병적으로 과민한 나머지 그 때문에 결국 죽게 될 것이라고 말하기도 한다.

더구나 로더릭은 누이동생 매들린이 원인 모를 병으로 시름시름 죽어가고 있어 더더욱 의기소침해 있다. 지금 그녀가 앓고 있는 병은 강경증이다. 이 병에 걸린 환자는 근육을 자발적으로 움직이지 못하고 자극에 반응하지 못하여 혼수 또는 체면 상태에 빠진다. 그래서 이 병을 흔히 '살아 있는 시체'의 증상이 있는 질병으로 일컫기도 한다. 강경증 환자들이 실수로 살아 있는 상태로 매장되었다는 신문 기사를 심심치 않게 보게 된다. 어느 날 로더릭은 매들린이 마침내 사망한 것으로 착각한다. 그래서 그는 '나'에게 그녀의 죽음을 알리며 저택의 지하실에 매장하는 일을 도와 달라고 부탁한다. 두 주 동안 매들린을 지하실에 매장한 뒤 가족 묘지에 정식으로 매장할 예정이었다.

매들린을 지하실에 매장한 지 일주일쯤 폭풍우가 심하게 몰아치는 어느 날 밤, 그녀는 피투성이가 된 채 나타나 로더릭과 '나'를 공포의 도가니로 몰아넣는다. 매들린처럼 이렇게 죽은 사람이 다시 살아나는 것은 포 작품에서 그다지 어렵지 않게 찾아볼 수 있다. 깜짝 놀라서 밖으로 뛰어나온 '나'가 뒤를 돌아보자 어셔가의 낡은 저택은 마침내 천둥 번개 속에 완전히 허물어져 호수 속에 파묻혀 버린다.

이 작품에서도 잘 드러나듯이 포의 작품에 등장하는 전형적인 주인공은 자연 세계로부터 완전히 단절된 인물이다. 그는 어두운 실내에 칩거한 채 오직 상상력 속에서만 살아간다. 그에게는 외부 세계보다 자신의 내면 의식 세계가 훨씬 더 구체적이고 매력적이다. 포의 여주인공들이 흔히 그러하듯이 매들린도 오빠처럼 현실 세계와 유리된 삶을 영위한다. 앨런 테이트의 지적대로 포의 작중인물에게 육체는 한낱 기계에 지나지 않는다. 그들의 육체는 그 내면에 살아 있는 의식이나 영혼과는 별개로 작동한다. 그러므로 포의 작중인물들은 생물학적 법칙이나 물리적 법칙의 지배를 받지 않은 채 오직 격렬한 감정의 세계에서만 살기를 원한다.

포의 작중인물들이 흔히 그러하듯이 로더릭과 매들린도 죽음의 두려움에 강박관념이 있다. 그것은 무덤에 묻혔다가 다시 이승으로 돌아오려고 하는 데서도 엿볼 수 있다. 매들린은 포의 또 다른 작품 「베러니스」의 여주인공처럼 산 채로 매장되었다가 다시 살아서 돌아온다. 그런가 하면 「아몬틸라도의 통」(1846)의 주인공과 『아서 고든 핌의 이야기』의 주인공을 비롯한 몇몇 작중인물들과 「검은 고양이」의 고양이도 산 채로 매장된다. 이렇게 생매장되는 그들의 공포가 말할 수 없을 만큼 무척 크다는 것은 두말할 필요가 없을 것이다.

그렇다면 포가 「어셔가의 몰락」에서 말하려는 주제가 무엇일까? 그는 독자에게 과연 어떤 메시지를 전하고 싶은 것일까? 포는 이 작품이 우주 종말을 보여 주는 이야기라고 말한 적이 있다. 1840년대 미국 문단에서는 종말론, 좀 더 엄밀히 말해서 말세론에 관심이 많았고, 포도 이러한 경향에 적잖이 영향을 받았다. 포의 작품 중에서 「정복자 벌레」(1843)와 「바닷가의 집」(1845)은 이러한 경향을 보여 주는 가장 대표적인 작품이다. 포의 말세론적 비전이나 세계관은 「어셔가의 몰락」에서도 엿볼 수 있다. 포가 왜 이 작품에 자작시 「유령 궁전」을 삽입하는지 알 만하다. 이 세계는 겉으로 궁전처럼 화려하게 보일지 모르지만 귀신이 출몰하는 공동묘지처럼 음산한 공간에 지나지 않는다. 그렇다면 어셔가의 몰락은 단순히 한 명문 가문의 파멸이 아니라 미국 사회의 파멸이요, 좀 더 확대하면 인류 전체의 파멸을 상징한다고 볼 수 있다.

그러나 포의 「어셔가의 몰락」은 심리학적 관점에서 읽으면 그 의미가 더욱 새롭게 다가온다. 동시대 작가 너새니얼 호손이나 허먼 멜빌과 마찬가지로 문학 비평가 해리 레빈이 일찍이 말한 '어둠의 힘'의 영향을 받았다. 포는 겉에 드러난 삶의 외면세계보다는 오히려 인간 영혼의 깊숙한 내면세계에 관심을 기울인다. 이 점과 관련하여 포가 한 친구에게 "나의 공포는 독일에서 오는 것이 아니라 영혼에서 온다"고 한 말을 찬찬히 되새겨 볼 필요가 있다. 그가 궁극적으로 관심을 기울이는 문제는 가시적인 현상세계가 아니라 불가시적인 영혼의 세계다. 이성이나 합리성 뒤에 도사리고 있는 인간 의식의 신비스럽고 불가해한 측면에 깊은 관심을 쏟는다. 말하자면 밝은 햇빛 속에 노출된 자아가 아니라 어둠 속에 묻혀 있는 또 다른 자아를 찾아내려고 한다.

이렇듯 포에게는 인간의 모든 행동 표면에 드러나 있는 동기보다는 그러한 행동 뒤에 숨어 있는 동기나 인간 정신의 비이성적인 면이 훨씬 더 큰 설득력이 있다. 그는 이 세상에는 합리나 이성으로 풀 수 없는 것들이 얼마든지 있다고 생각한다. 그의 작품에 유난히 지하실이나 동굴 또는 지하 묘지 등이 자주 나오는 것은 바로 그 때문이다. 그것은 하나같이 의식 세계의 밑바닥에 있는 무의식이나 잠재의식의 세계를 보여 주는 더할 나위 없이 좋은 상징이다. 프랑스의 정신분석학자 마리 보나파르트가 포를 두고 정신분석 이론을 앞지르고 있다고 지적한 것은 참으로 옳다.

한편 「어셔가의 몰락」은 자의식의 과잉에서 비롯하는 자아분열이나 인간 본성의 이중성을 다룬다. 방금 앞에서 의식/무의식 세계를 언급했지만 이러한 이분법적 이항 대립은 아들/딸, 남성/여성, 정신/육체, 삶/죽음의 형태로 나타나기도 한다. 로더릭과 매들린이 이름 모를 질병에 시달리는 것은 상반되는 인간 본성의 두 요소가 치열하게 싸움을 벌이기 때문이다. 로더릭이 인간 본성의 정신적이고 영혼적인 측면을 상징하는 반면, 매들린은 육체적이고 물질적인 측면을 상징한다. 그것은 실제로 두 사람이 앓고 있는 병에서도 엿볼 수 있다. 죽음에 적잖이 공포를 느끼는 로더릭의 병은 다분히 정신적이고 심리적인 것과 관련 있다. 그러나 강경증을 앓고 있는 매들린은 근육이 굳어지고 혼수상태에 빠지는 등 신체적 증상이 구체적으로 드러난다.

어셔가의 쌍둥이 남매 로더릭과 매들린은 서로 다른 두 인간이 아니라 어디까지나 한 인간의 다른 모습으로 볼 수 있다. 좀 더 구체적으로 말해서 그들은 한 인간의 두 반쪽이다. 로더릭이 영적이고 정신적이라면, 매들린은 육체적이고 물질적이다. 로더릭은 책을 읽고 음악을 작곡하고 그림을 그리는 등 주로 지적인 활동에 열중한다. 이와는 달리 포는 매들린의 신체적 측면에 주목한다. 가령 포는 "몸이 점차 쇠약해지고 있는" 매들린의 신체에 주목한다. 작가가 이렇게 매들린의 신체를 강조하는 것은 작품

후반부에 아직 사망하지 않은 그녀를 지하 무덤에 묻는 장면에서 좀 더 잘 두드러진다.

이렇듯 도플갱어라고 할 두 남매는 서로 떨어져서는 살아갈 수 없다. 다시 말해서 자전거의 두 바퀴처럼 한 반쪽이 없이는 다른 반쪽은 존재할 수 없고, 설령 존재한다고 해도 인간으로서 기능을 수행할 수 없다. 정신과 육체, 영혼과 물질은 상호 배타적 관계가 아니라 오히려 보완적 관계를 맺는다. 지하실 무덤에 매장당한 매들린이 어떻게 다시 살아나 수의를 걸친 채 로더릭 앞에 나타날 수 있는가? 아직 죽지 않았는데도 산 채로 매장한 오빠를 복수하기 위해 그녀의 혼백이 나타난 것인가?

포는 이 작품에서 한 인간 안에서 일어나는 자아분열 현상을 보여 준다. 그렇다면 매들린은 귀신이 아니라 로더릭의 공포가 만들어 낸 환상일 뿐이다. 로더릭과 매들린이 쌍둥이라는 사실은 이 점을 뒷받침한다. 관 뚜껑에 못을 박기 전 화자 '나'가 다시 한 번 매들린의 얼굴을 찬찬히 들여다보는 순간 '나'는 "두 남매가 놀라운 만큼 서로 닮아 보여 내 주의를 끌었다"라고 밝힌다.

포는 이러한 주제를 좀 더 효과적으로 전달하기 위해 여러 상징이나 이미지를 구사한다. 예를 들어 화자 '나'는 어셔가의 저택에 도착하자마자 언뜻 보아서는 잘 보이지 않지만 지붕에서 벽으로 가느다란 금이 나 있고, 그 금은 다시 연못 속으로 사라지는 것을 발견한다. 또한 '나'는 작품 첫머리에서 어셔 집안의 저택이 바로 집 앞에 있는 연못에 마치 거울에 비친 것처럼 그대로 반사되어 있는 것을 본다. 물론 거울에 비친 물체처럼 연못에 비친 어셔가의 저택도 역상(逆像)일 수밖에 없다. 이 작품에서 벽이 난 금이나 연못에 비친 역상은 자아분열이나 인간 본성의 이중성을 보여 주는 더할 나위 없이 좋은 상징이다.

그런가 하면 포는 「어셔가의 몰락」에서 예술과 삶, 상상력의 세계와 현실 세계 사이의 긴장이나 갈등을 다룬다. 작품 첫머리에서 포는 어셔 집안이 예로부터 음악과 미술 등 예술에 조예가 깊다고 말한다. 실제로 로더릭의 서재에는 음악과 미술 그리고 문학과 종교와 철학에 관한 서적이 많이 소장되어 있다. 예를 들어 카를 라이시거가 작곡한 「베버의 마지막 왈츠」를 비롯하여 스위스 태생의 화가 요한 푸셀리의 그림, 피에르-장 드 베랑제의 시, 요한 루드비히 티크의 작품 등이 그것이다. 이 밖에도 엠마누엘 스위든보르크, 토마소 캄파넬라, 니콜로 마키아벨리 같은 학자들을 언급한다. 폭풍우가 몰아치는 날 밤 화자는 공포감을 떨쳐 버리고 극도로 흥분한 로더릭을 진정시키려고 랜슬롯 캐닝의 『광기의 회합』을 함께 읽는다. 이 작품은 제목이 암시하듯이 음침한 분위기를 한껏 돋우는 비현실적인 고딕 기사도 소설이다. 서재에 있는 이러한 책들을 읽고 영향을 받는 로더릭 어셔 자신도 어떤 의미에서는 예술가로 볼 수 있다.

포는 이 작품에서 예술이 현실과 유기적 관계를 맺지 못하고 그것과 동떨어져 있을 때 어떠한 결과를 낳는지 보여 준다. 예술은 상상력의 산물이기는 하지만 다른 유기체와 같아서 진공 속에서는 생명력을 유지할 수 없고 오직 구체적인 사회적 공간과 역사적 시간 속에서만 의미가 있다. 로더릭과 매들린이 사는 저택은 예술 세계를 상징한다. 그 저택은 외딴

섬처럼 외부 세계와 완전히 단절되어 있다시피 하다. 로더릭은 오직 집 안에만 칩거할 뿐 좀처럼 바깥에 나가지 않는다. 그러한 곳에서는 오직 부패와 타락과 죽음만이 독버섯처럼 자랄 뿐이다.

「어셔가의 몰락」은 형식과 기법에서도 눈길을 끌 만하다. 낭만주의 시인답게 포는 이 작품에서 시적 장치를 즐겨 사용한다. 온갖 상징과 이미지는 말할 것도 없거니와 어휘 하나, 문장 하나까지에도 세심한 주의를 기울인다. 가령 첫 문장 "singularly dreary tract of country"라는 구절을 좀 더 찬찬히 살펴보라. 아니, 눈으로 읽지 말고 소리를 내어 읽어 보라. 처음 두 어휘와 마지막 어휘의 끝소리가 'y'로 끝나면서 내적 운(韻)을 이룬다. 처음 두 어휘는 'i' 음을 반복하는 모운법(母韻法)이다. 마지막 두 단어에서는 투박하고 강렬한 't'와 'c'의 무성 파열음이 앞의 두 어휘와 좋은 대조를 이룬다.

「어셔가의 몰락」의 마지막 문장 중 "the deep and dark tarn at my feet closed sullenly and silently"라는 구절에서도 시인으로서의 포의 재능을 엿볼 수 있다. 자칫 놓치기 쉽지만 처음 두 어휘 'deep'과 'dark', 마지막 두 어휘 'sullenly'와 'silently'는 두말할 나위 없이 자음의 반복을 살린 두운법(頭韻法)이다. 특히 '-ly'로 끝나는 마지막 두 어휘에서는 두운법과 함께 내적 운을 이룬다. 그런가 하면 'deep'과 'feet', 'dark'와 'tarn', 그리고 'my'와 'silently'는 하나같이 모음의 반복을 살린 모운법이다. 첫 문장과 마지막 문장을 한 예로 들었지만 그 사이사이에서도 이러한 음악적인 시적 장치를 그다지 어렵지 않게 찾아볼 수 있다. 한마디로 이 작품은 뜯어보면 볼수록

시적 장치가 보석처럼 찬란한 빛을 내뿜는다. 적어도 이 점에서 이 작품은 한 편의 산문시와 같다고 할 수 있을 것이다.

2

마크 트웨인

해학과 진실

미국 소설의 대부(大父)로 미국 문학을 세계 문학의 반열에 올려놓는 데 크게 이바지한 마크 트웨인(1835~1910)은 처음부터 문학을 종교적 차원에서 생각했다. '새뮤얼 랭혼 클레멘스'라는 원래 이름을 버리고 '마크 트웨인'이라는 필명으로 미국 문단에 등장한 지 3년이 되던 1865년에 그는 이렇게 작가로서의 소명(召命)을 천명했다. "나는 내 삶에서 큰 야심이 두 가지밖에는 없었다. 그중 하나는 수로(水路) 안내인이 되는 것이었고, 다른 하나는 복음을 전하는 목사가 되는 것이었다. 그런데 한 가지에는 성공했고, 다른 한 가지에서는 실패했다. 다른 한 가지에서 실패한 원인은 그 직업에 필요한 도구 즉 종교를 받아들일 수 없었기 때문이다." 이 말에서도 트웨인 특유의 해학이 빛을 내뿜는다.

어렸을 적부터 트웨인은 미시시피 강을 따라 운행하는 증기선의 수로 안내인이 되는 것이 꿈이었고, 실제로 그는 1857년부터 남북전쟁이 일어날 때까지 한때 미시시피 강의 수로 안내인 노릇을 했다. 잘 알려진 것처럼 '마크 트웨인'이라는 필명은 바로 이때 얻은 것이다. 이 말은 수심(水心)을 측정하는 수로 안내인이 물 깊이가 2패덤 즉 12피트(3미터 66센티)가 되는 것을 알리는 뱃사람의 용어였다. 이 무렵 미시시피 강을 운행하는 증기선은 수심이 이 정도가 되면 안심하고 지나갈 수 있었기 때문이다.

그러나 트웨인은 이렇게 삶의 첫 번째 목적은 손쉽게 이룰 수 있었지만 목사가 되려는 두 번째 목적은 끝까지 이룰 수 없었다. 기독교에 대한 믿음이 없이 목사가 되려는 것은 마치 의학을 믿지 않고 의사가 되려는 것과는 똑같기 때문이다. "꿩 대신 닭"이라는 우리 속담도 있듯이 목사에 대한 소명을 이루지 못한 트웨인은 그 차선책으로 문학가로서의 소명을 키우기 시작했다. 이 점과 관련하여 그는 "나는 (두 번째 소명에 실패하자 이번에는) 문학에 '소명'을 받았다. 즉 격이 낮기는 하지만 해학 문학에 소명을 받았다. 그것은 하나도 자랑할 것이 없는지도 모르지만 나에게는 가장 큰 장기(長技)였다"고 밝혔다.

트웨인과 유머

마크 트웨인한테는 언제나 '해학 작가'니 '유머 작가'니 하는 꼬리표가 그림자처럼 따라다닌다. 물론 그의 작품 곳곳에는 유머가 흘러넘치고 때로는 익살맞은 장면이 자주 나오는 것이 사실이다. 자신의 전기를 집필하고 있던 앨버트 B. 페인에게 트웨인은 "해학이야말로 인류가 받은 가장 큰 축복"이라고 밝힌 적이 있다. 트웨인은 하나님한테서 받은 이러한 축복을 그야말로 유감없이 발휘하려고 노력한 작가다. 그러나 때로는 이러한 꼬리표가 트웨인의 문학을 이해하는 데 도움을 주기보다는 오히려 걸

흔히 '미국의 셰익스피어' 또는 '미국 문학의 링컨'으로 일컫는 마크 트웨인.
그는 영국을 비롯한 유럽의 문학으로부터 미국 문학을 독립시켰다.

림돌이 되는 때도 있다. 좀 더 꼼꼼히 살펴보면 그의 해학은 다른 작가의 해학과는 적잖이 다르다는 것이 밝혀진다. 가령 트웨인이 활약하던 19세기 중엽에서 말엽에 걸쳐 미국 문단에는 흔히 '문학적 코미디언'으로 일컫는 사람들이 나타나 일반 대중의 관심을 끌고 있었다. 아티머스 워드를 비롯한 문학적 코미디언들은 글자 그대로 문학이라는 수단을 사용하는 코미디언에 가까웠을 뿐 진지한 문학가들과 조금 거리가 있었다.

이렇듯 트웨인의 해학은 문학적 코미디언들의 해학과는 여러모로 크게 다르다. 문학적 코미디언의 해학에서는 한바탕 웃고 나면 그뿐이지만 트웨인의 작품에서는 웃고 난 뒤에 흔히 삶에 대한 통찰이나 인식에 이르게 된다. 트웨인에게 해학은 목적이 아니라 어디까지나 수단이요 방법이다. 대부분 작품에서 그는 웃음을 일종의 무기로 삼는다. 그에게 웃음은 인종 차별을 비롯한 인간의 온갖 탐욕과 위선의 가면을 벗기고 인간의 어리석음을 가차 없이 조롱하고 매도하고 공격하는 무기와 다름없다. 사망할 때까지 미처 완결 짓지 못한 유작으로 그의 마지막 작품이라고 할 『신비스러운 이방인』(1916)에서 그는 한 작중인물의 입을 빌려 "웃음의 공격에 견딜 수 있는 것은 이 세상에 아무것도 없다"고 잘라 말한다. 트웨인은 웃음을 무기로 삼아 사회를 비판하고 바로잡는 일에 훨씬 무게를 실었다. 그러므로 트웨인의 문학을 제대로 이해하려면 무엇보다도 먼저 그한테서 '해학 작가'나 '유머 작가'라는 꼬리표를 떼어 주어야 한다.

또한 트웨인은 독자들에게 웃음을 주되 그 웃음에는 인공감미료 사카린처럼 어딘지 모르게 씁쓸한 뒷맛이 감돈다. 증기선을 타고 세계를 일주한 경험을 기록한 『지구를 따라』(1897)라는 책에서 그는 "인간적인 것은 하나같이 슬프다. 유머의 비밀스러운 원천 그 자체는 기쁨이 아니라 슬픔이다. 천국에는 유머가 없다"고 잘라 말했다. 동료 인간에게 비판의 칼날을 들이대는 일이 그렇게 유쾌한 일이 아닐 것이다.

그런데 트웨인의 작품에서 웃음이나 해학의 비결은 '무엇'을 말하느냐 못지않게 '어떻게' 말하느냐에 달려 있다. 트웨인은 얼굴에 진지한 표정을 짓고 무표정한 모습으로 말을 한다. 말하자면 독자들을 웃기되 어디까지나 '시치미를 떼고' 웃기려고 한다. 「이야기하는 방법」(1895)이라는 글에서 그는 "해학적인 이야기는 진지하게 말한다. 말하는 사람은 그 이야기가 재미있다고 어렴풋하게나마 느끼고 있다는 사실을 최선을 다해 감추어야 한다"고 밝힌다.

그런가 하면 트웨인은 '유머'와 '코미디'와 '위트'를 서로 엄격히 구별지어 사용하려고 했다. 지금까지 적지 않은 사람이 이 세 용어를 흔히 동의어나 유사어로 받아들여 왔다. 그러나 트웨인에게 그것은 마치 고래나 상어처럼 사뭇 다르다. 모양도 비슷하고 바다에 사는 생물이지만 고래는 포유류고 상어는 연골어류에 속하는 물고기다. 트웨인에 따르면 해학적인 이야기는 미국적이고, 코믹한 이야기는 영국적이며, 위트 있는 이야기는 프랑스적이다. 그런데 그는 "해학적인 이야기의 효과는 말하는 방법에 달려 있다. 그러나 코믹한 이야기와 위트 있는 이야기의 효과는 내용에 달려 있다"고 말한다. 그러니까 형식과 내용, 방법과 주제에서 유머는 코미디나 위트와 적잖이 다르다.

미국 서부 지방의 '톨 테일'

마크 트웨인은 『톰 소여의 모험』(1876)과 『허클베리 핀의 모험』(1884)을 비롯하여 주로 장편소설을 썼지만 단편소설과 중편소설에도 깊은 관심을 기울였다. 처음으로 출간된 그의 책은 장편소설이 아니라 『캘러베러스 군의 유명한 점핑 개구리 및 기타 스케치』(1867)라는 단편집이다. 뉴욕의 찰스 헨리 웹 출판사에서 처음 간행된 이 작품집에는 그가 네바다 주와 캘리포니아 주에서 신문기자로 활약하던 1860년대에 발표한 27편의 단편소설과 스케치가 수록되어 있다. 이 책에 실린 작품 가운데에서 트웨인이 맨 처음으로 발표한 작품은 「감기 치료」(1863)이고, 가장 뒤늦게 발표한 작품은 「침실 담당 여종업원에 관하여」(1866)다.

트웨인이 이 작품집의 제목으로 삼은 「캘러베러스 군의 유명한 점핑 개구리」는 트웨인을 일약 미국 문단에 우뚝 서게 한 작품이다. 이 작품을 발표하기 전까지만 해도 그는 겨우 신문기자나 해학가 정도로서밖에는 알려지지 않았다. 그러나 이 작품을 발표하면서 그는 하루아침에 유명한 작가로 명성을 얻었다. 1865년 11월 《뉴욕 새터데이 프레스》지(誌)에 「짐 스마일과 그의 점핑 개구리」라는 제목으로 처음 발표된 이 작품에서는 해학가로서의 트웨인의 면모를 쉽게 엿볼 수 있다.

트웨인은 뒷날 '캘러베러스 군의 유명한 점핑 개구리'라는 제목 대신에 '캘러베러스 군의 악명 높은 점핑 개구리'라는 제목으로 다시 발표하기도 했다. 이 작품에 대하여 트웨인 자신은 처음에는 "야비한 미개척지 이야기"라고 낮게 평가했지만, 몇 년 뒤에는 "지금까지 미국에서 나온 해학적인 이야기 중에서 가장 뛰어난 작품"으로 평가할 만큼 자못 큰 자부심을 느끼고 있었다. 더구나 19세기 초엽과 중엽 보스턴을 중심으로 미국 문단을 이끌다시피 한 제임스 러셀 로웰도 이 작품을 "지금껏 미국에서 나온 해학적인 문학 중에서 가장 뛰어난 작품"이라며 칭찬을 아끼지 않았다.

이 작품은 19세기 중엽 홍수처럼 미국 서부 지방을 휩쓸고 지나간 '골드러시' 즉 금광 열풍 시대에 유행하던 민담에 뿌리를 두고 있다. 주인공 짐 스마일리는 노름꾼일 뿐만 아니라 사기꾼으로 무엇이나 내기를 거는 것으로 유명하다. 어느 날 이 광산 마을에 찾아온 낯선 사나이와 개구리 뜀뛰기 시합을 벌이지만 오히려 그 사람한테서 사기를 당한다. 낯선 사나이는 그가 없는 사이에 스마일리의 개구리 뱃속에 산탄을 가득 채워 넣어 움직이지 못하게 만들었던 것이다.

소설 전통에서 보면 이 작품은 허풍 떨며 터무니없이 과장하여 말하는 이른바 '톨 테일(Tall Tale)'에 속한다. 주로 미국 남서부 지방에서 발달한 이 문학 장르는 거칠고 투박한 개척지의 삶을 묘사하는 데 그야말로 안성맞춤이었다. 이 장르는 특히 미국 민속 문학에서 매우 중요한 위치를 차지한다. 서부 개척 시대의 전설적인 인물 페이커스 빌이나 벌목꾼 폴 버니언을 둘러싼 이야기는 상당 부분 이 전통에 따른 것이다. 톨 테일에서는 역사적 사실과 문학적 허구, 진실과 거짓이 뒤섞여 있어 그 둘을 구분하기란 여간 어렵지 않다.

트웨인은 「캘러베러스 군의 유명한 점핑 개구리」에서 미국 동부와 서부의 문화적 차이나 충돌을 주제로 삼았다. 17세기 초엽 청교도들이 종교의 자유를 찾아 힘겹게 도착한 땅은 대서양 연안의 동부였다. 트웨인이 이 작품을 쓸 무렵 동부는 일찍이 문화의 중심지로 발달했지만, 서부는 대부분 아직 처녀지로 문명의 손길을 기다리고 있었다. 동부의 도시와 서부의 미개척지는 단순히 지리적 차이가 아니라 삶의 방식이나 가치관의 차이를 드러냈다. 즉 동부와 서부는 세련됨과 투박함, 지식과 무지, 경험과 순수를 각각 상징한다고 볼 수 있다.

이 작품에 등장하는 작중인물은 크게 동부 사람과 서부 사람으로 구분된다. 액자 밖의 화자(話者) '나'에게 이야기를 들려주는 액자 속의 화자 사이먼 휠러는 말할 것도 없고 그의 친구 짐 스마일리는 서부 출신이다. 스마일리는 어린 시절부터 휠러의 친구로서 에인절 광산에서 일하고 있었다. 한편 화자 '나'는 동부에서 온 사람이다. 스마일리를 골탕 먹이는 나그네에 대해 화자가 "이 광산 부락 사람이 아닌 낯선 나그네"라고 말하는 것을 보면 그 또한 동부에서 온 사람으로 미루어 볼 수 있다.

이러한 동부와 서부의 대조는 작중인물의 이름에서도 드러난다. 화자가 찾고 있는 '레오니다스 W. 스마일'은 목사라는 직업도 직업이지만 이름부터가 근엄하기 그지없다. 그리스어로 '사자의 아들' 또는 '사자와 같은'이라는 뜻을 가진 레오니다스는 기원전 5세기 스파르타의 왕의 이름에서 따온 것이다. 그는 헤라클레스의 후손이요 아낙산드리다스 2세의 아들이다. 또한 'W'라는 중간 이름에서는 어떤 신비스러움마저 느낄 수 있다.

한편 '짐 스마일리'라는 이름은 평범하다 못해 낡게 느껴진다. 제임스의 애칭인 '짐'은 필부필녀를 가리키는 흔하디흔한 이름이다. 그는 직업도 광산 노동자일 뿐만 아니라 사회적 관습을 깨뜨리고 친구 부인이 죽는 날에도 내기를 걸 정도로 내기 중독에 걸린 사람이다.

그런데 동부 출신의 등장인물은 서부 출신을 은근히 얕잡아 보거나 빈정댄다. 화자 '나'는 사이먼 휠러에 관해 부정적으로 생각하고 있음을 알 수 있다. 작품 첫머리의 "나는 허물어진 에인절 광산 마을에 있는 다 쓰러져 가는 낡은 술집 난롯가에서 편하게 꾸벅꾸벅 졸고 있는 사이먼 휠러를 찾아냈다"는 문장만 보아도, '나'는 진취적이고 활동적인 동부 사람들과는 달리 서부 사람들이 게으르고 심지어 짐승 같은 삶을 살고 있다고 여기고 있음을 은근히 내비친다. "뚱뚱하고 머리가 벗겨진 영감"이라는 구절에서도 동부 도회인의 세련됨은 눈을 씻고 찾아보아도 찾아볼 수가 없다. 더구나 스마일이가 동부의 나그네한테 속아 넘어가 사기를 당하는 대목에 이르면 서부 사람들은 순박하다 못해 어리석다는 생각을 떨쳐 버릴 수가 없다. 동부와 서부의 문화적 충돌을 다루는 이러한 주제는 앞으로 F. 스콧 피츠제럴드의 『위대한 개츠비』(1925)에서 좀 더 본격적으로 다루게 될 것이다.

그러나 「캘러베러스 군의 유명한 점핑 개구리」를 좀 더 꼼꼼히 살펴보면 단순히 동부의 문화가 서부의 문화에 승리를 거두는 것만은 아니라는 사실이 밝혀진다. 짐 스마일리가 내기에 사용한 짐승 가운데에는 '앤드루 잭슨'이라는 조그마한 불도그 한 마리가 있다. 시합마다 이기지만 한 번은 스마일리가 톱에 두 다리가 잘려 나가 뒷다리가 없는 개를 상대시키자 원망스럽다는 듯 스마일리를 쳐다보고는 절룩거리며 걸어가다가 그대로 쓰러져 죽고 만다. 그런데 여기서 찬찬히 눈여겨보아야 할 것은 트웨인이 그 불도그의 이름을 다름 아닌 미국의 제7대 대통령 앤드루 잭슨에서 따왔다는 점이다.

앤드루 잭슨은 서부 사람으로서 최초로 대통령의 자리에 오른 전설적인 인물로 서부의 모든 주(州)에 걸쳐 투표권을 주창하여 관심을 끌었다. 대통령으로 선출되기 전만 해도 그는 노름꾼으로 술집을 자주 드나들고 창녀와 어울리는 야인(野人)이었다. 백악관에 입성할 때는 말을 타고 들어가 스캔들을 일으키기도 했다. 그는 무엇보다도 일반 평민에 기반을 둔 민주주의를 부르짖었으며, 이러한 목적을 어느 정도 달성했다는 평가를 받고 있다. 트웨인은 서부를 상징하는 인물이라고 할 잭슨 대통령을 자못 긍정적으로 평가했다.

한편 트웨인은 뜀뛰기 시합에서 사용하는 개구리에 '대니얼 웹스터'라는 이름을 붙인다. 미국의 유명한 웅변가요 상원의원인 웹스터는 위그당의 당수로 앤드루 잭슨의 정책에 맞섰다. 에이브러햄 링컨은 바로 이 위그당의 당원이었다. 웹스터는 여러모로 동부를 상징하는 인물이다. 그러나 웹스터라는 이름을 가진, 스마일리가 자랑해 마지않은 개구리는 시합에서 늪에서 잡아온 평범한 야생 개구리한테 지고 만다. 쥐에 견준다면 도시 쥐가 시골 쥐한테 시합에서 지고 만 격이다. 또한 '유명한' 대신 사용한 '악명 높은'이라는 형용사도 대니얼 웹스터를 부정적으로 보는 말이다.

마크 트웨인은 「캘러베러스 군의 유명한 점핑 개구리」라는 단편으로
일약 미국 문단에 알려져 있다.
그는 이 작품에서 서부 개척 시대 민중의 삶을 사실적이고 해학적으로 다루었다.

이 점과 관련하여 낯선 사나이가 "내가 보기엔 이 개구리라고 해서 여느 다른 개구리보다 훌륭할 게 조금도 없는 것 같구먼요"라는 말을 찬찬히 눈여겨볼 필요가 있다. 미국의 정계에서 그토록 이름을 떨치고 있는 대니얼 웹스터지만 다른 정치가와 크게 다르지 않다는 의미를 넌지시 내비치기 때문이다. 더 나아가 동부 사람이건 서부 사람이건 사람은 모두 평등하며 교양을 갖추고 교육을 많이 받았다고 해서 언제나 승리자가 되는 것은 아니라는 사실을 새삼 일깨운다. 그렇다면 어떤 의미에서는 대니얼 웹스터가 상징하는 세련된 동부보다는 앤드루 잭슨이 상징하는 투박스러운 서부가 승리를 거둔다고 볼 수도 있다.

그런데 「캘러베러스 군의 유명한 점핑 개구리」는 해학적이고 과장적인 내용도 내용이지만 무엇보다도 그 내용을 전달하는 서술 방법에서 관심을 끈다. 트웨인은 캘리포니아 주 에인절 광산에 사는 노인 사이먼 휠러한테 전해들은 노름꾼 짐 스마일에 관한 이야기를 독자들에게 다시 들려주는 형식을 취한다. 다시 말해서 화자가 들려주는 이야기 속에 또 다른 이야기가 들어 있는 액자 소설이다. 이러한 액자 소설에서는 액자 안의 이야기 못지않게 액자 밖의 이야기도 중요하다.

프랑스의 박물학자 조르주 뷔퐁이 "문체가 곧 그 사람이다"라고 말했듯이 트웨인의 이 작품에서도 작중인물이 구사하는 문체에서 그 사람의 됨됨이를 엿볼 수 있다.

"49년도 겨울에 …… 아니, 어쩌면 50년도 봄이었는지도 몰라. …… 예전에 이곳에 레오니다스 W. …… 아니, 짐 스마일리라는 이름을 가진 사나이가 있었는데, 정확히 기억할 수는 없지만, 어쨌든 그 둘 중 하나인 것만은 틀림이 없어. 왜냐하면 그 녀석이 처음 이 부락에 나타났을 때에는 아직 저 큰 용수로가 완성되지 않았을 때였으니까. 아무튼 이 사나이는 이 근방에서 가장 묘한 녀석이었는데, 누구든 내기를 할 만한 상대가 나서기만 하면 무슨 내기든지 꼭 하고야 마는 녀석이었지."

사이먼 휠러 영감이 구사하는 이 말은 여러모로 동부 사람들이 구사하는 말과는 크게 다르다. 무엇보다도 곰팡이 냄새 나는 동부의 문어체 문장이 아니라 살아 숨 쉬는 구어체 문장이다. 첫마디 말에서 대학 강의실이나 서재에서 주고받는 말이 아니라 서부 개척지 사람들이 사용하는 숭늉처럼 구수한 사투리라는 사실을 알 수 있다. 그가 화자 '나'에게 들려주는 내용 못지않게 그의 말투와 말솜씨에 절로 귀를 기울이지 않을 수 없다. 사투리도 사투리지만 계속해서 자신이 한 말에 유보를 두는 것도 무척 흥미롭다. 논리적으로 단정 지어 말하려는 동부 사람들과는 달리, 서부 사람들은 이렇게 자신이 앞에서 한 말을 뒤집어엎으면서 계속 결론을 유보해 나간다.

더구나 사이먼 휠러 영감은 짐 스마일리에 관한 자못 익살스런 이야기를 들려주면서도 자신은 한 번도 웃는 법이 없다. 휠러를 두고 이 작품의 화자는 "그는 한 번도 미소를 띠는 일도 없었고 눈썹을 찡그리는 일도 없이 처음 이야기를 꺼냈을 때의 조용히 물 흐르는 듯한 목소리로 계속 이야기를 했으며, 열을 올리고 있다는 모습을 눈곱만치도 드러내지 않았다" 고 밝힌다. 앞에서 이미 밝혔듯이 트웨인 문학에서 해학은 짐짓 '시치미를 떼고' 웃기려고 하는 데 그 특성이 있다. 이렇게 자신은 하나도 우습지 않다는 듯한 표정으로 웃기려고 하기 때문에 독자들은 더욱더 웃음을 짓게 된다.

「해들리버그를 타락시킨 사나이」

「캘러베러스 군의 유명한 점핑 개구리」가 마크 트웨인의 초기 대표작이라면, 「해들리버그를 타락시킨 사나이」는 후기 대표작이라고 할 수 있다. 트웨인은 중편소설에 해당하는 이 작품을 1899년 12월 《하퍼스 먼슬리》지에 처음 발표했다가 그 이듬해 『해들리버그를 타락시킨 사나이 및 기타 이야기와 스케치』라는 작품집으로 출간했다. 시간상으로 무려 34년이 벌어져 있는 이 두 작품에서는 트웨인의 세계관이나 인생관이 어떻게 달라졌는지 가늠해 볼 수 있다.

캘리포니아 주의 '캘러베러스' 군이 아직 문명의 빛을 받지 못한 개척지 서부 지방을 두루 일컫는 환유라면, '해들리버그'는 플로리다 주에서 메인 주, 메인 주에서 캘리포니아 주에 이르는 미국 전체를 나타내는 환유로 볼 수 있다. 해들리버그 주민들의 행동은 여러모로 19세기 말엽 미국 사람의 성격과 적잖이 닮아 있다. 또한 '해들리버그'는 지도로는 찾아갈 수 없는 상상의 지역이다. 이 마을은 실제 공간이라기보다는 작가가 창안해 낸 일종의 허구적 공간이다. 그동안 미국의 몇몇 소도시와 마을이 해들리버그가 바로 자신들이 거주하는 지역이라고 주장하는 것과는 또 다른 이야기다.

트웨인은 이 작품에서 이 무렵 미국 사람들의 물질적 탐욕과 위선을 가차 없이 조롱하고 매도한다. "그 근처 지역에서 가장 정직하고 청렴한 읍"이라는 해들리버그는, 여러 세대에 걸쳐 그 명성을 더럽히는 일 없이 유지해 왔고 다른 어떤 재산보다도 이 명성을 더욱 자랑스럽게 여기고 있다. '해들리버그'라는 말과 '타락시킬 수 없는'이라는 말은 이제 동의어로 사용될 정도이다. 그리하여 이 소설의 화자는 이 마을의 젊은이가 "일자리를 구하려고 할 때 단지 해들리버그 출신이라는 것만으로도 그에게 충분한 추천서가 될 수 있다"고 밝힌다. 그러나 엄청난 부(富)라는 유혹에 부딪히자 이러한 명성은 모래성처럼 하루아침에 쉽게 무너져 내리고 만다.

남북전쟁이 북부의 승리로 끝난 뒤 미국은 풍부한 노동력을 바탕으로 본격적으로 산업화를 이룩하면서 물질적 풍요를 구가하기 시작했다. 곳곳에서 청교도의 칼뱅주의 복음 대신에 재산과 자본을 찬양하는 '부(富)의 복음'을 외치는 사람들이 계속 늘어났다. 그리하여 1900년대에 들어와서는 국가의 부가 영국을 앞지를 정도였다. 바로 그 '부의 복음'이라는 용어를 처음 만들어 낸 앤드루 카네기는 이제 미국은 러시아와 스페인과 오스트리아를 돈으로 살 수 있게 되었다고 큰소리치기에 이르렀다. 그러나 이 무렵 이렇게 화려한 물질적 풍요 뒤에는 탐욕과 질투와 시기가 독버섯처럼 자라고 있었다. 돈을 벌기 위해서라면 어떤 수단이나 방법을 사용해도 좋다는 생각이 널리 퍼져 있었다.

사회적 명성이나 지위에서뿐만 아니라 정직에서도 해들리버그를 대표할 수 있는 주민 열아홉 명은 바로 '부의 복음'에 귀를 기울이는 사람들이다. 황금에 눈에 어두운 나머지 '타락시킬 수 없다는 읍'의 명성을 저버리고 거짓으로 그 돈을 차지하려고 애쓴다. 은행에서 출납계원으로 일하며 가난하게 사는 에드워드 리처즈 부부는 말할 것도 없고 돈 많은 사람조차 이러한 유혹에 쉽게 굴복한다. 이 마을의 양심이라고 할 잭 홀리데이만이 마을 사람들의 위선과 가식에 가차 없는 조롱을 보낸다. 그렇다면 해들리버그는 19세기 말엽 미국의 초라한 모습이요 그 주민은 이 무렵 황금에 눈이 멀어 있던 미국인의 부끄러운 자화상이라고 해도 크게 틀리지 않는다.

더구나 이 작품에서 트웨인이 제도화된 기독교에 들이대는 비판의 칼날은 여간 날카롭지 않다. 목사로 등장하는 버지스는 해들리버그 마을에서 사람들에게 가장 미움을 받는 사람이다. 리처즈 부인은 남편에게 버지스 목사가 이 마을에서 두 번 다시 신도를 모으지 못할 것이라고 장담한다. 또한 낯선 나그네가 맡겨 둔 돈을 인도하는 사람으로 버지스 목사를 지목한 것이 참으로 이상하다고 말하기도 한다.

19세기 말엽에 이르러 신대륙에 '새 예루살렘'이나 '새로운 가나안 땅'을 세우겠다던 청교도 정신은 어느덧 누렇게 빛이 바랬다. 이제 껍데기만 남고 그 알맹이는 모두 없어져 버린 상태다. 트웨인의 이러한 진단은 이 작품 마지막 장면에서 해들리버그 마을의 모토를 바꾸는 데에서 단적으로 드러난다. 원래의 모토는 주기도문의 한 구절을 따서 "유혹에 들게 하지 마옵소서!"였지만, 해들리버그가 낯선 이방인의 유혹에 넘어간 뒤에는 "유혹에 들게 하옵소서!"로 바꾸고 만다.

한편 「해들리버그를 타락시킨 사나이」는 구약성서 「창세기」에 기록된 인간의 원죄와 낙원 추방을 상징적으로 보여 주는 알레고리로 읽을 수도 있다. 해들리버그는 바로 아담과 하와가 살고 있는 에덴동산이며, 황금 자루를 들고 찾아오는 낯선 사나이는 사탄이다. 금단의 과실을 따 먹고 아담과 하와가 낙원에서 쫓겨나듯이 해들리버그 주민들도 낯선 사나이의 유혹을 받고 유구한 명성을 잃어버린다.

더 나아가 트웨인은 해들리버그의 상징적 의미를 비단 미국에 그치지 않고 세계 전체로 확대해 나간다. 말하자면 해들리버그 마을은 지리적 한계를 뛰어넘어 이 세계를 축소해 놓은 일종의 소우주와 다름없다. 그렇다면 해들리버그 주민은 단순히 미국 사람들이 아닌 보편적 인간이다. 이 작품에서 트웨인은 삶의 외견과 실재, 겉모습과 참모습이 얼마나 서로 다른지를 설득력 있게 보여 준다. 해들리버그는 겉으로는 정직하고 경건한 것처럼 보이지만 한 꺼풀만 벗겨 놓고 보면 위선과 탐욕과 속물근성으로 가득 차 있다. 외견과 실재, 겉모습과 참모습 사이에는 이렇게 건너지 못할 깊은 강이 놓여 있다. 어찌 보면 해들리버그 주민은 황금만능 시대 물질을 좇는 현대인의 일그러진 초상이라고 해도 크게 틀리지 않는다.

또한 트웨인은 이 작품에서 교육과 훈육을 통해 후천적으로 습득한 도덕이 집요한 물질적 본능 앞에서 어쩔 수 없이 취약할 수밖에 없다는 사실도 밝힌다. 해들리버그 주민들은 갓난아이가 요람에 누워 있을 때부터 정직하게 행동하도록 가르치며 그 뒤 그들이 교육을 받는 몇 년 동안에도 줄곧 똑같은 가르침을 수양의 기본으로 삼지만 궁극적으로는 별다른 효과를 거두지 못했음이 드러난다. 물질적 부에 대한 본능의 힘이 후천적 교육이나 훈육보다 훨씬 크기 때문이다.

영국의 서사시인 존 밀턴은 일찍이 언론과 출판의 자유를 주창하면서 쓴 팸플릿 「아레오파지티카」(1644)에서 "밖에 나가 한 번도 적(敵)을 만나 본 적이 없이 시험 받지 않고 숨 쉬지 않은 채 은밀하게 숨어 있는 덕을 나는 칭찬할 수 없다"고 말했다. 트웨인도 밀턴처럼 현실이라는 용광로 속에서 단련되지 않은 덕이란 이렇다 할 의미가 없다고 생각한다. 해들리버그 주민들이 그토록 자랑해 마지않는 덕은 현실에서 한 번도 시험을 받아 본 적이 없으므로 낯선 이방인의 유혹을 받자마자 쉽게 무너져 버린 것이다. 쇠붙이가 용광로 불 속에서 연단되듯이 덕도 여러 번 유혹을 받고 그 유혹과 싸워 이길 때 비로소 참다운 덕이 될 수 있다.

이 작품에 나타난 마크 트웨인의 세계관은 자못 비관적이고 염세적이다. 그런데 인간성에 대한 그의 비판은 여러모로 이 작품에 등장하는 작중인물 바클리 굿슨과 비슷한 데가 있다. 에드워드 리처즈는 언젠가 한 번 굿슨의 영혼을 구원하려고 그에게 교회에 나올 것을 설득한다. 그러자 굿슨은 그에게 "그런 말은 듣고 싶지 않으니 지옥에나 가고, 네 할 일이나 하라"고 대꾸한다. 버지스 목사를 몰래 피신시킨 일과 관련하여 마을 사람들이 솔즈베리 영감을 시켜 항의하려 찾아갈 때에도 굿슨은 그에게 "해들리버그 사람들을 따라 천국에 가고 싶지 않다"고 잘라 말한다. 해들리버그 마을에서 버지스 목사 다음으로 미움을 받는 굿슨은 누구보다도 인간성에 절망한 인물이다. 굿슨처럼 트웨인도 삶을 장밋빛으로 보지 않는다. 그의 인생관이나 세계관은 장밋빛이기는커녕 오히려 희끄무레한 잿빛이다. 비관적이고 염세주의적인 그의 세계관에서 보면 인간이란 하나같이 지옥에 떨어질 수밖에 없는 존재다.

마크 트웨인이 「해들리버그를 타락시킨 사나이」를 처음 쓴 것은 유럽에서 강연 여행을 하던 1898년이었다. 이 무렵 그가 유럽까지 강연 여행을 떠난 것은 제임스 페이지가 개발한 식자기(植字機)에 투자했다가 재정적 손실을 크게 입었고, 그래서 그 재정적 손실을 만회할 수 있으리라고 생각했기 때문이다. 이러한 재정적 부담 말고도 이 무렵 그는 첫딸 수지의 죽음으로 깊은 절망에 빠져 있었다. 또한 점점 쇠약해져 가는 아내 올리비어의 건강과 막내딸 진의 간질 증세도 여간 큰 걱정이 아니었다. 이 작품에서 쉽게 엿볼 수 있는 비관적이고 염세주의적 어조와 삶에 대한 환멸은 1890년대 작가가 겪고 있던 불행과 역경에서 그 원인을 찾을 수 있다. 또한 미국 자본주의가 상업주의를 향해 더욱 치닫고 있고 미국이 제국주의의 마각을 조금씩 드러내기 시작하면서 느낀 절망감도 그가 비관주의를 받아들이는 데 한몫 톡톡히 맡았다.

만년에 이르러 좀 더 삶을 긍정적으로 받아들인 윌리엄 포크너나 어니스트 헤밍웨이와는 달리 트웨인은 처음에는 삶을 긍정적으로 받아들이다가 점차 비극적 비전 쪽으로 기울기 시작했다. 만년에 이르러 트웨인의 인간에 대한 환멸과 절망감은 극도에 이르렀다. 그리하여 노아가 차라리 방주를 놓쳐 버려 홍수를 겪었더라면 더 좋았을 것이라든지, 인간은 이보다 더 나빠질 수는 없을 것이라며 인간에 대한 절망감을 털어놓았다. 작가가 사망한 뒤에 출간된 『지구에서 보낸 편지』(1962)에서 트웨인은 "저주 받을 인류—이 세계가 인류를 위해 창조되었는가?"라고 내뱉기도 했다.

「살인, 미스터리 그리고 결혼」

중편소설에 해당하는 「살인, 미스터리 그리고 결혼」은 마크 트웨인의 문학에서 여러모로 독특한 위치를 차지한다. 집필한 지 125년이 지난 뒤에야 비로소 뒤늦게 햇빛을 보았다는 점에서도 그러하고, 상식과 합리로서는 쉽게 이해할 수 없는 환상적인 이야기를 다룬다는 점에서도 그러하다. 또한 느슨하고 산만한 트웨인의 전형적인 작품과는 달리 이 작품의 플롯은 탐정 소설에서 흔히 볼 수 있듯이 지나칠 정도로 정교하게 짜여 있다. 그런가 하면 19세기 중엽 『해저 2만 마일』 같은 공상과학 소설을 발표하여 세계적으로 크게 이름을 떨치고 있던 쥘 베른과 프랑스에 노골적으로 불편한 심기를 드러낸다는 점에서도 그러하다.

더구나 트웨인이 이 작품을 일종의 합작(合作)이나 공동(共同) 작업으로 처음 착안했다는 점에서도 그의 다른 작품과는 사뭇 다르다. 코네티컷 주 하트퍼드로 이사한 지 얼마 안 되어 자신의 집을 방문한 동료 소설가 윌리엄 딘 하우얼스에게 트웨인은 조금 엉뚱한 제안을 한 가지 한다. 즉 자신이 한 소설의 기본적인 뼈대를 만들고 잘 알려진 작가 열두 명이 저마다 이 뼈대에 살을 붙여 작품을 완성하면 어떻겠냐는 것이다. 물론 작가들은 '눈을 가린 채' 다른 작가들이 어떻게 플롯을 진행해 나갈지 서로 모른 채 말이다. 음악에 빗대어 말하면, 하나의 주제가 되는 선율을 바탕으로 선율·리듬·화성 따위를 여러 가지로 변형한 변주곡을 만들어 내자는 제안이었다. 그러면서 트웨인은 이 작품들을 서로 비교해 본 뒤 《애틀랜틱 먼슬리》지에 실리면 크게 히트할 것이라고 장담했다. 이 무렵 하우얼스는 미국 문단에서 소설가로서뿐만 아니라 이 잡지의 편집자로서도 막강한 힘을 행사하고 있었다.

트웨인은 이 '눈을 가리고 쓰는 중편소설' 계획에 참여할 작가로 하우얼스를 포함하여 흔히 '보스턴 브라만족'으로 일컫는 제임스 러셀 로웰과 올리버 웬들 홈스, 최근 서부 금광지대를 다룬 작품을 써서 인기를 끌고 있는 지방색 작가 브렛 하트, 그리고 아직 젊은 작가 축에 속하는 헨리 제임스 등을 염두에 두고 있었다. 그러나 하우얼스의 노력에도 작가들이 이 핑계 저 핑계로 참여를 꺼렸기 때문에 이 계획에 작가를 모으기란 그렇게 쉬운 일이 아니었다. 트웨인이 마음에 두고 있는 작가들은 그들 나름대로 트웨인보다는 뛰어난 작가라고 생각하고 있었고, 그렇기 때문에 굳이 그의 뒤를 좇고 싶지 않았다. 그리하여 하우얼스는 마침내 이 계획을 포기하고 말았다.

마크 트웨인이 처음 이 계획을 하우얼스에게 밝힌 것은 1876년 3월경이다. 1876년이라면 트웨인으로서는 막 사십 줄에 들어서는 해이고, 미국으로 보자면 영국 식민주의의 굴레에서 벗어난 지 꼭 100년을 맞이하는 해로 여러모로 상징적 의미를 지닌다. 이 무렵 『톰 소여의 모험』을 막 출간한 트웨인은 『허클베리 핀의 모험』을 집필하기 시작하여 절반쯤 쓰다가 더는 앞으로 나가지 못하고 답보 상태에 있었다. 한때 그는 이 소설 원고를 불태워 버릴까 하는 생각까지 한 적이 있었다. 하마터면 '미국의 위대한 소설'이 미처 탄생하기도 전에 유산(流産)되거나 사산(死産)되어 버릴 뻔했다.

1876년 4월 이틀 만에 트웨인은 '눈을 가리고 쓰는 중편소설'의 뼈대를 만들었다. 그가 하우얼스에게 제안한 작품의 뼈대는 다름 아닌 '살인과 결혼'에 관련한 것이었다. 곧이어 그는 이 뼈대에 살을 붙여 「살인, 미스터리 그리고 결혼」이라는 한 편의 중편소설을 완성했다. 그 뒤로도 20여 년 동안 트웨인은 이 계획에 남달리 깊은 관심을 보였다. 하우얼스와 《애틀랜틱 먼슬리》지가 미온적인 태도를 보이자 트웨인은 이번에는 다른 출판사와 교섭하여 이 계획을 실행에 옮기려고 했지만 역시 뜻을 이루지 못했다. 이러한 와중에 1910년 트웨인이 갑자기 사망하는 바람에 이 계획은 완전히 사람들의 뇌리에서 까맣게 잊히고 말았다.

트웨인의 죽음과 함께 이 작품의 원고도 행방이 묘연해졌다. 오랫동안

마크 트웨인과 윌리엄 딘 하우얼스.
제도 교육을 받지 못하고 독학으로 작가가 된 이 두 사람은
미국 문학에 사실주의 전통을 굳게 세웠다.
트웨인의 사실주의는 '지방적 사실주의', 하우얼스의 사실주의는 '가정적 사실주의'라고
부른다.

자취를 감추었다가 1930년에 제임스 B. 클레멘스라는 영국 서점 주인이 소유하고 있는 것으로 드러났다. 그 뒤 여러 사람의 손을 거쳐 마침내 오스틴 소재 텍사스 대학교 해리 랜섬 인문학 연구소가 소장하게 되었다. 2000년 뉴욕의 버펄로 및 이어리 군 공공도서관이 이 작품에 대한 출판권을 얻었고, 2001년 《애틀랜틱 먼슬리》가 이 원고를 입수하여 처음 잡지에 실었으며, 그해 뉴욕의 노튼 출판사가 단행본으로 출간하면서 비로소 세상에 널리 알려지게 되었다.

「살인, 미스터리 그리고 결혼」은 하나밖에 없는 딸을 돈 많은 남자에게 시집보내려는 탐욕스러운 시골 농부에 관한 이야기다. 농부의 이러한 계획은 갑자기 나타난 낯선 사나이가 마을에 나타나는 바람에 적잖이 우여곡절을 겪는다. 「캘러베러스의 유명한 개구리」나 「해들리버그를 타락시킨 사나이」를 비롯한 트웨인의 몇몇 작품에서처럼 이 작품에서도 뜻하지 않게 낯선 사나이가 등장하여 마을 사람들을 곤경에 빠뜨린다. 더구나 이 작품에서는 낯선 사나이 때문에 살인 사건이 일어나기도 한다.

「살인, 미스터리 그리고 결혼」을 분수령으로 트웨인의 작품에 변화가 일어나기 시작한다. 가령 그가 태어난 미주리 주 고향 마을에 대한 태도가 달라진다. 이 소설을 집필하기 전 트웨인은 미주리 주 해니벌을 그야말로 나른하게 졸음이 올 정도로 평화롭기 그지없는 마을로 묘사하기 일쑤였다. 『톰 소여의 모험』에서 지리적 배경으로 삼고 있는 미주리 주 세인트피터스버그 마을이 그러하고, 찰스 더들리 워너와 함께 집필한 『도금시대』(1873)의 지리적 배경인 미주리 주 호크아이가 그러하다. 그러나 「살인, 미스터리 그리고 결혼」에 이르러 미주리 주의 마을은 이제 더 평화로운 곳이 아니다. 이 작품의 공간적 배경인 디어딕은 대지를 온통 뒤덮고 있는 흰 눈을 빼놓고는 하나같이 누추하고 지저분하다. 작품 첫머리에서 작가는 이 마을 주민들을 문명과는 거리가 먼 야만인에 가까운 사람들로 묘사한다.

> 이곳에 사는 사람들은 저 멀리 바깥세상에 철도며 증기선이며 전신이며 신문 같은 것이 있다는 사실을 어렴풋하게나마 알고 있을 뿐이었다. 그러나 개인적으로는 그런 것들에 대해 잘 알고 있지 못했으며, 그런 것들에 관해서는 달나라 문제에 관심을 두는 것 이상으로 관심을 두지 않았다. 오히려 그들은 돼지며 옥수수에 관심을 쏟고 있었다.

여기에서 찬찬히 눈여겨볼 것은 디어딕 마을 사람들이 오직 돼지와 옥수수에만 관심을 쏟고 있다는 마지막 문장이다. 이 작품의 마지막 장(章)에서도 이 마을 사람들을 두고 "돼지나 키우는 사람들"이라고 빈정거린다. 이 작품의 화자는 그들이 가축을 기르고 농사짓는 일에만 관심을 둘 뿐 어떤 지적인 일에도 관심이 없다고 말한다. 작가가 낯선 사나이 장 메르시에의 입을 빌려 말하는 "경건하게 돼지나 키우는 아주 매력적이고 지적인 이 마을"이라는 구절에는 가시가 돋쳐 있다. '경건하게'니 '아주 매력적이고 지적인'이니 하는 구절은 하나같이 반어적 표현이다.

디어딕은『허클베리 핀의 모험』후반부에서 주인공 허클베리 핀과 흑인 노예 짐이 여행하는 남부 마을과 아주 비슷하다. 헉 핀이 부딪치게 되는 마을 사람들처럼 디어딕에 사는 사람들도 대부분 비열하고 겁이 많으며 탐욕스럽기 그지없다. 존 그레이는 딸 메리의 행복과는 전혀 관계없이 오직 재산이 많은 남자와 결혼시키려고 한다. 처음에는 휴 그레고리를 사윗감으로 생각하다가 형 데이비드가 메리에게 유산을 물려준다는 소식을 듣고는 휴를 만나지 못하도록 한다. 그런가 하면 눈밭에 떨어진 장 메르시에라는 낯선 사나이가 돈이 많은 백작임이 밝혀지자 메리를 그에게 시집보내려고 한다.

이러한 사정은 낯선 사나이 장 메르시에도 마찬가지다. 데이비드 그레이가 메리에게 유산을 상속한다는 유언장을 우연히 읽고는 메리에게 접근하다가 그 유언장이 가짜임이 밝혀지자 그녀를 멀리한다. 그러나 데이비드가 실제로는 여전히 메리에게 재산을 상속한다는 사실을 깨닫고는 다시 메리에게 접근한다. 그런가 하면 메르시에는 데이비드 그레이를 살해한 뒤 휴 그레고리한테 그 혐의를 뒤집어씌우는 등 잔인하고 비열하기 짝이 없는 인물이다. 전형적인 희극에서 볼 수 있듯이 주인공이 결혼하며 해피엔딩으로 끝을 맺는 이 작품에서는 트웨인 특유의 음울한 세계관을 읽을 수 있다.

트웨인은 「살인, 미스터리 그리고 결혼」과 『허클베리 핀의 모험』을 거의 같은 시기에 걸쳐 집필했기 때문에 이 두 작품 사이에는 서로 비슷한 점이 적지 않다. 예를 들어 동생 존 그레이와 형 데이비드 그레이의 불화에서는 그레인저포드 집안과 셰퍼드슨 집안의 반목이 떠오른다. 낯선 사나이 장 메르시에가 '휴버트 디 폰테인블로' 백작으로 행세하는 것은 『허클베리 핀의 모험』에서 '왕'과 '공작'이 사기 행각을 벌이는 것과 아주 비슷하다. 서번 대령이 자신의 분노를 자극하는 보그스를 살해하듯이 휴 그레고리는 그동안 자신을 괴롭혀 온 데이비드 그레이에게 일격을 가한다. 낯선 사나이가 기구(氣球)를 타고 공중을 떠돌다가 미주리 주의 눈밭에 떨어지는 것은 도피 노예 짐이 잭슨 섬에 도착하는 것과 비슷하다. 또한 이 두 작품에서는 죄 없는 순진한 사람이 궁지에 몰리지만 가까스로 위기를 모면하는 장면이 나오기도 한다.

「살인, 미스터리 그리고 결혼」은 허구와 사실, 환상과 현실이 뒤섞여 있어 가히 포스트모더니즘적인 작품이라고 할 만하다. 장 메르시에라는 작중인물이 프랑스에서 기구를 타고 대서양을 건너 북미 대륙의 한복판이라고 할 미주리 주 눈밭에 떨어진다는 것부터가 좀처럼 상식과 논리에 들어맞지 않는다. 이 작품에서 사건은 구체적인 역사적 시간과 사회적 공간에서 일어나면서도 상식과 논리로는 쉽게 이해할 수 없는 환상적 경험을 동반하기도 한다. 이 점에서 이 작품은 요즈음 라틴아메리카 작가들이 부쩍 구사하고 있는 '환상적 리얼리즘'이나 '마술적 리얼리즘' 전통에 서 있다. 그렇다면 트웨인은 가브리엘 가르시아 마르케스 같은 작가들보다 무려 100여 년 전에 이미 이러한 기법을 사용했던 셈이다.

더구나 이 작품에는 역사적 실제 인물과 허구적 인물이 한데 뒤섞여 나오기 때문에 그 둘을 구별해 내기란 쉽지 않다. 허구적 인물인 장 메르시에는 80여 권에 이르는 공상 소설을 쓴 작가 쥘 베른의 조수로 등장한다. 그런데 화자는 베른이 발표한 대부분의 공상과학 소설은 메르시에가 겪은 사실을 토대로 쓴 것이라고 밝힌다. 예를 들어 메르시에가 구멍 난 낡은 모래 채취선을 타고 센 강을 따라 경험한 이야기를 듣고 베른은 『해저 2만 마일』을 썼다. 메르시에는 낡은 기구를 타다 기구가 터져 버리는 바람에 벽돌 마당에 굴러 떨어져 다리가 부러졌는데, 베른은 이 경험을 살려 소설로 만든 것이 바로 『기구를 타고 5주일』이라는 책이다. 이 밖에 『80일간의 세계 일주』도 『신비스러운 섬』도 하나같이 메르시에가 직접 겪은 경험을 베른이 윤색한 것에 지나지 않는다. 마침내 화가 난 장 메르시에는 베른과 함께 기구를 타고 여행하던 중 그를 기구 밖으로 떠밀어 버려 살해한다.

> 우리가 막 여행을 떠나려고 할 때 그 사람은 내 마지막 여행을 책으로 부풀린 것을 내 손에 쥐여 주었다. 『신비스러운 섬』이라는 책 말이다! 나는 그 책을 대충 훑어보았다. 그것으로 충분했다. 인간의 본성에도 한계가 있는 법이다. 나는 그 사람을 기구 밖으로 밀어 버리지 않았던가! 그 사람은 수백 피트 아래로 떨어졌음이 틀림없었다. 죽었으면 하고 바랐지만 죽었는지는 알 수 없었다.

무슨 까닭 때문인지는 몰라도 트웨인은 이 작품을 쓰기 직전에 사망한 쥘 베른을 몹시 싫어했다. 장 메르시에처럼 트웨인도 어쩌면 베른이 다른 사람의 모험을 마치 자신이 실제로 겪은 것처럼 작품으로 만든 위선자라고 생각했을지도 모른다. 아니면 적어도 생전에 자신이 베른처럼 세계적인 명성을 얻지 못했기 때문일는지도 모른다. '근대 공상과학 소설'의 선구자로 흔히 일컬어지는 베른은 트웨인과 같은 시대에 활약하면서 전 세계에 걸쳐 그보다 훨씬 융숭한 대접을 받았다. 그러므로 이러한 베른에게 트웨인이 느낀 질투가 적지 않을 것이다. 어찌 되었든 베른에 대하여 트웨인이 느끼는 감정은 가히 살인에 가까운 것이었다.

더구나 트웨인이 평소 프랑스를 별로 좋아하지 않았으며 심지어 프랑스 공포증 같은 이상심리를 느끼고 있었다는 사실도 이와 무관하지 않은 듯하다. 지나치다 싶을 만큼 그는 프랑스와 프랑스 사람들을 악평하기 일쑤였다. 예를 들어 트웨인은 "프랑스 사람에게 가정이란 다른 남자의 아내가 있는 곳이다"라든지, "파리 사람들이 좋아하는 대상은 문학과 예술과 의학 그리고 간음이다"라는 말을 서슴지 않았다. 그런가 하면 "프랑스에는 겨울도 여름도 없고 도덕도 없다. 이러한 결점만 없다면 좋은 나라다"라고 빈정대기도 했다. 이렇게 프랑스나 프랑스 사람을 향해 비난의 화살을 퍼부은 것은 하나하나 열거할 수 없을 만큼 무척 많다. 작품에서도 예외가 아니었다. 트웨인은 『순진한 사람의 해외여행』(1869)에서 캉캉춤을 부도덕한 것으로 몰아세우고, 『허클베리 핀의 모험』에서는 사기꾼 '공작'과 '왕'의 부도덕한 행동을 날카롭게 꼬집는다.

윌리엄 딘 하우얼스는 트웨인이 세상을 떠난 해에 출간한 『나의 마크 트웨인』이라는 회고록에서 트웨인을 미국의 다른 동료 작가들과는 다르게 평가했다. 하우얼스는 이 책에서 "에머슨, 롱펠로, 로웰, 홈스-나는 그들을 모두 알고 있었으며 그 밖에 나머지 우리의 현자들과 시인들, 예언자들, 비평가들, 해학가들을 알고 있었다. 그들은 서로서로 비슷했으며 다른 문인들과도 비슷했다. 그러나 클레멘스는 다른 사람과 비교할 수 없을 만큼 유일무이한 사람으로 우리 문학의 링컨이었다"고 밝힌다.

하우얼스의 말대로 마크 트웨인은 '미국 문학의 링컨'이었다. 에이브러햄 링컨이 미국 정치사에서 우뚝 서 있는 거인이듯이, 트웨인도 미국 문학사에서 우뚝 서 있는 거목이다. 윌리엄 포크너나 어니스트 헤밍웨이 같은 미국 작가들은 입에 침이 마르도록 그한테서 받은 영향이 무척 크다고 말한다. 무엇보다도 링컨이 흑인을 노예 신분에서 해방시켰듯이 트웨인은 미국 문학을 좁게는 영국 문학, 더 넓게는 유럽 문학의 굴레에서 해방시켰다. 트웨인의 문학과 더불어 미국 문학은 마침내 명실공히 영국 문학과 유럽 문학의 치맛자락에서 손을 놓고 성큼 첫발을 내딛기 시작했던 것이다.

3

오 헨리

플롯 중심 단편소설

미국의 현대 소설가 어니스트 헤밍웨이는 불행한 어린 시절이야말로 작가에게 더할 나위 없이 좋은 교육이 된다고 말한 적이 있다. 어린 시절에 겪은 뼈저린 고통과 절망은 뒷날 작가가 작품을 쓰는 데 창조적 에너지가 될 수 있다는 말이다. 헤밍웨이의 이 말은 어느 작가보다도 오 헨리(1862~1910)에게 참으로 잘 들어맞는다. 좁게는 미국 문학사, 넓게는 세계 문학사를 통틀어 오 헨리만큼 불행한 어린 시절을 보낸 작가도 찾아보기 쉽지 않을 것이다. 미국 노스캐롤라이나 주 그린스보로에서 태어난 그는 세 살 때 폐결핵으로 고생하던 어머니를 여위었다. 독학으로 내과 의사가 되다시피 한 아버지는 정신질환 증세에다 알코올 중독자로 아버지로서의 구실을 제대로 하지 못했다. 그리하여 본명이 '윌리엄 시드니 포터'인 오 헨리는 할머니와 고모 밑에서 자라면서 외로운 어린 시절을 보낼 수밖에 없었다.

그뿐만 아니라 오 헨리 자신도 건강이 썩 좋은 편도 아니었다. 어머니와 마찬가지로 폐결핵 증세를 보인 그는 일찍이 고향을 떠나 이 무렵 황무지와 다름없던 텍사스 초원에서 목동과 집배원 노릇을 하며 홀로 외롭게 지냈다. 먼 타향에서 맞이한 아내는 역시 폐결핵이라는 병마와 싸우고 있었고, 오스틴에서 잠시 은행에 근무하던 그는 공금 유용 혐의로 경찰에 쫓기는 몸이 되었다. 루이지애나 주 남단에 있는 도시 뉴올리언스를 거쳐 중앙아메리카 온두라스로 피신했지만 아내의 임종을 지켜보기 위해 잠시 귀국했다가 검거되어 마침내 유죄 판결을 받고 3년여 동안 오하이오 주 콜럼버스에 있는 연방 교도소에서 수감 생활을 했다.

교도소의 약제사로 복역하면서 틈틈이 글을 쓰기 시작한 오 헨리는 1898년 9월 「라버 캐니언의 기적」이라는 단편소설을 미네소타 주 세인트폴에서 발행하는 신문 《파이어니어 프레스》에 처음 발표했다. 바로 미국이 낳은 가장 위대한 단편 작가 가운데 한 사람이 탄생되는 순간이었다. 헤밍웨이에게 프랑스 파리의 카페가 문학 수업의 장(場)이었다면, 오 헨리에게는 감옥이 바로 그러한 역할을 맡았던 것이다.

그런데 오 헨리가 작가가 된 것은 결코 우연한 일만은 아니었다. 고모가 경영하는 사립학교에서 교육을 받았을 뿐, 이렇다 할 만한 제도 교육을 받지 못했지만 그는 어렸을 적부터 문학에 자못 깊은 관심을 보였다. 특히 그에게 책 읽는 습관을 붙이게 해 준 사람은 바로 그의 고모였다. 오 헨리는 뒷날 "열세 살과 열아홉 살 사이에 나는 그 뒤에 읽은 것보다 더 많이 책을 읽었다"고 털어놓은 적이 있다. 또한 "이 무렵 나의 독서 취향은 지금보다 훨씬 더 고상했다. 고전 작품이 아니면 아예 읽지 않았다. …… 스무 살이 되기 전에 나는 독서를 모두 마친 셈이다"라고 밝혔다. 뛰어난 작가가 흔히 그러하듯이 오 헨리도 제도 교육보다는 독서와 구체적인 삶의 경험을 통해 작가 수업을 받았다.

교도소에서 첫 작품을 쓴 오 헨리는 작가가 되기 위하여 상징적 몸짓이 필요했다. 자신의 이름을 바꾼 것이 바로 그것이다. '윌리엄 시드니 포터'라는 이름을 버리고 '오 헨리'라는 조금 어리둥절한 이름을 사용하기 시작했다. 20세기 초엽만 하더라도 개인 이름과 중간 이름에 성을 합하여 세 개를 나란히 쓰는 것이 유행이었다. 그런데도 그는 이렇게 평범하기 그지없는 이름을 필명으로 삼았다. 필명의 유래를 캐묻는 사람들에게 그는 "O는 가장 쓰기 쉬운 철자다"라고 농담 삼아 밝히곤 했다. 때로는 "O는 '올리버'의 프랑스 이름인 '올리비에'의 약어다"라고 말하기도 했고, 교도소에서 만난 '오린 헨리'라는 교도관의 이름을 빌려 왔다고 말하기도 했다. 그런가 하면 그는 그 이름을 자신이 3년여 동안 갇혀 있던 오하이오주 연방 교도소와 관련짓기도 했다. 'O. Henry'라는 이름은 'Ohio Penitentiary'에서 첫 단어의 첫 글자 'Oh'와 둘째 단어에서 각각 'en'과 'ry'를 따서 만들었다는 것이다. 사망하기 마지막 10년 동안 그는 '오 헨리'라는 이름 대신에 '윌리엄 S. 파커'라는 필명을 사용하기도 했다. 그 유래야 어찌 되었든 '오 헨리'란 한마디로 필부필녀나 갑남을녀(甲男乙女)를 뜻하는 평범한 이름이었다. 이렇게 그는 이름에서부터 체면이나 권위의 가면을 훌훌 벗어 버리고 평범한 인물과 진부한 일상 경험을 소재로 작품을 쓰기로 마음먹었던 것이다.

수인(囚人)에서 단편소설 작가로

오 헨리는 교도소 수감 생활을 비롯하여 온갖 경험을 몸소 겼었고, 이러한 경험은 그가 작가로서 작품이라는 꽃을 피우는 데 그야말로 비옥한 토양이 되었다. 언젠가 그는 왜 더는 소설을 읽지 않느냐는 물음을 받은 적이 있다. 그러자 그는 "내 인생의 로맨스와 비교해 볼 때 소설은 너무 싱겁기 때문이지요"라고 대답했다고 전해진다. 상상력이 빚어낸 찬란한 우주라고 하지만 어렸을 적부터 그가 겪어 온 파란만장한 삶의 여정과 비교해 보면 아마 허구의 산물인 소설은 김빠진 맥주처럼 싱겁기 짝이 없었을 것이다. 물론 여기서 그가 말하는 '로맨스'란 감미로운 애정보다는 신산스러운 삶의 역경을 가리킴은 두말할 나위가 없다.

오 헨리가 소년기와 청년기에 겪은 이러한 다양한 경험은 그의 작품에 잘 나타나 있다. 다른 작가와 비교해 볼 때 무엇보다도 그의 작품은 소재가 무척 다양하다. 세계 문학사를 통틀어 오 헨리만큼 삶의 여러 경험을 폭넓게 다룬 작가도 아마 찾아보기 쉽지 않을 것 같다. 물론 그는 창녀 이야기 같은 누추하거나 어두운 삶의 경험이나 종교를 둘러싼 이야기는 좀처럼 다루려고 하지 않았다. 이러한 소재로 작품을 쓰다가는 자칫 추문에 휘말리거나 비판받기 쉽기 때문이었다.

그러나 이러한 경우를 빼고 나면 오 헨리는 주위에서 쉽게 볼 수 있는 일상 경험을 즐겨 작품의 소재로 삼았다. 아무리 평범하고 범상한 일상 경험이라도 좀처럼 그의 시선에서 벗어나는 법이 없다. 실제로 어떤 일상

미국 문학에 단편소설 전통을 굳건히 다지는 데 크게 이바지한 오 헨리.
러시아 단편소설과는 달리 그는 플롯 중심의 단편소설을 발전시켰다.

경험에서도 그는 작품의 실마리를 쉽게 찾아낼 수 있었다. 그리고 일단 그의 손에 들어오면 마치 연금술사가 무쇠 덩어리를 황금으로 만들어 내듯 예술 작품으로 승화시키곤 했다.

오 헨리는 어느 날 뉴욕 시에 있는 한 식당에서 친구들과 함께 식사하고 있었다. 뉴욕에서 발행하던 주간 신문《선데이 월드》의 편집자 어빈 S. 콥이 오 헨리에게 어떻게 해서 그렇게 다양한 작품의 플롯을 얻을 수 있느냐고 물었다. 그러자 오 헨리는 콥에게 "눈을 돌리는 곳마다 이야깃거리가 있지요. 세상만사가 모두 작품의 소재가 됩니다"라고 대답하면서 식탁 위에 놓여 있는 메뉴 한 장을 집어 들었다. "바로 이 메뉴에도 이야깃거리가 있지요"라면서 그는 「식탁에 찾아온 봄」이라는 작품의 줄거리를 들려주었다.

오 헨리 문학에는 이러한 소재의 다양성 말고도 생동감 넘치는 장소의식이라는 또 다른 특징이 있다. 미국은 말할 것도 없고 중앙아메리카 등지에 옮겨 다니면서 고단하게 살아야 했던 그는 다른 어떤 작가보다도 지리적 공간에 뛰어난 감각을 지니고 있었다. 예를 들어 그의 첫 번째 작품집인『양배추와 임금님』(1904)에 수록된 작품들은 온두라스라는 이국적 배경에서 펼쳐지고 있으며,『서부의 마음』(1907)에 수록된 작품들은 그가 젊은 시절을 보낸 텍사스의 목장과 대초원을 그 중심적인 배경으로 삼고 있다. 그리고『4백만 명』(1906),『준비된 등불』(1907),『도시의 목소리』(1908) 등에 실린 작품들은 흔히 그가 "지하철이 있는 바그다드"라고 부르는 뉴욕 시를 배경으로 대도시 시민이 느끼는 삶의 애환을 실감 나게 묘사하고 있다. 실제로 그가 다루는 지역이나 장소는 동부에서 서부, 남부에서 북부에 이르는 미국 전역을 포함하고 있다시피 하다.

만약 오 헨리가 다루지 않은 지방이 하나 있다면, 그것은 아마 미국의 동북부 지방일 것이다. 흔히 '뉴잉글랜드'라고 일컫는 이 지역은 미국에서도 이른바 '점잖은 전통'이 큰 힘을 떨치고 있는 곳으로 아무래도 그에게는 잘 맞지 않은 옷처럼 그의 상상력에 낯설게 느껴질 수밖에 없었다. 오 헨리는 한 작품에서 폐품을 파는 고물상을 언급하면서 "헨리 제임스의 작품, 축음기판 여섯 장, 테니스화 한 켤레, 겨자 병 두 개, 고무로 만든 식물" 등을 모두 1달러 89센트에 판다고 밝힌다.

미국 문학에 심리적 리얼리즘 전통을 굳건히 세운 19세기 작가 헨리 제임스는 바로 '점잖은 전통'을 대변하는 가장 대표적인 소설가로 주로 보스턴을 중심으로 한 뉴잉글랜드 상류 계급의 삶을 작품의 소재로 즐겨 다루었다. 소설 장르를 예술의 반열에 올려놓았을 뿐만 아니라 비평가들한테서 흔히 '미국 소설의 대가(大家)'로 융숭한 대접을 받는 헨리 제임스의 작품을 폐품으로 여기는 것을 보면 제임스에 대한 그의 비판이 여간 날카롭지 않다. 오 헨리에게 제임스는 폐품처럼 이제 미국 문단에서 폐기해야 할 작가에 지나지 않았다.

그런데 미국의 지역 가운데에서도 오 헨리가 가장 애틋한 애정과 관심을 기울이고 있는 곳은 다름 아닌 뉴욕 시다. 오 헨리 하면 곧 뉴욕 시를, 뉴욕 시 하면 오 헨리를 금방 떠올릴 만큼 그와 맨해튼은 아주 깊이 관련되어 있다. 모두 300여 편에 이르는 작품 가운데에서 뉴욕 시를 소재로 한 작품이 가장 많으며, 더구나 그의 가장 대표적이라고 할 작품은 대부분 이 도시를 중심적 배경으로 삼고 있다. 가령 「마지막 잎새」와 「크리스마스 선물」을 비롯하여 「준비된 등불」, 「순경과 찬송가」, 「재물의 신과 사랑의 신」, 「낙원에 들린 손님」, 「추수감사절의 두 신사」, 「식탁에 찾아온 봄」 같은 작품이 바로 그러하다.

짧다면 짧은 마흔여덟의 나이로 세상을 떠나면서 오 헨리는 한 친구에게 "뉴욕 시를 바라볼 수 있도록 창문의 커튼을 걷어 주게나. 어둠 속에서 집에 돌아가고 싶지 않으니까"라고 말했다고 전해진다. 그가 뉴욕 시에 얼마나 깊은 애정을 품고 있었는지 가늠해 볼 수 있는 대목이다. 비록 노스캐롤라이나 주의 시골에서 태어나 성장하고 텍사스의 초원에서 청년 시절을 보냈으면서도 그의 상상력은 언제나 뉴욕 같은 대도시를 향해 열려 있었다.

그런데 여기서 한 가지 찬찬히 눈여겨보아야 할 것은 오 헨리의 작품에서 대도시를 비롯한 장소는 단순히 지리적 배경 이상의 의미가 있다는 점이다. 어린 시절부터 사귄 친구요 오 헨리가 사망한 뒤 처음으로 작가의 전기를 쓴 찰스 앨폰소 스미스의 지적대로 오 헨리에게 장소는 마치 작중인물과 같은 역할을 맡는다. 다시 말해서 뉴욕 같은 도시는 작중인물의 행동에 직접 또는 간접으로 영향을 미친다. 예를 들어 「추수감사절의 두 신사」에서 주인공 스터피 피트가 앉아 있는 매디슨 광장이며, 「마지막 잎새」에서 존시와 수가 함께 사는 워싱턴 광장 서쪽의 그리니치빌리지며, 「낙원에 들린 손님」에서 로터스 호텔이 자리 잡은 브로드웨이는 작중인물과 더불어 살아 숨 쉬는 하나의 생명체라고 해도 크게 틀리지 않는다.

오 헨리가 이렇게 단순한 공간적 배경을 살아 숨 쉬는 작품의 요소로 끌어올릴 수 있었던 것은 미국 문학에서 리얼리즘의 전통을 세운 윌리엄 딘 하우얼스가 말하는 '인접성의 본능'이 뛰어나기 때문이다. '인접성의 본능'이란 특정한 지역의 특징을 관찰하고 묘사하는 타고난 재능을 말한다. 오 헨리가 남달리 이러한 재능을 지닐 수 있었던 것은 어렸을 적부터 이 지방 저 지방을 옮겨 다니며 지역 특유의 관습과 풍습을 예리한 눈으로 관찰했기 때문이다.

그러나 이렇게 특정한 지역과 깊이 연관되어 있으면서도 오 헨리에게는 좀처럼 '지방색 작가'라는 꼬리표가 붙지 않는다. 그가 활약하던 무렵 미국 문단은 여러 지방의 특성을 다루는 이른바 '지방색 문학'이 큰 힘을 떨치고 있었다. 예를 들어 오 헨리에게 가장 큰 영향을 준 브렛 하트는 주로 캘리포니아 주를 비롯한 서부 개척 지방의 생활에 뿌리를 둔 작품을 써서 관심을 모았다. 햄린 갈런드는 아이오와 주와 위스콘신 주를 비롯한 중서부 지방의 농촌을, 세라 온 주윗과 메리 윌킨스 프리먼은 뉴잉글랜드 지방의 삶의 모습을 즐겨 그렸다. 그런가 하면 조엘 챈들러 해리스, 케이트 쇼핀, 조지 워싱턴 케이블은 남부 지방 특유의 삶을 즐겨 작품의 소재로 삼았다. 그러나 오 헨리는 이들 작가와는 달리 뉴욕 같은 특정 지역에 국한된 문제를 다루되 그 지역의 이질적인 풍습이나 말투를 묘사하는 것에 그치지 않고 더 나아가 삶의 보편적 문제로 끌어올린다. 한마디로 오 헨리의 작품이 가장 찬란한 빛을 내뿜을 때는 지리적 한계나 공간적 제약을 완전히 초월한다.

오 헨리의 해학성

오 헨리 문학의 또 다른 특성으로 탁월한 해학성을 빼놓을 수 없다. 그의 전기 작가 로버트 H. 데이비스는 "나는 우울할 때마다 오 헨리의 작품을 읽는다"고 말한 적이 있다. 오 헨리의 작품 가운데에는 「세상 사람들은 모두 친구」나 「어느 바쁜 브로커의 로맨스」 또는 「사랑의 묘약」처럼 어릿광대의 익살 같은 조금 질이 떨어지는 해학도 없지 않다. 그러나 작품 대부분에서 그의 해학은 삶의 외견(外見) 즉 겉모습과 실재(實在) 즉 참모습 사이의 간극, 삶에서 기대하는 것과 그 결과 사이의 엄청난 괴리 때문에 생겨나는 수준 높은 해학이다. 다시 말해서 그가 다루는 해학은 저속한 익살이 아니라 삶의 아이러니나 부조화에서 비롯하는 형이상학적 해학이다.

예를 들어 「순경과 찬송가」에서 주인공 소피는 부랑자로 경찰에 잡혀 수용소에서 한겨울을 나고 싶어 하지만 아무리 애를 써도 좀처럼 잡히지 않는다. 그러다가 어느 한적한 예배당에서 은은히 들려오는 찬송가 가락을 들으며 새로이 인생을 출발하기로 다짐하는 바로 그때 순경에게 붙잡혀 부랑자 수용소에 갇히는 신세가 되고 만다. 매기 브라운 부인이라는 부유한 여성과 함께 살려고 갔다가 실망하고 다시 호텔의 타이피스트로 돌아오는 젊은 아가씨의 이야기를 다룬 「매혹의 옆모습」이라든지, 주위의 모든 기대와는 달리 돈으로 사랑을 살 수 있다고 굳게 믿는 재벌의 이야기를 다룬 「재물의 신과 사랑의 신」이라든지, 틀에 박힌 생활에 너무 익숙한 나머지 참다운 부(富)와 행복이 무엇인지를 깨닫지 못하는 백화점 점원 아가씨를 그린 「구두쇠 연인」 등도 수준 높은 해학을 다루기는 마찬가지다. 이러한 작품을 읽을 때 얼굴에 살며시 번지는 미소와 그 미소 뒤에 느끼게 되는 조금 씁쓸한 뒷맛은 삶의 아이러니와 인간의 약점을 얄미울 만큼 날카롭게 꼬집는 오 헨리의 유머와 기지가 주는 소중한 선물이다.

이러한 작품에서도 볼 수 있듯이 오 헨리는 평범한 소시민이거나 삶이라는 싸움에서 패배한 낙오자들을 즐겨 작중인물로 삼는다. 그의 작중인물은 하나같이 사회로부터 버림을 받거나 사회의 밑바닥에서 떠도는 부랑아이거나 거지들(「순경과 찬송가」, 「추수 감사절의 두 신사」), 사회가 정한 제도나 규범을 깨뜨리는 범법자들(「검은 독수리의 행방」, 「세상 사람들은 모두 친구」, 「붉은 추장의 몸값」), 아니면 한때는 남부럽지 않은 생활을 하고 있었지만 지금은 상황이 달라진 삶의 패배자들이거나 삶의 축제에 초대받지 못한 국외자들(「하그레이브스의 멋진 연기」, 「어느 도시 보고서」)이다. 한마디로 오 헨리의 작중인물들은 대부분 삶의 향연에 초대받지 못한 사람들이거나 초대받지 않고 향연에 기웃거리는 불청객들이다.

오 헨리의 작품에는 때로 비록 돈 많은 작중인물이 등장하기도 하지만 그들은 참다운 행복이 과연 무엇인지 제대로 모르고 살아간다. 예를 들어 「재물의 신과 사랑의 신」에서 앤터니 로크월 영감은 돈이라면 무엇이든지 다 살 수 있다고 잘못 믿고 있다. 또한 「오월은 결혼의 달」에서 쿨슨 영감은 오히려 재산 때문에 자식과 참다운 관계를 맺을 수 없다. 그런가 하면 「매디슨 광장의 아라비안나이트」에서 돈 많은 카슨 차머스는 "정글 속에 갇힌 야수처럼 의혹이라는 정글 속에서 갇힌 채" 안절부절못하며 초조한 삶을 영위하고 있다.

그러나 누구보다도 오 헨리로부터 깊은 관심과 동정을 받고 있는 인물이라면 역시 백화점 같은 상점에서 고달프게 일하는 나이 어린 점원 아가씨들이다. 뉴욕 같은 대도시를 배경으로 하는 작품에는 점원 아가씨들이나 이와 비슷한 사회 계층에 속한 노동자들이 자주 등장한다. 「식탁에 찾아온 봄」을 비롯하여 「매혹의 옆모습」, 「구두쇠 연인」, 「낙원에 들린 손님」, 「준비된 등불」, 「사랑의 희생」, 「백작과 결혼식 초대 손님」 등 백화점 점원 아가씨를 작중인물로 삼고 있는 작품은 하나하나 헤아리기 어려울 만큼 아주 많다.

시카고에서 활약한 시인 베이철 린지는 오 헨리를 '보잘것없는 점원 아가씨들의 기사(騎士)'라고 부른 적이 있다. 문학 비평가 아서 B. 모리스도 "뉴욕 백화점 계산대마다 오 헨리의 그림자가 드리워져 있다"고 말했다. 두말할 나위 없이 오 헨리가 점원 아가씨를 둘러싼 이야기를 즐겨 작품의 소재로 삼았기 때문이다. 이러한 점원 아가씨에 관하여 오 헨리는 「준비된 등불」의 첫 머리에서 이렇게 말한다.

> 물론 이 문제에는 두 가지 면이 있다. 우선 그 한 면을 살펴보기로 하자. 우리는 흔히 '점원 아가씨들'이라는 말을 듣는다. 그런데 사실 그러한 부류의 여성이 따로 있는 것은 아니다. 그들은 상점에서 일하여 생계를 유지할 뿐이다. 어째서 그들의 직업이 형용사로써 사용된단 말인가? 자, 공평하게 생각해 보자. 맨해튼의 5번가에 사는 아가씨들을 두고 우리는 '결혼 아가씨들'이라고는 부르지 않는다.

오 헨리는 무엇보다도 먼저 '점원 아가씨'라는 용어를 쓰는 것부터 아주 못마땅하게 생각한다. 5번가에 사는 아가씨를 '결혼 아가씨'라고 부르지 않듯이 백화점 같은 가게에서 일하는 여성을 '점원 아가씨'라고 부를 수 없다는 것이다. 직장 여성에 대한 오 헨리의 태도를 엿볼 수 있는 대목이다. 「준비된 등불」의 주인공 낸시와 루처럼 그들은 하나같이 "고향에서 먹고 살기가 어려워 일자리를 찾아 대도시에 온" 젊은 여성들이다. 작가의 말대로 "연극 무대 같은 데 나서서 돈을 벌 생각이라곤 조금도 없는 시골 처녀들"이다. 작가는 성실성을 팔면서 쉽게 돈을 버는 아가씨들보다는 비록 낮은 임금을 받으면서도 고달프게 육체노동에 시달리는 젊은 아가씨들에게 깊은 애정을 보여 준다.

이렇게 오 헨리는 뉴욕 같은 대도시를 배경으로 낡았다 싶을 만큼 평범한 일상 경험을 다루되 그것에 낭만적인 요소를 가미하여 독특한 분위기를 자아낸다. 손에 닿는 것마다 황금으로 만들어 버리는 저 그리스 신화의 미다스 왕처럼 아무리 보잘것없는 일상 경험이라도 일단 오 헨리의 손에 들어오면 로맨스의 빛깔을 띠게 된다. 제시 F. 나이트는 바로 이 점에서 오 헨리 문학의 위대성을 찾는다.

> 오 헨리는 로맨스가 특정한 장소에 있지 않다는 사실을 깨닫고 있었다. 로맨스는 어떤 장소에 고유한 것이 아니다. 오히려 그것은 우리 자신 안에 들어 있다. …… 로맨스를 결정하는 것은 삶 자체가 아니라 …… 우리가 어떻게 삶을 바라보느냐에 달려 있다. 오 헨리가 이룩한 가장 탁월한 업적 가운데 하나는 낭만주의를 산업 사회의 현대 도시와 성공적으로 결합한 데 있다. 오 헨리는 낭만주의를 20세기에 정면으로 들여왔다.

문학 전통이나 사조에서 보면 오 헨리는 사실주의나 자연주의 전통에 서 있다. 그런데도 그는 같은 시대에 활약한 스티븐 크레인과 프랭크 노리스 그리고 시어도어 드라이저 같은 자연주의 작가들과는 크게 다르다. 그들도 오 헨리처럼 누추한 일상 경험을 즐겨 작품의 소재로 삼았지만 지나치게 삶의 어두운 면에 초점을 맞추었다. 프랑스의 자연주의 소설가 에밀 졸라한테서 세례를 받은 미국의 자연주의 작가들은 인간도 짐승처럼 유전과 환경의 지배를 받는 피조물로 파악했다. 다시 말해서 그들의 작품에서는 오 헨리의 작품에서 볼 수 있는 것처럼 훈훈한 인간미와 낭만주의적인 요소를 좀처럼 찾아볼 수가 없다.

물론 오 헨리도 자연주의 작가들처럼 삶을 언제나 그렇게 장밋빛으로 본 것은 아니다. 미처 쓰지 못한 소설과 관련한 한 편지에서 그리고 여러 단편소설에서 그는 인간이 놓여 있는 비극적 상황을 '쥐덫'에 빗대곤 했다. 덫에 걸려 있는 쥐처럼 인간도 자신이 제어할 수 없는 덫에 걸려 있다는 것이다. 그러나 오 헨리는 비록 인간의 삶을 덫에 빗대고는 있지만 그가 말하는 덫은 자연주의자들이 말하는 그것과는 조금 다르다. 졸라의 유산을 물려받은 크레인과 노리스 그리고 드라이저에게 덫이란 인간의 자유의지로써는 어찌할 수 없는 무자비한 유전과 환경의 힘이었다. 다시 말해서 그들은 인간의 행동이 생물학적으로뿐만 아니라 사회경제적으로도 직접 또는 간접으로 크나큰 영향을 받는다고 보았다.

그러나 오 헨리에게 생물학적 결정론과 사회경제적 결정론은 그렇게 중요하지 않다. 그의 작중인물들을 단순히 꼭두각시와 같은 운명의 노리개라고 보기 어렵다. 그들은 자신 안에 스스로의 운명을 지니고 다니기 때문이다. 그들은 비록 제한되어 있을망정 자유의지를 행사하여 자신의 삶을 개척하려고 한다. 만약 인간이 쥐덫에 갇혀 있다고 한다면 오 헨리의 작중인물은 유전이나 환경보다는 오히려 습관이나 인습의 덫에 갇혀 있다고 해야 할 것이다. 그의 작품에는 습관이나 인습의 굴레에서 벗어나려고 몸부림치지만 어쩔 수 없이 다시 그 굴레에 갇히고 마는 작중인물이 적지 않기 때문이다. 가령 「시계추」에서 주인공 존 퍼킨스는 자신이 없는 사이에 아내가 친정에 간 사실을 알고는 그동안 자신이 아내에게 소홀히 했다고 뉘우치고 새사람이 되기로 한다. 그러나 아내가 막상 집에 돌아오자 그는 다시 옛날의 상태로 되돌아간다.

소설가 헨리 제임스의 친형으로 철학적으로 척박한 미국 땅에 실용주의 철학의 씨앗을 처음 뿌리고 심리학 이론을 펼친 윌리엄 제임스는 오 헨리의 작품을 무척 좋아했던 것으로 알려져 있다. 제임스는 『심리학 원리』에 습관에 관하여 한 장(章)을 할애하고 있다. 그런데 이 습관에 관한 장은 다름 아닌 오 헨리의 작품에서 영향을 받고 집필한 것이다.

플롯의 우연성과 소재의 중복

오 헨리는 20세기 초엽에는 미국에서 뭇 독자한테서 가장 사랑받는 작가 중 한 사람이었다. 그의 새로운 작품이 발표될 때마다 화젯거리로 관심을 모았고, 그의 작품은 마치 약방의 감초처럼 앤솔로지마다 수록되었다. 그런데 불과 몇 십 년 되지 않아 그의 작품과 작가로서의 명성은 쉽게 세월의 풍화작용을 받기 시작했다. 솔직히 말해서 20세기 현대 독자들의 까다로운 미적 기준으로 판단한다면 그의 작품은 기준에 미치지 못할지도 모른다. 실제로 적지 않은 비평가들은 지금까지 그를 진지한 문학 작품을 창작한 작가보다는 가벼운 읽을거리를 쓴 통속 작가로 치부해 버리기 일쑤였다. 이러한 과정에서 그의 작품은 그동안 적잖이 홀대를 받아왔던 것이 사실이다.

무엇보다도 먼저 오 헨리의 작품은 우연적인 플롯에 의존할 뿐 소설 작품이 요구하는 개연성을 좀처럼 찾아볼 수 없다는 특징을 보인다. 「물방앗간 예배당」은 아마 이러한 경우를 보여 주는 가장 좋은 예일 것이다. 이 작품은 테네시 주 레이크랜즈라는 휴양지에 찾아온 에이브럼이라는 노신사가 20여 년 전에 잃어버린 딸을 우연히 만나는 내용으로 되어 있다. 그러나 이들 부녀가 서로 만난다는 것은 확률적으로 거의 불가능하다. 더구나 미스 체스터가 네 살 때 들은 아버지의 방아타령을 기억하고 있다는 것도 믿기 어렵다. 마찬가지로 「백작과 결혼식 초대 손님」에서도 여주인공 미스 콘웨이가 언제나 가지고 다니는 거짓 약혼자의 사진이 앤디 도너번의 친구 사진일 가능성도 아주 희박하다. 이 무렵 뉴욕 시에는 무려 400만 명에 이르는 사람이 살고 있었다는 사실을 떠올릴 필요가 있다. 「재물의 신과 사랑의 신」에서도 아무리 돈의 위력이 크다고는 하지만 뉴욕 같은 대도시에서 그렇게도 많은 마차와 트럭 운전사를 한꺼번에 돈으로 매수한다는 것은 그리 쉬운 일이 아닐 것이다. 이 밖에도 오 헨리의 작품에는 일반 상식으로는 좀처럼 믿기 어려운 우연성에 기초를 둔 인위적 플롯이 생각 밖으로 많다.

오 헨리 작품의 두 번째 결점은 지나치게 감상적이고 멜로드라마적이라는 점이다. 삶의 문제를 깊이 있게 다루기보다는 수박 겉핥기식으로 피상적으로 다루는 경우가 적지 않다. 작품 대부분을 일간 신문이나 잡지에 싣기 위해 썼으며, 독자들에게 흥미를 주는 것을 가장 큰 목표로 삼고 있었다는 점을 감안하더라도 지나치게 독자의 감정에 호소한다는 비판을 면하기 어렵다. 작가는 「크리스마스 선물」의 한 장면에서 "인생은 흐느낌과 훌쩍거림과 미소로 이루어져 있지만, 그중에서도 훌쩍거릴 때가 가장 많다"고 밝힌다. 희로애락의 감정을 다루되 그중에서도 '훌쩍거림'

즉 비애의 감정이 압도적이라는 말이다. 이러한 특징은 비단 「크리스마스 선물」 뿐만 아니라 오 헨리의 다른 작품에서도 쉽게 엿볼 수 있다.

플롯의 우연성과 멜로드라마적인 성격 말고도 오 헨리의 작품에는 또 다른 결점이 있다. 소재가 똑같거나 거의 비슷한 주제를 다루는 작품이 적지 않다는 점이다. 예를 들어 「크리스마스 선물」과 「사랑의 희생」, 「가구 딸린 셋방」과 「채광창이 있는 방」, 그리고 「어느 바쁜 브로커의 로맨스」와 「마부의 자리에서」 같은 작품은 소재나 주제에서 아주 비슷하다. 오 헨리가 신문 편집자에게 눈을 돌리는 곳마다 작품의 소재를 찾을 수 있다고 장담했다고 앞에서 언급했다. 그가 눈을 돌리는 곳마다 발견하는 대상은 다분히 일상적인 것으로 새로운 것이 별로 없었다. 더구나 오 헨리는 좀처럼 뉴욕 시를 떠나지 않고 틀에 박힌 듯 생활했다. 그러다 보니 그의 작품에서는 소재나 주제가 겹치는 경우를 그다지 힘들이지 않고 찾아볼 수 있다.

오 헨리의 창작 과정에서 보면 이것은 어쩔 수 없는 일처럼 보인다. 줄잡아 일주일에 한 편꼴로 모두 300여 편에 이르는 작품을 쓰다 보니 줄거리나 플롯이 겹칠 수밖에 없었다. 연방 교도소에서 풀려난 그는 뉴욕 시에서 발행되던 잡지 《에인즐리즈》의 편집자 길먼 홀의 권유로 1902년에 처음으로 뉴욕으로 거처를 옮긴 후 이곳에서 본격적으로 직업 작가가 되었다. 1903년에 오 헨리는 《선데이 월드》지와 계약을 맺고 일주일에 단편 한 편씩을 기고하기 시작했다. 그리하여 1904년에는 일 년 동안에 65편에 이르는 작품을 썼다. 『양배추와 임금님』에 실린 작품까지 합친다면 한 해

동안 무려 75편을 쓴 셈이었다. 그 이듬해에는 모두 50편에 이르는 작품을 썼다. 이렇게 신문과 잡지의 마감 시간에 쫓기며 다작(多作)과 남작(濫作)을 거듭하다 보니 소재나 주제가 같거나 비슷한 작품을 쓸 수밖에 없었을 것이다.

그러나 무엇보다도 오 헨리의 작품이 현대 독자들의 까다로운 구미에 맞지 않는 가장 큰 결점이라면 작품 곳곳에서 케케묵은 교훈을 늘어놓는다는 점이다. 그는 작품에 직접 개입하여 독자들에게 도덕적 훈계나 윤리적 메시지를 전달하려고 한다. 작가가 직접 작품에 등장하여 독자들의 어깨를 툭툭 치며 이 점을 놓치지 말라고 강요하는 듯한 경우가 적지 않다. 이 점에서 그는 여전히 19세기 중엽의 빅토리아 시대 소설 전통의 티를 완전히 벗어 버리지 못했다. 빅토리아 시대의 작가들처럼 그도 독자의 도덕성이나 윤리성을 함양하는 것을 문학의 큰 목표로 삼고 있었다.

이렇게 작가가 작품에 직접 개입하여 독자들에게 진부한 도덕적 교훈이나 윤리적 메시지를 설교하는 것은 큰 흠이 아닐 수 없다. 앞에서 언급한 헨리 제임스는 작가는 독자들에게 삶의 모습을 '보여 주어야' 하지 그것을 '말해서는' 안 된다고 밝힌 적이 있다. 그런데 오 헨리는 독자들에게 삶의 모습을 자연스럽게 '보여 주기'보다는 애써 진부한 교훈을 '말하는' 데 훨씬 더 깊은 관심을 쏟는다. 이렇게 진부한 교훈을 늘어놓는 작품이 한둘이 아니지만, 그중에서도 「크리스마스 선물」은 이러한 경우를 보여 주는 좋은 예로 꼽힌다.

그리고 나는 여기에 자신의 가장 값진 보물을 상대방을 위해서 가장 어리석게 희생해 버린, 싸구려 아파트에 살고 있는 어리석은 두 젊은이의 평범한 이야기를 좀 서툴게나마 늘어놓았다. 그러나 오늘을 사는 현명한 사람들에게 마지막으로 하고 싶은 말은, 선물을 주는 모든 사람 중에서, 아니 선물을 주고받는 모든 사람 중에서 이들 두 사람이야말로 가장 현명한 사람들이라는 점이다. 이 세상 어디를 샅샅이 뒤져보아도 그들보다 현명한 사람은 없을 것이다. 그들이야말로 곧 동방 박사들이기 때문이다.

이 작품의 마지막 단락에 해당하는 이 부분이야말로 사족(蛇足) 중에서도 사족이라고 할 수 있다. 아무리 "마지막으로 하고 싶은 말"이 있다고 해도 작가는 독자들에게 델러와 짐의 이야기를 극적으로 보여 주어야 하지 직접 나서서 설교를 늘어놓아서는 안 된다. "오늘을 사는 현명한 사람들"은 이러한 작가의 개입을 달가워하지 않을 뿐만 아니라 작가로서 기교가 부족한 탓으로 돌릴 것이다.

지금까지 이 작품이 가져다준 극적인 효과와 정서적인 강도는 바로 작가의 이러한 개입으로 크게 손상을 입는다. 한마디로 작가는 자신의 말대로 이 작품에서 두 젊은 부부의 이야기를 "좀 서툴게 늘어놓은" 셈이다. 만약 이 부분만 없었더라면 이 작품은 지금보다 훨씬 뛰어난 작품으로 평가받았을 것이다. 없는 것에서 새로운 것을 만들어 내는 것만이 창작이 아니고 필요하지 않은 부분을 과감히 없애는 것도 창작이라는 사실을 오 헨리는 까맣게 잊고 있는 듯하다.

오 헨리는 한 작품에서 "훌륭한 스토리는 겉에 설탕을 입힌 쓰디쓴 알약과 같다"고 밝힌다. 여기에서 그는 흔히 문학의 당의설(唐衣說)이라고 일컫는 이론을 언급하고 있다. 몸에는 이로워도 맛이 써서 먹으려고 하지 않기 때문에 알약에 설탕을 입히는 것처럼, 문학가도 감미로운 이야기를 빌려 독자들에게 삶에 대한 소중한 교훈을 일깨워 준다는 것이다. 오 헨리는 이렇게 처음부터 작품을 통하여 독자들을 가르치려는 분명한 목적을 지니고 있었음이 틀림없다. 그런데 문제는 오 헨리가 스토리에 설탕을 지나치게 많이 입힌다는 데 있다. 아무리 몸에 이로운 알약이라도 설탕 덩어리라면 오히려 몸에 해로울 수도 있다. 완전히 알몸을 드러낸 것보다는 살짝 몸을 가린 나신(裸身)이 훨씬 더 육감적이듯 진부한 도덕적 교훈을 숨기고 극적으로 스토리를 꾸려 나가는 쪽이 훨씬 더 뛰어난 문학 작품이다.

오 헨리 단편소설과 휴머니즘

오 헨리의 작품은 이러한 단점과 결점 못지않게 적지 않은 장점이 있다. 그의 작품은 마치 코르크 마개 부스러기가 떨어진 해묵은 포도주와 같다. 코르크 부스러기가 떨어졌다고 해서 그 오래된 포도주를 그냥 버릴 수 없는 것처럼, 그의 작품도 몇몇 단점이나 결점이 있다고 무시해 버릴 수는 없다. 모두 300여 편에 이르는 엄청난 양의 작품을 썼지만 오 헨리가 뛰어난 작가로 평가받는 것은 30여 편 남짓한 작품 때문이다. 이 30여 편의 작품은 어디에 내놓아도 손색이 없을 만큼 훌륭한 작품으로 앞으로도 단편소설의 기념비처럼 문학사에 길이 남게 될 것이다. 문학 작품은 평균치로 평가받는 것이 아니라 어디까지나 좋은 작품으로 평가받는다. 아무리 졸작이 많아도 훌륭한 작품이 한두 편 있으면 그 한두 편 작품으로 문학사에 길이 남는다.

오 헨리의 작품은 같은 시대에 활약한 어느 다른 작가의 작품보다도 사회사적 의미가 무척 크다. 19세기 프랑스의 소설가 스탕달은 일찍이 소설을 "길거리에 걸어가는 거울"이라고 밝힌 적이 있다. 거울이 사물을 비추어 내듯이 소설은 길거리나 시정(市井)에서 일어나는 일을 샅샅이 묘사한다는 뜻이다. 최근 들어서는 역사책보다도 문학 작품이 오히려 역사를 더 진솔하게 담고 있다는 말을 심심치 않게 듣는다. 역사란 단순히 객관적 사실의 기록해 놓은 것 이상의 어떤 것이라는 뜻일 것이다. 이 점에서 본다면 오 헨리의 작품이야말로 20세기 초엽의 미국 사회를 들여다볼 수 있는 더할 나위 없이 좋은 역사책이다. 그의 작품에는 이 무렵의 미국의 사회상이 고스란히 간직되어 있기 때문이다.

오 헨리가 활약하던 20세기 초엽은 미국의 역사에서 아주 중요한 시기였다. 미국의 내란이라고 할 남북전쟁을 분수령으로 미국은 사회적으로 크나큰 변화를 겪었다. 전쟁이 끝난 뒤 산업화와 공업화가 급속도로 진행되면서 경제적 부국을 이루었으며, 이러한 과정에서 사회적으로 여러

부산물과 역기능을 낳았다. 그의 작품에는 이러한 경제적 상황 말고도 1898년 스페인과의 전쟁, 서부 개척지의 생활 등을 엿볼 수 있다. 특히 이 무렵 뉴욕을 중심으로 한 대도시의 온갖 풍물과 관습을 연구하는 데에도 그의 작품은 무척 소중한 기록물이다.

가령 이 무렵에는 커피 한 잔에 2센트밖에 하지 않았고 25센트만 주면 꽤 괜찮은 식당에서 송아지고기 요리를 즐길 수 있었다니, 이 당시의 구매력을 미루어 짐작할 수 있다. 이 밖에도 20세기 초엽에 미국의 대도시에서 유행한 의상이라든지 이 무렵 관심을 끌었던 연극이나 오락 등도 이 시대에 살았던 사람들의 취향과 기호를 연구하는 데 좋은 자료가 된다. 이 점에 오 헨리는 거의 같은 시기에 활약한 미국 작가 시어도어 드라이저와 아주 비슷하다. 『시스터 캐리』(1910)를 비롯한 작품에서도 19세기 말엽 시카고와 뉴욕 같은 미국 대도시의 삶의 모습을 읽을 수 있다.

그러나 오 헨리의 작품이 단순히 사회사적인 의미만을 지니고 있다면 아마 지금처럼 독자들로부터 큰 반응을 얻지 못할 것이다. 아직도 그의 작품은 미국뿐만 아니라 전 세계에서 큰 사랑을 받고 있다. 감수성 예민한 사춘기 문학소녀에서 소설 이론을 연구하는 전문 학자에 이르기까지 뭇 사람들이 그의 작품에 깊은 관심을 기울여 왔다. 미국에서 그의 작품은 중·고등학교의 필독서 목록에 올라 있다. 「마지막 잎새」나 「크리스마스 선물」 같은 작품은 우리나라의 중·고등학교 교과서에도 단골 메뉴로 나온다. 성탄절이 다가오는 12월이 되면 그의 작품은 새해 달력처럼 인기를 끈다. 한편 보리스 미하일로비치 에이헨바움 같은 러시아 형식주의 이론가들은 오 헨리의 소설을 초석으로 삼아 단편소설 이론의 집을 세우기도 했다. 이렇게 오 헨리처럼 폭넓은 독자층을 가지고 있는 작가도 드물다. 따지고 보면 그는 지금까지 몇몇 비평가들이 평가한 것보다 훨씬 더 진지하게 문학에 접근한 작가다.

오 헨리는 여러모로 세계 문학사에 크게 이바지했다는 평가를 받는다. 특히 단편소설 장르에서 그가 이룩한 업적은 무척 크다. 오 헨리 하면 단편소설을, 단편소설 하면 곧 오 헨리를 떠올리게 된다. 이렇듯 오 헨리와 단편소설은 마치 샴쌍둥이처럼 떼려야 뗄 수 없을 만큼 서로 깊이 연관되어 있다. 미국 문학사로 그 범위를 좁혀 말하더라도 그는 '미국 문예 부흥' 시대에 너새니얼 호손과 허먼 멜빌 그리고 에드거 앨런 포 같은 작가가 수립한 단편소설의 전통을 계승하여 발전시켰다.

F. 스콧 피츠제럴드와 윌리엄 포크너 그리고 어니스트 헤밍웨이 같은 미국 작가들의 작품을 읽다 보면 여기저기에서 오 헨리의 그림자가 어른거린다. 비단 미국 문학에 그치지 않고 세계 문학사에서도 단편소설에 끼친 그의 영향은 참으로 엄청나다. 한 비평가가 "오 헨리는 단편소설에 싱그러운 새바람을 불어넣음으로써 단편소설이라는 장르가 독자들로부터 받던 불신이나 모욕을 없애 주었다"고 말한 것은 바로 그 때문이다. 그는 무엇보다도 그동안 서자 취급받던 단편소설을 본격적인 문학 장르로 끌어올리는 데 크게 이바지했다.

단편소설의 내용이나 주제에 끼친 오 헨리의 영향은 무척 크다. 그는 어느 작가보다도 인간성의 숭고함과 고귀함을 드러내는 데 남다른 관심을 기울였다. 사회적 지위나 신분, 지적 능력, 물질적 재산과 관계없이 그는 모든 인간을 동정과 애정의 시선으로 그리고 그들을 이해하는 마음으로 바라보았다. 구대륙 유럽과는 비교해 볼 때 자유와 평등의 민주주의를 부르짖는 신대륙 미국에서는 사회적 신분이나 지위는 별다른 의미를 지니고 있지 않다. 그러나 상업 자본주의 국가를 내세우는 미국은 경제적 지위나 신분이라는 또 다른 계급을 만들어 냈다. 19세기 말부터 20세기 초엽에 걸쳐 빈부 차이의 골이 그 어느 때보다도 깊어졌다. 그런데 오 헨리는 자본가들보다는 오히려 그들이 억압하고 착취하는 노동자들에게 깊은 관심을 기울였다.

앨폰소 스미스는 일찍이 워싱턴 어빙이 단편소설을 '전설화'했고, 에드거 앨런 포가 그것을 '표준화'했으며, 너새니얼 호손이 그것을 '우화화'했고, 브렛 하트가 그것을 '지역화'했다면, 오 헨리는 그것을 '인간화'했다고 지적했다. 스미스의 말대로 단편소설은 오 헨리에 이르러 비로소 인간의 모습을 갖추었다고 할 수 있다. 인도주의야말로 오 헨리 문학의 가장 핵심적인 주제다. 그의 작품에 관류하는 한 가지 주제가 있다면 그것은 바로 동료 인간에 대한 뜨거운 동정과 이해라고 할 수 있다. 거지와 부랑아, 도둑이나 범법자, 삶의 낙오자와 패배자처럼 삶의 밑바닥에 떠도는 사람들, 그리고 낮은 임금에 시달리는 직장 여성은 비록 사회로부터 소외된 채 그늘진 응달에 살고 있지만 작가에게는 여전히 '인간 가족'의 소중한 구성원일 뿐이다. 그는 가난하고 외로운 사람들을 따뜻한 마음으로 감싸 안고, 그들의 약점과 한계를 너그러운 마음으로 이해하려고 한다.

언젠가 워드 맥앨리스터는 "뉴욕 시에서 알 만한 가치가 있는 사람은 모두 400명밖에는 되지 않는다"고 말한 적이 있다. 이 말을 전해들은 오 헨리는 그러한 사람이 "400명이 아니라 400만 명은 된다"고 반박했다. 400만 명이란 바로 이 무렵 뉴욕 시에 사는 전체 인구를 가리킨다. 다시 말해서 뉴욕 시에 사는 사람이라면 하나같이 사회적 신분이나 재산 또는 학식과 관계없이 모두 '알 만한 가치가 있는' 사람들이라는 것이다. 그리하여 오 헨리는 한 작품집에 '400만 명'이라는 제목을 붙였다. 뉴욕 시에 사는 작중인물의 삶의 애환을 그린 작품을 수록한 이 작품집에는 「마지막 잎새」를 비롯하여 「크리스마스 선물」, 「사랑의 희생」, 「20년 뒤」 등 주옥같은 작품이 많이 실려 있다. 휴머니즘을 부르짖었다는 점에서 오 헨리를 가히 '미국의 빅토르 위고'라고 일컬을 수 있을 것이다.

오 헨리가 특히 힘주어 말하고 있는 주제는 사랑과 희생의 중요성이다. 동료 인간에 대한 동정과 이해는 바로 사랑과 희생이 없이는 불가능하다. 말하자면 사랑과 희생은 휴머니즘이라는 집을 떠받들고 있는 기둥이라 할 수 있다. 「크리스마스 선물」에서 델러는 사랑하는 남편을 위해 자신이 그토록 아끼는 머리채를 팔아 선물을 산다. 마찬가지로 짐 또한 가보(家寶)처럼 전해 내려온 자신의 소중한 시계를 팔아 아내의 선물을 산다. 「사랑의 희생」에서 젊은 부부는 상대방을 위해 자신의 예술을 기꺼이 희생하려고 한다. 성악가를 꿈꾸던 아내는 그 꿈을 접고 세탁소에서 다리미질하고, 화가를 꿈꾸던 남편도 꿈을 접고 세탁소 화부로 일한다. 젊은 부부는 배우자를 사랑하고 배려하는 마음에서 기꺼이 자신이 간직해 온

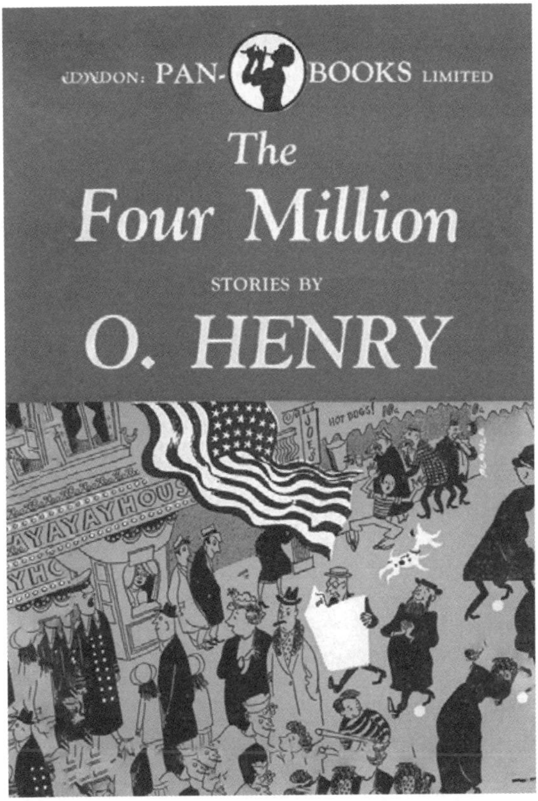

미국 뉴욕 시를 배경으로 삼은 단편소설을 수록한 오 헨리의 작품집.
작품집 제목의 '400만'은 20세기 초엽 뉴욕 시에 거주하던 인구수다.

꿈을 접은 것이다. 마침내 우연한 사건으로 그 비밀이 알려지게 되지만 상대방에 대한 사랑과 배려는 오히려 더더욱 커진다. 젊은 부부는 "예술을 사랑하게 되면 어떠한 희생된 감수하는 법이다"라는 명제를 버리고 "누군가를 사랑하게 되면 어떠한 희생도 감수하는 법이다"라는 새로운 진리를 깨닫는다.

그러나 이러한 사랑과 희생의 주제를 가장 설득력 있게 형상화하고 있는 작품이라면 뭐니 뭐니 해도 「마지막 잎새」를 빼놓을 수 없다. '실패한' 화가 버먼 영감은 폐렴을 죽어 가고 있는 존시를 위하여 비를 맞으며 밤새도록 담벼락 위에 담쟁이 잎새를 그려 놓음으로써 존시를 살리고 자신은 폐렴으로 죽어 간다. 이 작품의 마지막 장면에서 수는 세찬 바람에도 아직 떨어지지 않은 담쟁이 잎새를 보고 건강을 회복한 존시에게 "자, 창밖을 내다봐. 벽에 붙어 있는 저 마지막 담쟁이 잎새를 말이야. 바람이 부는데도 왜 조금도 움직이지 않는지 이상하지도 않니? 아, 존시, 저건 버먼 할아버지가 그린 걸작품이야. …… 마지막 잎새가 떨어지던 날 밤 그분이 저기에 그려 놓으신 것이거든"이라고 그 비밀을 털어놓는다. 수의 말대로 버먼 영감의 이러한 행동이야말로 예술 세계에서는 실패했을망정 '삶의 예술'에서는 걸작품을 남긴 예술가의 가장 훌륭한 모습이라고 하지 않을 수 없다.

오 헨리가 여러 작품에서 깊은 관심을 기울이는 가슴 따뜻한 인간애와 휴머니즘은 신생 국가 미국이 내세운 자유와 평등에 기초를 둔 민주주의의 이상이기도 하다. 또한 그의 작품은 민중적이고 낙관적인 세계관을 보여 준다는 점에서도 미국의 정치 이상이나 진취적인 국민 정서와 맞닿아 있다. 적어도 이 점에서 그는 『허클베리 핀의 모험』의 작가 마크 트웨인이나 『풀잎』의 시인 월트 휘트먼의 전통을 그대로 이어받아 발전시키고 있다고 할 수 있다.

오 헨리 단편소설의 형식과 기교

오 헨리는 단편소설의 내용과 주제뿐만 아니라 더 나아가 기교와 형식에서도 새로운 기원을 이룩했다. 무엇보다도 언어 구사 능력이 뛰어나다는 평가를 받는다. 때로는 속어나 비어를 사용하고 지나치게 상투적인 표현을 사용한다는 비난을 받기도 하지만 풍부한 어휘력을 바탕으로 능수능란하게 문장을 구사했다. 체사레 파베세는 오 헨리야말로 문어체 언어를 혁신하고 그것에 새로운 힘을 불어넣은 작가라고 평가한다. 그는 "오 헨리는 프랑수아 라블레를 제외하고는 지금까지 어느 사람도 그렇게 하지 못한 방식으로 문장을 끝맺는다"고 밝힌다. 또한 러시아 구성주의 예술 운동을 이끈 예술가들은 오 헨리의 위트와 간결함 그리고 반어법을 재즈나 자동차나 실용주의 철학처럼 미국의 정수를 잘 보여 주는 것으로 받아들인다. 오 헨리를 흔히 '래그타임 왕'으로 일컫는 재즈 피아니스트 스콧 조플린에 견주는 학자들도 없지 않다.

특히 오 헨리는 언어의 연금술사라고 할 만큼 비유법이나 말장난(펀)

에서 놀라운 솜씨를 보인다. 다른 나라 말로 옮기는 과정에서 묘미를 놓쳐 버릴 때가 많지만 작품 곳곳에서 언어에서 오는 유머와 위트가 마치 보석처럼 번쩍인다. 가령 「예술의 대가」에서 한 사기꾼은 사기 행각에 선뜻 협조하지 않는 예술가 친구에게 "자, 자네와 나 이제 예술 대 예술의 이야기를 나누세"라고 말한다. '예술 대 예술의 이야기'가 과연 무엇을 가리키는지 그 의미가 금방 떠오르지 않지만 영어 원문을 읽어 보면 그 말장난에 새삼 놀라게 된다. 마음을 터놓고 말하는 것을 영어로는 'heart to heart talk'라고 한다. 그런데 주인공이 지금 말하고 있는 상대방이 일반 사람이 아니고 예술가이기 때문에 이 표현을 비틀어 'art to art talk'라고 말한 것이다. 영어에서 'h' 음은 흔히 발음하지 않기 때문에 이 두 표현은 발음에서 거의 비슷하거나 똑같다.

「식탁에 찾아온 봄」에서 화자는 찰스 리드라는 사람이 쓴 『수도원과 난로』라는 장편소설을 언급하면서 "그달 중에서 가장 안 팔리는 책"이라고 말한다. 그런데 원문에 충실하게 직역한다면 "가장 안 팔리는 책으로는 그달의 베스트셀러"라고 옮길 수 있다. 베스트셀러란 가장 잘 팔리는 책을 두고 말하는 것인데 가장 안 팔린다니 모순어법치고는 여간 뛰어난 모순어법이 아니다.

「매혹의 옆모습」에서도 여주인공은 일인칭 화자에게 "5번가에서 사는 '밴'이라는 이름을 가진 유서 깊은 네덜란드 사람들은 모두 이 파티에 온다는 겁니다"라고 말한다. 네덜란드 사람들을 두고 유서 깊다고 말하는 것은 그들이 처음으로 뉴욕 시를 만든 장본인이기 때문이다. 이 도시는 뉴욕이라는 이름으로 바꾸기 전에는 '뉴암스테르담'이었다. 또한 네덜란드 사람의 성(姓)은 하나같이 '밴'이라는 말로 시작한다. 그런데 이 '밴'이라는 말 앞에 '움직이는'이라는 수식어를 사용하면 전혀 새로운 뜻을 얻는다. 소형 짐마차나 트럭을 뜻하는 말로 뉴욕에 살고 있는 돈 많은 네덜란드 사람들을 넌지시 업신여기는 태도를 담고 있기 때문이다.

이렇게 말장난을 구사하기는 「한여름 기사(騎士)의 꿈」이라는 작품에서도 마찬가지다. 두말할 나위 없이 이 작품의 제목은 윌리엄 셰익스피어의 그 유명한 희극 『한여름 밤의 꿈』에서 빌려 온 것이다. 영어로 '밤(night)'과 '기사(knight)'는 서로 발음이 같다. 이 제목은 동음이의어에서 착안해 낸 기발한 말장난이다. 단순히 말장난에 그치지 않고 이 두 작품은 주제와 내용 그리고 기교에서도 서로 닮아 있다. 자신은 무더운 한여름에 뉴욕 사무실에서 일하면서도 아내와 자식을 산골에 있는 휴양지로 피서를 보내는 게인스 씨야말로 현대의 기사라고 할 수 있다. 사무실 의자에 앉아 잠시 낮잠을 자는 그는 꿈속에서 아름다운 아가씨 메리를 만나게 된다. 그런데 그 아가씨는 바로 지금 자신과 결혼한 아내인 것이다.

말장난과 비유는 「둥근 원을 네모꼴로 만들기」에서 특히 빛을 내뿜는다. 작품 첫머리에서 작가는 "'자연'이 둥근 원(圓)을 이루며 움직인다면, '기술'은 직선을 따라 움직인다. 자연적인 것은 둥근 모양을 하고 있고, 인공적인 것은 모난 각(角)을 이루고 있다"고 밝힌다. 대자연의 리듬에 따라 살아가는 시골의 생활방식과 시골 특유의 원시적인 세계관을 둥근 원에 빗대는 반면, 인위적이고 틀에 박힌 도시의 생활방식과 세계관을 직선과

각에 빗댄다. 뉴욕의 생활과 관련하여 작가는 “생명의 뿌리는 세제곱 근(根)이었고, 삶의 척도는 제곱 적(積)이었다”고 말한다. 이렇게 작가가 수학의 비유법을 구사하는 순간 도식적이고 기계적이며 비인간적인 대도시의 삶의 모습이 직접 피부에 와 닿는 듯 실감난다.

더구나 오 헨리는 단편소설에 이른바 ‘트위스트 엔딩’이라는 새로운 기교를 도입했다. 트위스트 엔딩이란 글자 그대로 독자의 기대나 예상을 뒤엎고 결말을 역전시키는 수법을 말한다. 한 작품에서 오 헨리는 “내러티브의 기술은 독자가 알고 싶어 하는 것을 작가가 화제에 대하여 자신의 소견을 폭로할 때까지 숨기는 데 있다”고 밝힌다. 이 독자의 기대에 빗나가도록 결말을 역전시키는 수법은 잘못 사용하다가는 자칫 진부하고 기계적으로 방법으로 전락하기 쉽다. 그러나 오 헨리의 작품에서 이 결말 방법은 좀처럼 인위적이지 않고 거의 언제나 논리적이고 개연적이다.

예를 들어 「낙원에 들린 손님」에서 로터스 호텔에 머무는 동안 돈 많은 귀부인으로 손님들의 부러움을 한 몸에 받던 마담 보몽은 스타킹 가게에서 일하는 여점원으로, 더할 나위 없는 신사로 마담 보몽과 로맨스를 즐기던 패링턴 씨는 옷가게의 수금원으로 드러난다. 그들은 비록 짧은 여름 휴가 동안이나마 가혹한 현실과 단조로운 일상에서 잠시 벗어나 상류 사회 사람으로 행세하고 싶었다. 일상에 지친 사람으로서는 충분히 이해할 수 있는 플롯의 전개이며 결말이다.

그러나 오 헨리가 단편소설에 끼친 가장 중요한 영향이라면 역시 플롯 중심의 전통을 계승하고 발전시켰다는 점이다. 앞 장에서 이미 밝혔듯이 문학사에서 볼 때 단편소설은 양대 산맥의 전통에서 발전했다. 흔히 '객관적 전통'과 '주관적 전통'이라고 일컫는 것이 바로 그것이다. 주로 프랑스 작가들이 수립하여 발전시킨 첫 번째 전통은 사실주의 및 자연주의와 깊이 연관되어 있다. 이 전통에서는 예리한 관찰, 생생한 세부 묘사, 명료하고 적확한 표현 등을 무엇보다도 강조한다. 오노레 드 발자크를 비롯하여 귀스타브 플로베르, 프로스퍼 메리메, 기 드 모파상 같은 작가가 이 전통을 세우는 데 크게 이바지했고, 미국에서는 에드거 앨런 포가 이 전통을 이어받았다.

한편 '주관적 전통'은 주로 러시아에서 뿌리를 내리고 가지를 뻗었다. 객관적 전통과는 달리 이 전통에서는 플롯보다는 작중인물에 훨씬 더 무게를 싣는다. 작중인물에 무게를 두되 작중인물의 단순한 외부 행동보다는 오히려 그가 느끼는 감정이나 심리적 갈등 또는 성격 묘사를 강조한다. 이 전통은 이반 투르게네프를 비롯하여 안톤 체홉, 니콜라이 고골 같은 작가들이 그 씨앗을 뿌렸다. 이들 러시아 작가는 플로베르나 모파상처럼 평범한 일상생활을 다루면서도 작중인물의 삶에서 '순간적인 모멘트'를 포착하여 표현하는 데 초점을 맞춘다. 이 주관적 전통에서는 플롯이 느슨하고 산만하게 진행되고, 작품의 클라이맥스 또한 복잡하고 교묘한 결말에서 오는 것이 아니라 오히려 작중인물의 성격이나 그가 놓여 있는 상황을 조금씩 이해하는 데에서 생겨난다. 투르게네프나 체홉 같은 러시아 작가들의 작품에서는 아무 극적인 사건이 일어나지 않는다는 말을 자주 듣는 것은 바로 그 때문이다.

오 헨리는 바로 단편소설의 두 전통 가운데에서 플롯 중심의 객관적 전통을 이어받아 발전시키는 데 크게 이바지했다. 그는 작중인물의 미묘한 성격이나 내적 갈등보다는 오히려 외적 행동에 관심을 기울인다. 다시 말해서 그는 러시아 전통보다는 프랑스 전통을 계승하여 독특한 형태로 발전시켰다. 오 헨리 하면 이제 플롯 중심의 객관적 전통을 완성한 단편소설의 대가로 우뚝 서 있다. 지금 그가 문학사에서 이렇다 할 주목을 받지 못하고 있다는 것과는 또 다른 이야기다.

문학 전통이나 스타일은 마치 시계추와 같아서 끊임없이 진자 운동을 거듭한다. 지금은 작중인물 중심의 주관적 전통이 큰 힘을 떨치고 있지만, 한때는 플롯 중심의 객관적 전통이 압도적이었다. 언제 다시 시계추가 객관적 전통 쪽으로 기울게 될는지 모른다. 오 헨리의 작가적 명성이나 평가도 바로 이 진자 운동에 따라 부침을 거듭해 왔다. 그러나 한 가지 분명한 것은 플롯 중심의 객관적 전통이 작중인물 중심의 주관적 전통 못지않게 소설에서 아주 중요하다는 점이다.

오 헨리의 단편소설은 19세기의 사실주의 전통에 서 있는 복고주의적인 작품으로 생각하기 쉽지만, 달리 보면 뒷날 유행하게 될 새로운 소설 경향을 보여 주기도 한다. 그의 작품 곳곳에서는 제2차 세계대전 이후 비로소 그 모습을 드러내기 시작한 포스트모더니즘의 그림자를 어렴풋하게나마 엿볼 수 있다. 그의 작품에서는 흔히 '소설의 소설' 또는 '소설에 대한 소설'로 일컫는 자기반영적(自己反映的) 메타픽션의 요소를 그다지 힘들이지 않고 찾아볼 수 있다. 바꾸어 말해서 오 헨리는 포스트모더니즘 계열의 소설가들처럼 텍스트 밖에서 벌어지는 외부 실재(實在)를 반영하거나 재현하는 것 못지않게 텍스트를 창조하는 과정에도 무게를 싣는다. 지금 독자들이 읽고 있는 이야기는 어디까지나 작가가 언어라는 매체를 사용하여 만들어 낸 허구적 산물일 뿐 삶의 모습을 그대로 옮겨 놓은 것이 아니라는 사실을 끊임없이 상기시킨다.

예를 들어 오 헨리는 「매혹의 옆모습」에서 "이 세상에는 여성 칼리프란 거의 없다. 여성이란 출생, 취향, 본능, 성대(聲帶)의 배열에서 볼 때 세헤라자데 같은 여성일 될 뿐이다"라고 이야기를 시작한 뒤, 곧이어 "독자 여러분이 서로 연대가 뒤얽힌 이야기라도 상관하지 않는다면 나는 이 이야기를 계속할 것이다"라고 밝힌다. 더구나 이 작품에는 누가 봐도 오 헨리임이 틀림없는 작가가 직접 등장하기도 한다. 「재물의 신과 사랑의 신」에서도 작가는 "이 이야기는 사실 여기서 끝을 맺어야 할 것이다. 이 이야기를 읽고 있는 독자 못지않게 필자도 진심으로 그렇게 바라고 있다. 그러나 우리는 진실을 찾기 위해서는 우물 밑바닥까지 들어가지 않으면 안 된다"고 말한다. 이렇게 말해 놓고도 그는 계속하여 이야기를 진행한다.

「한여름 기사의 꿈」에서는 작가가 '친애하는 독자에게' 보내는 편지로 첫머리를 시작한다. 「'붉은 추장'의 몸값」에서는 "성급하게 굴지 말고 내 이야기를 좀 기다려 주기 바란다"고 말하면서 빨리 이야기를 듣고 싶어 안달하는 독자에게 충고한다. 그러나 이러한 메타픽션의 요소는 「식탁에 찾아온 봄」의 첫머리에서 가장 뚜렷이 드러난다.

3월의 어느 날이었다.

어떤 소설이라도 절대로 이런 식으로 시작해서는 안 된다. 아마 이보다 더 서툰 소설의 서두는 없으리라. 이런 식의 서두는 상상력이 부족한 데다 무미건조하며 의미 없는 텅 빈 말뿐이기 십상이다. 그러나 이 경우에는 예외가 된다. 이 이야기의 서두를 장식할 다음 구절은 아무런 준비도 없는 독자 앞에 불쑥 내놓기에는 너무나 엉뚱하고 어처구니없기 때문이다.

여기에서 오 헨리는 작품의 첫 문장을 써 놓고 나서 이렇게 이야기를 시작해서는 안 된다고 스스로 밝힌다. 이것이야말로 가장 '서툰 소설의 서두'라는 것이다. 그러면서도 이러한 서두야말로 뉴욕 시로 돈벌이를 하러 올라온 새러라는 시골 처녀의 이야기를 시작하는 데에는 안성맞춤이라고 말한다. 지난해 여름 새러는 시골에 갔다가 한 농부 청년을 사랑하게 되었다. 또한 작가는 이 작품의 중반부에 이르러서도 "소설을 쓸 때는 이런 식으로 해서 사건으로 되돌아가서는 안 된다. 기교가 서툰 데다 독자의 흥미를 감소시킨다. 자, 다시 이야기를 계속하기로 하자"고 말한다. 이렇게 작가가 직접 작품에 나와 말하는 장면을 읽고 있노라면 마치 쇼윈도에 진열해 놓은 상품을 훤히 들여다보는 것처럼 작가가 소설을 창작하고 있는 과정을 옆에서 지켜보는 것과 같다.

이렇게 작품을 창작하는 과정을 그대로 드러내 보여 주는 방법은 전통적인 고전주의 미학에는 크게 어긋난다. 고전주의 미학에서는 작가가 창

미국 노스캐롤라이나 주 그린스보로에 있는 오 헨리 호텔.
오 헨리는 주로 뉴욕 시에서 작품 활동을 했지만,
태어난 곳은 바로 미국 남부의 소도시 그린스보로다.

작 과정을 교묘하게 숨기면 숨길수록 뛰어난 작품으로 평가받는다. 훌륭한 작품이란, 말하자면 옷의 솔깃이 보이지 않고 잘 감춘 작품이다. 그러나 오 헨리는 옷의 솔기를 일부러 드러내 보이려고 안달이다. 이 점에서도 오 헨리는 자의식 소설이나 자기반영적 소설의 씨앗을 처음 뿌린 미겔 데 세르반테스와 로런스 스턴 그리고 데니스 디드로의 전통을 이어받고 있을 뿐만 아니라 존 바스를 비롯하여 로널드 수크닉이나 레이먼드 페더먼 같은 최근 포스트모더니즘 계열의 미국 작가들에게 문학적 유산을 물려주었다.

4

F. 스콧 피츠제럴드

재즈 시대의 신화

미국 문학사를 통틀어서 F. 스콧 피츠제럴드(1896~1940)만큼 단편소설을 많이 쓴 작가를 찾아보기 어렵다. 좁게는 현대 미국 문학, 더 넓게는 세계 문학에 이정표를 세운 소설가로 흔히 평가받는 그는 『위대한 개츠비』(1925)나 『밤은 부드러워』(1934) 같은 장편소설을 쓴 작가로 잘 알려졌지만, 실제로는 장편소설보다 단편소설이나 중편소설을 훨씬 더 많이 썼다. 1940년에 심장마비로 갑작스럽게 사망하기 전만 해도 피츠제럴드는 미국 독자들에게 장편소설 작가보다는 오히려 단편소설 작가로 더 많이 알려져 있었다. 그를 흔히 '재즈 시대의 계관시인'으로 일컫지만 '미국 단편소설의 계관시인'으로 불러도 좋을 것이다.

대학 시절에 발표한 작품을 포함하여 피츠제럴드가 살아 있을 때 출간한 단편 작품은 모두 180여 편에 이른다. 여기에다 산문 스케치에 출간하지 않은 작품까지 합친다면 무려 180여 편이 넘는다. 겨우 20년 남짓한 비교적 짧은 기간 작가로서 활약하는 동안 이렇게 많은 작품을 썼다는 것이 여간 놀랍지 않다. 그러니까 줄잡아 단편소설이나 중편소설을 한 해에 여덟 또는 아홉 편씩 쓴 셈이다. 좀 더 자세히 살펴보면 그의 금자탑이라고 할 수 있는 『위대한 개츠비』를 출간하기 전에 38편을 썼고, 이 작품과 『밤은 부드러워』를 출간하는 사이에 53편을 썼으며, 그 이후에 70편 넘게 썼다. 연대로 본다면 1920년대에 64편, 1930년대에 58편을 써서 이 20년 동안에 단편소설을 가장 많이 썼음을 알 수 있다.

그런데 피츠제럴드가 이렇게 단편소설을 많이 집필한 데에는 그럴 만한 까닭이 있었다. 어느 문학 장르보다도 그는 소설을 가장 높이 평가했으며, 소설 장르 가운데에서는 단편소설을 가장 중요하게 생각했다. 『위대한 개츠비』도 따지고 보면 단편소설을 몇 편 모아 작중인물이나 사건을 중심으로 연결해 놓거나, 아니면 중편소설을 조금 길게 늘여 쓴 것 같은 인상이 든다. 실제로 이 작품에는 그가 이미 발표한 「겨울 꿈」, 「사면」, 「분별 있는 일」 같은 단편소설에서 소재나 작중인물 또는 배경 등을 빌려오기도 했다.

더구나 피츠제럴드가 단편소설 장르에 남다른 관심을 둔 데에는 문학 외적인 이유도 크게 작용했다. 평소 낭비벽이 심한 데다 사치를 좋아하는 사교계의 여성 젤더 세이어와 결혼한 뒤부터 그는 거의 언제나 돈에 쪼들리며 살다시피 했다. 젤더뿐만 아니라 피츠제럴드 자신도 호화로운 생활을 즐겼다. 1920년대 피츠제럴드 부부는 미국과 유럽을 자주 오가며 귀족처럼 살았다. 그런데 그의 재능으로 비교적 쉽게 돈을 벌 수 있는 일은 잡지에 단편소설을 싣는 일밖에는 없었다. 그리하여 피츠제럴드는 《새터데이 이브닝 포스트》를 비롯하여 《레드북》, 《리버티》, 《콜리어스》, 《메트로폴리탄》, 《맥콜스》, 《에스콰이어》 같은 대중 잡지에 잇달아 단편소설을 발표했다.

1920년대 미국의 '재즈 시대'를 대표하는 작가 F. 스콧 피츠제럴드.
그는 미국의 180여 편에 이르는 단편소설을 발표했다.

이 가운데에서 65편, 그러니까 피츠제럴드가 집필한 단편소설의 40퍼센트에 해당하는 작품을 주간지 《새터데이 이브닝 포스트》에 발표했다. 그리하여 이 잡지의 표지를 주로 그린 화가 노먼 로크웰과 함께 피츠제럴드는 1920년대와 1930년대에 걸쳐 이 잡지의 간판스타로 이름을 날렸다. 1920년대에 일주일에 275만 부가 팔려 나갈 정도로 이 잡지는 미국에서 가장 널리 읽힌 잡지였다. 조지 호러스 로리머가 편집을 맡고 있던 이 잡지는 이 무렵 미국의 긍정적인 이미지를 형성하는 데 크게 이바지했다는 평가를 받는다.

피츠제럴드와 《새터데이 이브닝 포스트》

『위대한 개츠비』와 『밤은 부드러워』는 비록 예술적으로는 성공을 거두었지만 상업적으로는 실패작과 다름없었다. 가령 1929년 한 해 동안 피츠제럴드는 《새터데이 이브닝 포스트》에 모두 여덟 편의 단편소설을 발표하여 무려 3만 달러를 벌었다. 어떤 때는 단편소설 한 편에 4천 달러를 받기도 했다. 1919년에서 1940년까지 그가 단편소설을 잡지에 발표하여 번 돈이 무려 24만 달러가 넘는다. 1920년대는 경기가 좋았지만 1930년대부터 10년 동안 미국은 건국 후 가장 큰 시련기라고 할 경제 대공황을 겪었다.

이렇게 경제적으로 어려운 시기인데도 피츠제럴드가 잡지사로부터 받은 돈은 크게 변함이 없었다. 지금의 화폐 가치로도 많은 돈이지만 이 무렵의 구매력을 생각한다면 참으로 엄청난 액수라고 할 수 있다. 한편 방금 앞에서 언급한 두 장편소설로 1929년에 그가 출판사로부터 받은 인세는 고작 32달러에도 미치지 못했다. 그해 『위대한 개츠비』로 받은 인세는 겨우 5달러 10센트로 시쳇말로 잉크 값과 종이 값도 되지 않았다. 장편소설 가운데에서는 그나마 처녀 작품인 『낙원의 이쪽』(1920)이 잘 팔려 그가 사망하기 전까지 5만 2천 부 판매의 인세로 1만 5천 달러를 받았을 뿐이다.

이러한 상황에서 잡지에 단편소설을 발표한다는 것은 피츠제럴드뿐만 아니라 어느 작가도 쉽게 뿌리치기 어려운 달콤한 유혹이었을 것이다. 18세기 영국 문학의 대부(大父)요 영국에서 사전을 처음 편찬한 새뮤얼 존슨은 "오직 바보만이 돈을 벌지 않기 위하여 글을 쓴다"고 말한 적이 있다. 바보가 아닌 피츠제럴드는 돈을 벌 작정으로 단편소설을 썼던 것이다. 더구나 그는 좀 더 예술성 짙은 '진지한' 작품을 쓰기 위해서라도 돈을 벌 필요가 있다고 밝혔다. 전업 작가란 글을 써서 생계를 유지하는 사람을 말한다면, 전업 작가가 돈을 벌기 위해 글을 쓰는 것은 마땅하다. 끼니를 걱정하며 글을 쓴다는 것은 봉건주의 시대의 작가상(像)에는 어울릴는지 모르지만 상업 자본주의 시대에는 왠지 공룡처럼 시대착오적으로 들린다. 또한 전업 작가라고 하여 '문학 예술가'가 되지 말라는 법도 없다.

적지 않은 비평가들이나 학자들은 안타깝게도 피츠제럴드가 장편소설을 창작하는 데 쏟아야 할 창조적 에너지를 그다지 수준이 높지 않은 단편소설을 쓰는 데 낭비해 버렸다고 입을 모은다. 물론 좀 더 진지한 작품을 쓰는 데 써야 할 시간을 대중 잡지 독자를 위한 작품을 쓰는 것은 문학적 재능을 낭비하는 일일지 모른다. 그러나 예외 없는 규칙이 없듯이 다른 작가들은 몰라도 피츠제럴드의 경우는 반드시 그렇지만은 않았다. 사망하기 몇 년 전부터 그는 주로《에스콰이어》지(誌)에 단편 작품을 발표했다. 작품도 본격적인 단편소설이나 중편소설이라기보다는 오히려 산문 스케치에 가까웠고, 이 잡지사로부터 그가 받은 돈도 다른 잡지들과는 비교도 되지 않을 정도로 겨우 250달러밖에 되지 않았다.

그런데도 이 단편 스케치들은 오히려 그가 마지막 유작인『마지막 거물』(1941)을 완성하는 데 적잖이 걸림돌이 되었다. 1925년부터 1933년까지《새터데이 이브닝 포스트》에 많은 작품을 발표하면서도 피츠제럴드가『밤은 부드러워』를 완성할 수 있었던 것과는 뚜렷이 대조된다.《에스콰이어》에 작품을 발표하던 무렵에는 비록 30대에서 40대 초반밖에 되지 않았는데도 그는 상상력이 고갈되어 작가로서 이렇다 할 작품 활동을 하지 못하고 있었다. 한마디로 피츠제럴드가 대중 잡지에 단편소설을 많이 발표하면 할수록 '진지한' 장편소설을 완성할 수 있었다.

대중 잡지에 발표한 작품이라고 하여 반드시 질이 떨어지는 작품으로 보는 것은 좁은 생각이다. 작품의 질이 문제이지 그 작품이 어느 잡지에 실렸는가는 그다지 문제가 되지 않는다. 마찬가지로 아무리 순수 문학지에 발표했다고 해도 기대에 미치지 못하는 작품이 얼마든지 있다. 상업적으로 실패한 작가가 훌륭한 작가인 반면 상업적으로 성공을 거둔 작가는 삼류 작가라고 생각하는 것은 실패한 작가들이 위안 삼는 구실일 경우

F. 스콧 피츠제럴드는
미국 주간지 《새터데이 이브닝 포스트》에 주로 단편소설을 발표했다.
1920년 5월 화가 노먼 로크웰은
이 잡지의 표지에 피츠제럴드와 그의 아내 젤더 세이어를 그렸다.

가 많다. 문제는 상업성을 떠나 작가가 얼마나 예술적인 성실성으로 작품을 집필했느냐 즉 삶의 경험을 얼마나 설득력 있게 극적으로 형상화했느냐에 달려 있을 뿐이다. 이 무렵 《새터데이 이브닝 포스트》에 작품을 실었던 몇몇 작가들은 이 점을 더욱 뒷받침한다. '예술적인 작가'라는 꼬리표가 늘 붙어 다니는 윌리엄 포크너를 비롯하여 토머스 울프, 이디스 워튼, 윌라 캐더 같은 작가들이 이 대중 잡지에 작품을 발표했다.

지금까지 적지 않은 비평가들이나 학자들이 피츠제럴드의 단편소설에 '돈벌이를 위한 작품'이라는 낙인을 찍어 왔다. 작품 대부분은 예술적 가치가 전혀 없거나 거의 없다는 판단을 내렸다. 물론 이런 부정적인 평가에는 작가의 책임도 적지 않다. 피츠제럴드는 기회 있을 때마다 자신의 단편소설을 두고 '쓰레기 같은 작품'이라고 말하는 등 스스로 비하하는 말을 서슴지 않았기 때문이다. 그러나 이 말도 액면 그대로 받아들일 것은 못 된다. 겸손해서 이렇게 말할 수도 있을 것이고, 속으로는 웃으면서 반어적으로 이렇게 말할 수도 있기 때문이다. 또한 쓰레기 속에도 진주가 들어 있을 수 있는 법이다. 아무리 질이 떨어지는 작품이라도 일단 그가 쓴 단편소설에는 피츠제럴드한테서만 느낄 수 있는 독특한 특징이 드러나 있다. 그는 이러한 특징을 '특별한 그 무엇'이라는 말로 불렀다. 그의 작품들은 바로 이러한 특징 때문에 대중 잡지에 실린 다른 작가들의 단편소설들과는 적잖이 다르다.

1929년에 피츠제럴드는 동시대 작가 어니스트 헤밍웨이에게 "늙은 창녀는 이제 남자를 한 번 상대하고 무려 4천 달러를 받는다"고 자랑 아닌 자랑을 늘어놓았다. 그런가 하면 그는 역시 헤밍웨이에게 작품을 잘 써 내려가다가 마지막 부분에 이르러 갑자기 잡지 독자의 구미에 맞게 뜯어고쳐 버린다고 밝힌 적도 있다. 이 말을 듣자 헤밍웨이는 그러한 행위야말로 '매춘 행위'라고 비난하면서 몹시 분개했다. 정말로 피츠제럴드가 헤밍웨이에게 이 말을 했는지도 좀 더 따져 보아야 할 문제이지만 설령 그렇게 말했다고 해도 이 말에 쉽게 속아 넘어가서는 안 된다. 영국 소설가 데이비드 허버트 로런스의 말대로 독자는 작품의 말을 믿어야 하지 작가의 말을 믿어서는 안 된다. 작가는 이러저러한 여러 이유로 엉뚱한 말을 하기 일쑤다. 때로는 마음속에 품고 있는 말과는 정반대되는 말을 털어놓기도 한다. 물론 피츠제럴드의 말에 분개한 헤밍웨이도 예외가 아닐 것이다.

헤밍웨이에 대한 말이 나온 김에 피츠제럴드와 비교해 보면, 그는 작가나 작품 창작 행위를 자못 낭만적으로 생각했다. 헤밍웨이는 『아프리카의 푸른 언덕』(1935)에서 "정치, 여자, 음주, 돈, 야심이 미국 작가들을 망쳐 버린다"고 밝혔다. 누구라고 못 박아 말하지는 않았지만 여러 정황을 미루어 보아 피츠제럴드를 염두에 두고 있음이 틀림없다. 또한 헤밍웨이는 언젠가 작가의 성실성이란 마치 처녀성과 같아서 한 번 잃어버리면 영원히 회복할 수 없다고 말한 적도 있다. 그러면서 기회 있을 때마다 세 살 위인 피츠제럴드에게 작가로서의 성실성을 지킬 것을 충고했다.

피츠제럴드가 자신의 충고를 받아들이지 않는다고 판단을 내리자 헤밍웨이는 이번에는 「킬리만자로의 눈」이라는 작품을 써서 그에게 경각심을 불러일으켰다. 헤밍웨이 자신이 가장 훌륭한 작품이라고 평가한 이 소설은 해리라는 작가를 주인공으로 삼는다. 주인공이며 화자인 해리는 문학가로서의 성실성을 배반하고 부유한 여성과 결혼하여 아프리카에서 사파리 사냥을 즐기면서 재능을 낭비하다가 사냥 도중 입은 상처로 패혈증에 걸려 지금 죽음을 맞고 있다. 그는 역시 줄리언이라는 친구를 회상하며 그 또한 작가로서의 성실성을 상실했다고 말한다. 그런데 헤밍웨이는 이 작품을 잡지에 처음 발표할 때만 해도 동료 작가의 이름을 '줄리언'이 아닌 '스콧'이라고 표기했다. '스콧'이란 두말할 나위 없이 피츠제럴드를 가리킨다. 피츠제럴드가 이 작품 때문에 잠을 제대로 이룰 수 없다고 항의하자 헤밍웨이는 이 소설을 작품집에 수록할 때 '스콧'을 '줄리언'으로 살짝 바꾸어 놓았다.

피츠제럴드의 창작 태도

스콧 피츠제럴드는 언뜻 보면 오직 돈을 벌기 위해 단편소설을 쓴 것 같지만 실제로는 작품 한 편 한 편에 여간 세심한 주의를 기울이지 않았다. 비록 잡지 편집자들의 입맛에 맞추어 스토리를 쓰는 경우가 적지 않았지만 어떤 공식(公式)에 따라 쉽게 쓰지는 않았다. 언젠가 그는 자신의 에이전트인 해럴드 오버에게 "나는 장편소설을 구상하듯이 모든 단편소설을 구상하며, 작품을 쓰는 데 특별한 감정과 특별한 경험이 필요하다"

고 고백한 적이 있다. 그러면서 "틀에 박힌 스토리를 쓸 수 있었으면 좋으련만 그럴 때마다 펜이 제대로 돌아가지 않는다"고 밝히기도 했다. '틀에 박힌 스토리'란 그의 말대로 '공식에 따라 쉽게' 써 내려가는 상업적인 작품을 말한다. 그가 얼마나 작품 한 편 한 편에 세심한 주의를 기울였는지 엿볼 수 있다.

물론 다른 작가와 비교해 볼 때 피츠제럴드는 일사천리 격으로 손쉽게 단편소설을 써 내려갔다. 마치 보석을 갈고 닦듯이 작품을 쓴 동시대의 작가 헤밍웨이나 윌리엄 포크너와 비교하면 그는 너무 손쉽게 작품을 썼다고 생각할는지 모른다. 이 또한 비평가가 작가를 평가할 때 버려야 할 선입견이요 미신이다. 작품은 작가가 그것을 쓰는 데 걸린 시간이나 노력에 반드시 비례하지 않는다. 작가들에게는 예술적 영감(靈感)이 있는 법이다. 또한 작품을 그다지 힘들이지 않고 쉽게 쓸 수 있다는 것은 그만큼 작가의 의식 속에서 오랫동안 충분히 숙성되었다는 것을 뜻한다.

피츠제럴드는 앞에서 언급한 해럴드 오버에게 "훌륭한 작품은 저절로 써지지만 좋지 않은 작품은 억지로 써야 한다"고 말한 적이 있다. 노력에 따라 글을 쓰지 않고 오히려 예술적 영감에 따라 글을 쓰는 피츠제럴드에게 원고에 오래 매달려 있다고 훌륭한 작품이 나오는 것은 아니다. 동양에서 붓글씨를 쓸 때 '일필휘지(一筆揮之)'라는 말을 흔히 사용한다. 글씨를 단숨에 힘차고 시원하게 죽 써 내려가는 것을 두고 이르는 말이다. 한 번 그은 획에 다시 붓을 대어 덧칠하는 것을 '개칠(改漆)'이라고 한다. 개칠한 붓글씨는 붓글씨로서는 낙제로 볼 수도 있다. 예술적 영감에 따라 글을 쓰는 작가도 이와 크게 다르지 않아서 피츠제럴드의 말대로 '저절로' 써지게 마련이다. 물론 수정에 수정을 거듭하는 작가가 있지만 그렇지 않은 작가도 얼마든지 있다. 그러고 보니 "단순히 작가가 되고 싶다고 하여 작가가 된 사람은 아무도 없다"는 그의 말도 예사롭게 들리지 않는다.

피츠제럴드는 낭만주의 시인들처럼 예술적 영감에 따라 작품을 썼지만 그렇다고 알코올 같은 자극제에 의존하여 글을 쓰지는 않았다. 피츠제럴드의 말을 빌리면, 그는 '술과 영감 학파'와는 거리가 멀었다. 물론 포크너나 헤밍웨이처럼 그도 술을 무척 좋아하고 한때 알코올 중독증에 걸려 치료를 받기도 했다. 그리하여 두 번째 장편소설 『저주받고 아름다운 사람』(1921)이 출간되었을 때 서평을 쓴 한 비평가는 이 작품의 제목을 차라리 '술에 취하고 아름다운 사람'으로 바꾸고 그 저자도 '스콧 피츠제럴드'가 아니라 '스카치 피츠제럴드'라고 해야 한다고 비아냥거렸다. 그러나 피츠제럴드는 "술에 의존하여 《새터데이 이브닝 포스트》에 실릴 단편소설을 쓸 수는 없다"고 분명히 밝혔다.

처녀 장편소설 『낙원의 이쪽』을 집필할 때 피츠제럴드는 자극적인 액체 음료를 마시며 썼지만 그 음료는 술이 아니라 코카콜라였다고 농담 삼아 말했다. 물론 작가 가운데에는 술을 마시지 않고서는 글을 쓸 수 없는 사람이 적지 않다. 가령 포크너는 그러한 경우를 보여 주는 가장 대표적인 작가일 것이다. 그는 언젠가 작품을 쓰기 위하여 자신에게 필요한 것은 세 가지 즉 종이와 잉크와 술뿐이라고 밝힌 적이 있다.

피츠제럴드의 창작 태도는 사망하기 일 년 전에 사랑하는 외동딸 프랜시스 스콧에게 보낸 한 편지에서도 엿볼 수 있다. 이 편지에서 그는 "뮤지컬 코미디 작가들처럼 글을 썼으면 할 때가 있었지만 그러기에는 나는 실제로는 너무나 도덕가다. 그래서 단순히 독자들을 즐겁게 해 주기보다는 오히려 어떤 용인할 수 있는 형식으로 그들을 가르치고 싶어 한다"고 밝혔다. 여기서 찬찬히 눈여겨보아야 할 대목은 '어떤 용인할 수 있는 형식'이라는 표현이다. 독자들을 가르치되 윤리 교과서나 도덕 교과서와는 다르게 가르친다는 뜻이다. 그에게 어떤 미학적이고 예술적인 형식의 뒷받침을 받지 않는 문학 작품이란 한낱 도덕과 윤리를 전달하는 수신 교과서에 지나지 않았다.

피츠제럴드가 쓴 단편 작품에는 분명히 옥석이 뒤섞여 있다. 작품 대부분은 김빠진 맥주처럼 싱겁고 진부하기 짝이 없지만 몇몇 작품은 보석처럼 찬란한 빛을 내뿜는다. 180여 편의 작품은 다이아몬드 모양에 빗댈 수 있을 것 같다. 뾰족한 위쪽 끄트머리를 차지하고 있는 열대여섯 편은 미국 문학은 말할 것도 없고 세계 문학에 내놓아도 손색이 없을 만큼 아주 훌륭하다. 역시 뾰족한 아래쪽 끄트머리를 차지하고 있는 열대여섯 편은 단편소설이라고 부를 수 없을 정도로 질이 떨어진다. 이 작품들은 주로 피츠제럴드가 사망하기 몇 해 전에 《에스콰이어》에 발표한 실험적인 것들이다. 피츠제럴드의 열광적인 팬이라고 할 이 잡지의 편집자 아널드 깅그리치는 작가가 보내는 원고라면 무엇이든지 다 실었다. 그리고 다이아몬드의 중간 부분을 차지하고 있는 100여 편의 작품은 중간 수준에 속한다. 그런데 여기서 한 가지 짚고 넘어가야 할 것은 작가는 어디까지나 좋은 작품으로 평가받을 뿐 실패한 작품으로는 평가받지 않는다는 점이다. 다이아몬드의 위쪽을 차지하는 주옥같은 작품으로는 「오월제」와 「부잣집 아이」를 비롯하여 「다시 찾아온 바빌론」, 「겨울 꿈」, 「컷글라스 그릇」, 「광란의 일요일」 등을 꼽을 수 있다.

피츠제럴드는 오 헨리처럼 타고난 장편소설 작가다. 흥미로운 플롯, 매력적인 작중인물들, 서정적이고 산뜻한 문체, 영화와 연극을 비롯한 여러 가지 실험적인 기법, 그리고 무엇보다도 설득력 있는 주제가 이 점을 뒷받침한다. 그의 단편소설은 재미있으면서도 진지하고, 대중적이면서도 예술적이다. 어쩌다 오 헨리처럼 '트위스트 엔딩'을 사용하여 스토리를 인위적으로 종결지을 때가 없는 것은 아니지만, 그는 대개 독자의 예상을 크게 벗어나지 않는 범위에서 작품을 끝낸다. 한마디로 피츠제럴드는 에드거 앨런 포를 비롯하여 너새니얼 호손과 허먼 멜빌 같은 19세기 미국 작가들이 처음 수립한 단편소설 문학 장르를 굳건한 발판에 올려놓았던 것이다.

단편소설과 장편소설 사이

피츠제럴드가 《새터데이 이브닝 포스트》를 비롯한 잡지에 잇달아 단편소설을 발표한 데에는 단순히 생계비를 버는 것 이상의 각별한 의미가 있었다. 작가로서 첫발을 내디딜 때 이미 그는 대중 잡지가 본격적인 장편소설을 집필하는 데 중요하다는 사실을 깨닫고 있었다. 다시 말해서 대중 잡지는 그에게 일종의 실험실이나 워크숍 같은 구실을 했다. 대중 잡지 독자를 위하여 일련의 단편소설을 집필하면서 그는 앞으로 장편소설에서 사용할 주제나 기교 등을 실험했다. 잡지에 발표한 단편소설이나 중편소설은 그 나름대로 예술적 가치를 지니고 있지만 좀 더 본격적인 장편소설을 위한 실험적 기능을 지니고 있다는 점도 놓치지 말아야 한다.

『위대한 개츠비』보다 3년 전에 발표한 「겨울 꿈」을 보면 피츠제럴드가 장편소설을 쓰기 위한 발판으로 단편소설을 어떻게 이용하는지 잘 알 수 있다. 찰스 스크리브너스 출판사의 편집자 맥스웰 퍼킨스에게 보낸 편지에서 피츠제럴드는 이 단편소설을 "개츠비에 관한 아이디어의 일종의 초고(草稿)"라고 설명한 적이 있다. 실제로 「겨울 꿈」은 주제나 작중인물에서 비슷한 점이 많아 『위대한 개츠비』를 축소해 놓은 것과 같다. 먼저 덱스터 그린은 여러모로 제이 개츠비와 비슷하다. 미국 중서부에 속한 미네소타 주 출신이라는 점에서도 그러하고, 가난한 농부의 아들이라는 점에서도 그러하다. 그러나 무엇보다도 이 두 작중인물의 공통점이라면 온갖 대가를 기꺼이 치르고서라도 꿈과 이상을 좇을 뿐만 아니라 그 꿈과 이상이 무지개처럼 한낱 공허한 것임을 깨닫는다는 사실이다.

「겨울 꿈」에서 가난한 덱스터 그린은 부유한 주디 존스와 일찍이 사랑에 빠지고 그녀가 속해 있는 사회 계층에 진입하기 위해 돈을 버는 데 자신의 삶을 바친다. 그가 이렇게 주디를 이상화하는 것은 제이 개츠비가 데이지를 이상화하는 것과 아주 비슷하다. 개츠비도 데이지를 다시 얻기 위해 마이어 울프심 같은 조직 폭력배와 손을 잡는 등 수단과 방법을 가리지 않는다.

더구나 이 두 작품을 보면 피츠제럴드가 단편소설과 장편소설을 쓸 때 어떻게 서로 다른 방법을 사용하는지도 엿볼 수 있다. 『위대한 개츠비』에서 그는 주인공 개츠비의 배경과 과거를 될 수 있는 대로 신비스러운 베일에 감추려고 애쓴다. 개츠비가 조지 윌슨의 총에 맞아 사망한 뒤에서야 비로소 그의 아버지가 등장하면서 그 비밀이 조금씩 밝혀진다. 한편 덱스터 그린에게는 애써 그러한 신비스러운 비밀을 감추려고 하지 않는다. 삶의 단면을 보여 주는 단편소설에서는 굳이 그러한 장치가 필요 없기 때문이다.

또한 「겨울 꿈」에서 피츠제럴드는 주디에 대한 덱스터의 환멸을 지나치다 싶을 만큼 갑작스럽게 보여 준다. 이렇게 주디에 대한 환상이 갑작스럽게 깨지는 탓에 덱스터에게서는 개츠비한테서 흔히 느낄 수 있는 비극적 상실감을 좀처럼 느낄 수 없다. 데이지에 대한 개츠비의 환멸은 아주 조금씩 일어나며, 작품의 결말 부분을 보면 개츠비가 과연 데이지에 완전히 환멸을 느끼고 있는지조차 의심이 들기도 한다. 이 작품의 화자 닉 캐러웨이는 "어쩌면 개츠비는 이제 더는 개의치 않고 있는지도 모른다"고 밝힌다. 이 '어쩌면'이라는 한 가닥 가능성이 「겨울 꿈」에서는 아무리 눈을 씻고 찾아보아도 찾아볼 수가 없다. 덱스터 그린이 주디에 대한 꿈과 이상을 잃어버리고 울 수 있지만, 개츠비는 데이지에 대한 꿈과 이상을 비록 조각난 한 가닥이나마 여전히 붙잡고 있는지 독자의 판단에 맡긴 채 자신은 죽음을 맞이할 뿐이다. 그러므로 작품의 의미에서 볼 때 『위대한 개츠비』가 열려 있는 텍스트라면, 「겨울 꿈」은 닫혀 있는 텍스트라고 할 수 있다.

「겨울 꿈」이 『위대한 개츠비』의 실험실 구실을 했다면, 「부잣집 아이」는 『밤은 부드러워』의 워크숍 역할을 맡았다. 물론 이 단편소설은 『위대한 개츠비』를 출간한 지 일 년 뒤에 발표했지만 이 장편소설과도 여러모로 관련되어 있다. 특히 이 단편소설에서 피츠제럴드는 관찰자의 역할을 하는 화자의 기법을 사용했다. 그러나 이 작품이 가장 깊이 관련 있는 작품이라면 『밤은 부드러워』일 것이다. 주인공이며 화자인 앤슨 헌터는 제목 그대로 '부잣집 아이'다. 역시 돈이 많고 아름다운 폴러 르젠더를 사랑하지만 막상 결혼하지는 않는다. 결국 폴러는 다른 남자와 결혼하지만 그와 이혼한다. 작품 뒤에 가서 앤슨이 우연히 호텔 로비에서 폴러를 만날 때 다시 결혼하여 임신 중인 그녀는 무척 행복하다.

그러나 폴러의 행복도 잠깐뿐 아이를 낳다가 마침내 사망하게 된다. 이 소식을 듣고 무척 놀라는 앤슨은 폴러의 죽음과 함께 자신의 젊음도 이제 사라져 버렸다고 느낀다. 이 작품의 화자는 "사업에 늘 활력을 불어넣던 그의 열성이며, 동기들이나 후배들에 대한 자세한 배려며, 사기(士氣)를 진작시켜 주는 활력적인 그의 존재 …… 최근 넉 달에 걸쳐 극도의 정신적인 피로감 때문에 이런 모든 자질이 40대 남자의 신경질적인 비관주의로 바뀌었다"고 말한다. 피츠제럴드는 이 작품에서 다룬 잃어버린 젊음과 결혼에 대한 환멸이라는 주제를 『밤은 부드러워』에서 좀 더 폭넓고 깊이 있게 다룬다.

그러나 『밤은 부드러워』에 가장 깊이 관련 있는 작품이라면 역시 「다시 찾아온 바빌론」이다. 《새터데이 이브닝 포스트》로부터 원고료로 4천 달러를 받아 낸 작품이 다름 아닌 이 작품이다. 많은 비평가는 이 작품을 피츠제럴드 단편소설 가운데 가장 뛰어나다고 입을 모은다. 실제로 1931년에 발표한 이 작품은 단편소설 작가로의 그의 경력에서 최고점에 이르렀음을 보여 준다.

주인공 찰리 웨일스는 경제 대공황을 전주곡이라고 할 월스트리트 주식시장의 붕괴로 엄청난 돈을 잃고 지금은 체코의 프라하에서 일하고 있다. 주식시장이 붕괴하기 전까지만 해도 찰리는 프랑스 파리에서 술과 향락과 사치에 젖어 황제처럼 살았다. 그러나 찰리가 잃어버린 것은 비단 물질만이 아니었다. 아내 헬런을 먼저 저승으로 떠나보내야 했으며, 이제 자신의 삶에서 유일한 희망이라고 할 하나밖에 없는 딸 오노리어를 법적 보호자인 처형 매리언에게 맡겨야 했다. 피츠제럴드의 작품이 흔히 그러하듯이 이 작품에서도 주인공의 경제적 파산은 곧 정신적 파산을 뜻한다.

「다시 찾아온 바빌론」은 작중인물들과 플롯 그리고 분위기에서 『밤은 부드러워』와 비슷하다. 딕 다이버 부부는 찰리 웨일스 부부와 마찬가지로 미국을 떠나 유럽에서 온갖 향락을 누리며 산다. 그들은 이러한 향락적 삶 뒤에 도사리고 있는 공허감을 뒤늦게야 비로소 깨닫는다. 가능성 있는 젊은이가 물질적으로 파멸할 뿐만 아니라 도덕적으로도 파멸해 가는 과정을 보여 준다는 점에서도 이 두 작품은 비슷하다. 그러나 도덕적으로 무감각하고 무책임한 다른 작중인물들과는 달리 딕 다이버는 비록 좌절을 겪으면서도 건강한 인물로 살아남는다. 이렇게 절망 가운데에서 삶의 의욕을 잃지 않고 있다는 점에서 찰리도 덩컨, 아직도 술과 향락에 젖어 방황하는 셰퍼와 로레인 쿼리스, 그리고 아직도 여동생에 대한 분노로 찰리를 용서할 수 없는 청교도적인 매리언과는 다른 건강한 인물이다. 또한 찰리가 파리에 다시 돌아와 느끼는 고독감과 우수에서도 이 단편소설은 『밤은 부드러워』와 비슷하다.

소재의 반복과 변이

'태양 아래 새로운 것은 아무것도 없다'고 일찍이 설파한 사람은 바로 저 구약성서 「전도서」의 저자다. 이렇게 새로운 것이 없기는 문학도 마찬가지여서 작가들은 아주 오래전부터 전해 내려오는 이야기를 새롭게 반복할 뿐이다. 삶의 내용은 크게 다르지 않고 오직 그 내용을 담는 그릇, 다시 말해서 형식이 달라질 뿐이다. 이러한 현상은 한 작가에게서도 크게 다르지 않다. 세계 문학사를 들여다보면 똑같은 이야기를 형식을 바꾸어 가며 거듭거듭 되풀이하는 작가들이 의외로 많다는 사실을 깨닫게 된다. 피츠제럴드도 아마 그러한 작가 가운데 한 사람일 것이다.

1933년에 발표한 「일백 번의 그릇된 출발」이라는 단편소설에서 피츠제럴드는 작가들 대부분이 오직 두세 개의 이야기를 평생 반복하고 있다고 밝혔다. "우리 작가들은 대부분 똑같은 이야기를 되풀이한다. 우리는 삶에서 감동적인 경험을 두세 가지 겪게 된다. …… 그러고 나서 우리는 작가로서의 기술을 배운다. 우리는 두세 가지 이야기를 아마 열 번, 독자들이 들으려고 하는 한 어쩌면 백 번이라도 되풀이해서 말한다.-물론 이야기할 때마다 새롭게 변장하면서 말이다." 그런가 하면 피츠제럴드는 모든 작가가 그동안 『신데렐라』와 『거인 살해자 잭』이라는 두 동화 이야기를 반복해 왔다고 지적하기도 했다. 여성의 아름다움과 남성의 용맹, 이것이 바로 지금까지 모든 작가가 작품에 다루어 온 내용이라는 것이다.

피츠제럴드가 180여 편에 이르는 단편소설에서 다루는 주제는 크게 세 가지로 요약될 수 있다. 하나는 물질적 풍요와 성공에 대한 야망이고, 다른 하나는 잃어버린 젊음과 아름다움에 대한 실망과 환멸이며, 또 다른 하나는 삶에 대한 지칠 줄 모르는 낭만적인 꿈과 환상이다. 그런데 그의 작품에서 이 세 주제는 마치 삼각형의 세 모서리처럼 떼려야 뗄 수 없이 서로 깊이 관련되어 있다.

피츠제럴드의 단편소설에는 1920년대와 1930년대의 미국이라는 구체성과 특수성이 비교적 강하게 드러난다. 이 점에서 그는 가히 '미국적' 작가라고 할 만하다. 그러면서도 훌륭한 문학 작품이 으레 그러하듯이 그의 작품은 구체적인 역사적 시간과 사회적 공간을 초월하여 좀 더 보편적인 주제를 다룬다. 그의 작품이 전 세계에 걸쳐 널리 읽히고 많은 사람에게 공감을 주는 것은 바로 특수성과 보편성 사이에서 조화와 균형을 꾀하기 때문이다.

흔히 '헤밍웨이 주인공'이라고 일컫는 어니스트 헤밍웨이 특유의 작중 인물이 있듯이, 피츠제럴드에게도 '피츠제럴드 주인공'이라고 할 만한 특징적인 인물이 있다. 누가 보아도 쉽게 피츠제럴드의 작품에 나오는 작중 인물이라고 알아차릴 수 있을 만큼 그 주인공은 몇 가지 특징을 지닌다. 물질적 성공과 젊음과 아름다움을 얻으려고 온갖 수단과 방법을 가리지 않는 것이 피츠제럴드의 주인공이 보여 주는 두드러진 점 가운데 하나다.

피츠제럴드 주인공은 결국 그러한 것을 모두 얻지 못하거나, 그중에서 어느 하나만을 얻고 좌절을 겪으며 깊은 절망에 빠진다. 그의 작품에는 이러한 좌절과 절망에서 비롯하는 삶에 대한 우수와 비애, 비극적 상실감이 짙게 배어 있다. 그러므로 그의 작품은 희극보다는 차라리 비극에 가깝다. 피츠제럴드가 "미국은 절대로 뜨지 않는 달"이라거나, "미국의 삶에는 오직 1막만 있을 뿐 2막은 없다"고 말한 것을 떠올릴 필요가 있다. 그는 여러 작품에서 미국 사람들이 입버릇처럼 말하는 '미국의 꿈'이란 악몽이거나, 기껏해야 한바탕 시끄러운 일장춘몽에 지나지 않는다는 사실을 실감 나게 보여 준다.

미국의 비평가 맬컴 카울리는 피츠제럴드의 주인공에 관한 이미지를 가난한 소년이 대도시의 휘황찬란한 진열장을 바라보고 있는 모습에 빗댄 적이 있다. 피츠제럴드 주인공의 모습이 금방 되살아나는 참으로 적절한 비유라고 할 만하다. 피츠제럴드의 주인공은 거의 하나같이 무엇보다도 물질적 성공을 바란다. 그런데 주인공의 이러한 태도는 작가 자신의 삶과 아주 깊이 관련되어 있다. 아버지가 사업에 실패하면서 돈 많은 친척 집에 얹혀살아야 했던 피츠제럴드는 어릴 적부터 누구보다도 가난을 뼈저리게 느꼈다. 이러한 상황에서 그는 돈과 부(富)에 대해 강박에 가까운 관념을 갖게 되었다. 또한 작가의 이러한 태도는 제1차 세계대전 이후 미국 사회를 반영하는 것이기도 하다. 흔히 '재즈 시대'로 일컫는 1920년대는 '미국의 꿈'이라는 이름으로 물질적 성공에 대한 기대가 그 어느 때보다도 컸던 시대였다.

앞에서 지적했듯이 피츠제럴드 주인공에게 물질적 성공은 정신적 성공과 크게 다르지 않다. 이 두 가지는 마치 육체와 영혼처럼 서로 떼려야 뗄 수 없을 만큼 아주 깊이 연관되어 있다. 그것은 「오월제」에서 주인공 필립 딘이 돈을 빌리기 위하여 대학 시절의 친구인 고든 서터렛을 찾아가 주고받는 대화에서 단적으로 엿볼 수 있다.

> "자넨 지금 형편없는 모습을 하고 있네. 자네가 이런 식으로 말하는 걸 전에 들어 본 적이 없어. 자넨 말하자면 파산 상태를 맞이한 것 같네. …… 금전적으로는 물론이고 정신적으로도 말이야."
>
> "그 두 가지는 보통 같이 가지 않는가?"
>
> 딘은 조바심이 나는 듯 고개를 내저었다.
>
> "자네 주위엔 내가 이해할 수 없는 어떤 분위기가 감돌고 있어. 말하자면 악(惡)의 분위기라고나 할까."
>
> "걱정과 가난과 잠 못 이룬 밤의 분위기라네."
>
> 고든이 조금 도전적인 태도로 대꾸했다.

F. 스콧 피츠제럴드의 작품집 『재즈 시대의 이야기』 표지.
그는 이 작품집에서 제1차 세계대전 이후 부나비처럼 쾌락을 쫓던
미국의 도시 젊은이들의 삶을 묘사했다.

고든의 말대로 피츠제럴드의 작중인물에게 금전적 파산 상태는 곧 정신적 파산 상태를 뜻한다. 피츠제럴드의 허구 세계에서 이 두 가지는 서로 다른 것 같지만 실제로는 동전의 양면처럼 하나다. 대학 시절 그림을 그리고 싶어 한 고든은 지금은 화구조차 살 수 없을 만큼 금전적으로 영락해 있다. 그것으로도 부족하여 지금 그가 유혹한 한 아가씨로부터 협박을 받고 있다. 그 아가씨는 자기에게 많은 돈을 주거나 아니면 결혼해 달라고 협박한다. 필립은 물질적으로 궁핍한 친구한테서 악의 분위기가 감돌고 있다고 말한다. 금전적 파산 상태는 정신적 파산 상태에 이르고, 정신적 파산 상태는 마침내 형이상학적 악에 이르는 것이다. 가난함이란 부끄러운 것이 아니며 다만 불편할 뿐이라고 가르친 동양의 윤리와는 엄청나게 차이가 난다. 이 작품의 마지막 장면에서 자신이 놓인 상황에서 도저히 헤어날 길이 없는 고든은 마침내 권총으로 자살하기에 이른다.

이러한 주제는 앞에서 언급한 「다시 찾아온 바빌론」에서 마찬가지로 엿볼 수 있다. 주인공 찰스 웨일스는 주가가 폭락하면서 돈을 모두 잃었지만 그가 잃어버린 것은 돈 이상의 그 무엇이다. 어니스트 헤밍웨이는 파리를 두고 '움직이는 향연'이라고 부른 적이 있지만 피츠제럴드에게 파리는 고대 바빌로니아의 수도 '바빌론'과 크게 다르지 않았다. 알코올 중독자로서 사랑하는 딸마저 처형의 보호에 맡겨야 하는 찰리 웨일스는 딸을 데려다 키우려는 꿈을 안고 바빌론 같은 파리에 다시 찾아오지만 그 꿈은 산산조각이 나고 만다. 찰스는 공허하고 쓸쓸한 마음으로 파리를 떠나 프라하로 돌아갈 수밖에 없다. 마지막 장면에서 그는 자신을 두고 "이

제 혼자서 그렇게 많은 멋진 생각과 꿈을 가질 수 있는 젊은이가 아니었다"고 씁쓸하게 되뇐다.

삶에 대한 실망과 환멸

잃어버린 젊음과 아름다움에 대한 실망과 환멸은 피츠제럴드가 단편소설에서 즐겨 다루는 두 번째 주제다. 이미 앞에서 언급한 「겨울 꿈」은 이러한 주제를 비교적 잘 보여 준다. 덱스터는 골프 캐디로 일하던 어린 시절부터 사모해 온 부잣집 딸 주디 존슨을 사랑하지만 그 사랑은 결국 한겨울의 꿈처럼 부질없는 물거품으로 끝난다. 뒷날 경제적으로 성공한 덱스터는 뉴욕 사무실에서 거래처 사람으로부터 우연히 주디가 결혼하여 지금 미시건 주 디트로이트에 살고 있다는 소식을 전해 듣는다. 그녀는 이제 뭇 젊은이들의 마음을 사로잡던 여성이 아니라 남편의 학대도 참아내면서 살아가는 평범한 주부였다. 이 말을 듣자 덱스터는 황혼의 어스름 속에서 맨해튼의 스카이라인을 바라보며 주디가 상징하던 젊음과 아름다움을 떠올리면서 슬픔에 잠긴다.

> 이제 꿈은 사라졌다. 그에게서 무엇인가가 없어져 버렸던 것이다. 공포감 비슷한 감정에서 그는 두 손의 손바닥을 두 눈에 갖다 대고 셰리 아일랜드를 찰싹찰싹 때리는 물결이며, 달빛에 비친 베란다며, 골프장에서

입은 깅엄 골프복이며, 그녀의 목덜미에 난 부드러운 황금빛 솜털의 모습을 불러오려고 애썼다. 그리고 또한 그가 키스할 때 축축하게 느껴지던 그녀의 입술이며, 우수(憂愁)에 젖은 서글픈 두 눈이며, 아침이면 느낄 수 있던 새로 짠 좋은 린넨 같은 그녀의 신선함 말이다. 아, 이제 이런 것들은 이제 더는 이 세상에는 없구나! 그것들은 과거에 존재했을 뿐 지금은 이제 더는 존재하지 않았다.

이 인용문에서 무엇보다도 먼저 눈에 띄는 것은 부재(不在)나 상실을 가리키는 표현이 유난히 많다는 점이다. 가령 '사라졌다'를 비롯하여 '없어져 버렸다', '이 세상에는 없구나', '존재하지 않았다' 같은 구절로 가득 차 있다. 젊음이나 아름다움과 관련한 것들은 하나같이 사라져 버리고 현재 남아 있는 것이라곤 오직 아련한 추억과 슬픔과 회한뿐이다.

덱스터에게는 물질적 성공도 이러한 상실감을 극복하는 데 크게 도움이 되지 않는다. 오히려 그러한 물질적 성공이 크면 클록 비극적 상실감은 정비례로 더욱 커진다. 덱스터는 "문이 굳게 닫혔고, 태양은 떨어졌고, 모든 시간을 견디는 강철의 잿빛 아름다움 말고는 이제 아름다움은 없었다. 그가 찾을 수 있었던 심지어는 슬픔조차 그의 겨울의 꿈이 활짝 날개를 폈던 환상의 나라, 청춘의 나라, 풍요로운 삶의 나라 뒤쪽으로 멀리 사라져 버렸다"고 생각하면서 눈물을 흘린다.

이러한 비극적 상실감은 피츠제럴드의 주인공이 온갖 희생을 무릅쓰고 원하던 것을 손에 넣은 뒤에도 여전히 남아 있다. 「분별 있는 일」에서 주인공 조지 오켈리는 존퀼 캐리의 사랑을 얻기 위하여 갖은 노력을 아끼지 않는다. 엔지니어인 그는 남아메리카 페루에 가서 죽을 고비를 넘기면서 성공을 한 뒤에서야 비로소 존퀼의 사랑을 얻을 수 있었다. 그러나 그녀의 입술에 키스하는 순간 그는 "아무리 영원히 찾아 헤매더라도 잃어버린 4월의 시간은 절대로 되찾을 수 없다. …… 그 옛날 어스름 속에서나 산들바람 살랑거리던 밤에 주고받은 그 속삭임은 이제 다시는 되찾을 수 없을 것이다"라고 생각하며 비극적 상실감을 맛본다. 고대 그리스 시대의 한 철인의 말대로 인간은 똑같은 강물에 두 번 다시 발을 담글 수 없다는 사실을 깨달은 것이다.

피츠제럴드의 작품 가운데에서 「컷글라스 그릇」보다 이러한 주제가 잘 드러나 있는 작품도 찾아보기 어렵다. 결혼 선물로 받은 온갖 컷글라스 그릇이 시간이 지나면서 하나씩 모서리가 떨어지고 깨어지면서 없어져 버린다. 결혼하기 전만 해도 화려한 꿈과 환상에 부풀어 있던 이블린 파이퍼는 해럴드와 결혼한 뒤 컷글라스 그릇처럼 자신의 삶이 조금씩 망가지는 것을 깨닫는다. 틀에 박힌 결혼 생활에서 잠시나마 해방되기 위해 프레디 게드니라는 청년과 로맨스를 벌이지만 남편에게는 깊은 상처를 안겨 주고 동네 사람들에게는 스캔들이 될 따름이다.

남편은 남편대로 사업 경쟁자가 나타나면서 전처럼 사업이 제대로 돌아가지 않는다. 결국 자존심을 버리고 경쟁자와 동업을 하지 않을 수 없는 단계에 이른다. 엎친 데 덮친 격으로 어린 딸 줄리는 컷글라스 그릇 하나에 손가락을 다치고 그 상처로 파상풍에 걸려 마침내 손목을 절단해야 한다. 또한 이블린은 제1차 세계대전에 참전한 아들 도널드가 전사했다는 끔찍한 통보를 받는다.

망연자실한 상태에서 이블린은 찬장에 놓여 있는 큼직한 컷글라스 그 릇을 바라본다. 그러자 그 그릇이 그녀를 조롱이라도 하듯 이렇게 말하는 것 같다. "자, 어때. 이번에는 너에게 직접 상처를 입힐 필요가 없었어. 그런 짓을 할 것까지도 없었지. 내가 네 아들을 빼앗아 갔다는 것을 너는 알고 있겠지. 내가 얼마나 차갑고 딱딱하고 아름다운지 너는 잘 알고 있을 거야. 너도 전에는 나처럼 그렇게 차갑고 딱딱하고 아름다웠으니까." 그러면서 그 그릇은 계속하여 이블린에게 이렇게 소리친다.

> "너도 알다시피, 난 운명이야. 네 보잘것없는 계획보다 힘이 센 운명이란 말이라고. 난 그렇게 될 수밖에 없는 운명이고, 난 네 부질없는 꿈과는 달라. 난 화살처럼 날아가는 시간이며, 아름다움과 충족되지 않는 욕망의 종착역이지. 결정적인 시간을 만들어 내는 온갖 우연이며, 감지할 수 없는 것들이며, 그 작은 순간들이 모두 내 것이야. 난 어떤 규칙에도 얽매이지 않는 예외며, 네 힘이 미치지 못하는 한계며, 인생이라는 요리의 양념이라는 말이야."

이 작품에서 피츠제럴드는 컷글라스 그릇을 무서운 파괴력을 지닌 시간의 상징으로 사용한다. 컷글라스 그릇은 자신을 '운명'이라고 말하고 있지만 피츠제럴드의 주인공에게는 시간이 곧 운명이요 운명이 곧 시간이다. 독침을 싣고 일직선으로 날아가는 화살처럼 시간은 모든 것을 무(無)로 돌리고 파괴해 버린다. 인간의 비극은 바로 시간의 화살을 피할 수 없다는 데 있다. 젊음과 아름다움 그리고 욕망도 하나같이 이 시간의 화살 앞에서 무력할 수밖에 없다.

또한 컷글라스 그릇이 자신을 두고 "아름다움과 충족되지 않는 욕망의 종착역"이라는 말하는 구절도 무척 신선하다. 인생을 나그넷길이나 여행에 빗대는 것은 이제 유행가 가사처럼 진부하게 느껴지지만, 이 닳고 닳은 비유에 진리가 담겨 있다. 이 세상에 태어나는 것이 삶의 시발역을 출발하는 것이라면 나이가 들어 마침내 이 세상을 떠나는 것은 종착역에 도착하는 것이다. 피츠제럴드의 이 말에는 섹스와 죽음을 삶의 앞문과 뒷문에 빗댄 윌리엄 포크너의 말과 통하는 데가 있다. 이렇게 상징과 시적 이미지 그리고 은유를 효과적으로 구사하는 피츠제럴드의 솜씨는 시인을 무색하게 할 때가 있다.

삶에 대한 꿈과 환상

피츠제럴드가 단편소설에서 즐겨 다루는 세 번째 주제는 삶의 약속과 희망에 대한 지칠 줄 모르는 꿈과 환상이다. 피츠제럴드의 주인공이 쓰라린 현실을 참고 견뎌 낼 수 있는 것은 바로 미래에 대한 장밋빛 꿈과 환상을 간직하고 있기 때문이다. 만약 이러한 꿈과 환상이 없다면 아마 그들은 삶을 영위하기가 무척 어려울 것이다. 「오월제」의 고든 스터렛처럼 삶에 좌절하고 절망하여 스스로 목숨을 끊는 경우가 없는 것은 아니지만, 피츠제럴드의 주인공은 대부분 아무리 삶에 절망하더라도 좀처럼 삶을 포기하지 않는다. 그들에게는 미래에 대한 꿈과 환상이 있기 때문이다.

예를 들어 「기나긴 외출」에서 정신분열 증세를 보이는 킹 부인은 요양원에서 치료를 받고 이제 다시 세상에 나가 정상인으로 생활할 수 있는 단계에 이른다. 요양원에서 퇴원하기 바로 전에 그녀는 남편과 함께 해변으로 여행을 떠나기로 계획을 세운다. 그러나 남편은 그녀를 데리러 요양원으로 오는 도중 그만 교통사고를 당해 사망한다. 의사들은 처음에는 남편의 사망 소식을 그녀에게 숨기다가 그녀가 고통을 참아 낼 수 있는 시점에 이르렀다고 판단하자 그 사실을 일러주지만 그녀는 좀처럼 믿으려 하지 않는다. 의사들이 아직도 자기가 아픈지 시험해 보려고 그런다고 말하면서 웃어 버리고 마는 것이다. 킹 부인은 첫날과 마찬가지로 몇 년 동안 날이면 날마다 단정한 옷차림으로 요양소 앞에서 남편이 자기를 데리러 오기를 기다린다. 오히려 그녀는 의사에게 "남편이 늦어지고 있네요. 물론 실망스럽지만 내일 온다고 하네요. 이렇게 오랫동안 기다렸는데 하루쯤 더 기다린다고 무슨 대수겠어요"라고 말한다.

이렇게 피츠제럴드의 주인공은 『위대한 개츠비』의 주인공처럼 흔히 삶의 기약과 약속에 마치 예민한 지진계의 바늘처럼 민감하게 반응한다. 조셉 콘래드는 『암흑의 핵심』에서 이러한 환상을 두고 '구원적 환상'이라고 불렀다. 피츠제럴드의 주인공들에게 환상과 꿈은 그들을 고통스럽고 비참한 삶에서 구원해 주는 마력을 지닌다. 이러한 환상과 꿈이 없다면 그들에게 이 세상은 황량하기 그지없을 것이다. 비록 물질적 성공에 대한 미련을 버리지 않지만 피츠제럴드의 주인공들을 단순히 물질주의자로만 볼 수 없다. 바로 이 점에서 그들은 '낭만주의적 이상주의자'로 불러 마땅하다.

후대 작가에 끼친 영향

F. 스콧 피츠제럴드가 미국 문학에 끼친 영향은 아주 크다. 적지 않은 후배 작가가 그에게서 직접 또는 간접으로 영향을 받았다. 그에게서 영향을 받은 작가는 제임스 굴드 커즌스, 레이먼드 챈들러, 제롬 데이비드 샐린저, 존 오하라 등 하나하나 열거할 수 없을 만큼 아주 많다. 챈들러는 피츠제럴드 문학의 마력을 훌륭한 현악 사중주에 빗댄다.

> 피츠제럴드는 모든 문학에서 가장 보기 드문 특징 중의 한 가지를 지니고 있다. 그가 사용하는 언어가 곧 마력이다.—존 키츠가 사용했을 법한 그러한 마력 말이다. 오늘날의 작가 중에서 누가 그러한 마력을 지니고 있는가? 그것은 아름다운 글이나 정확한 문체의 문제가 아니다. 말하자면 통제되고 정교하고 가라앉은 마력으로, 훌륭한 현악 사중주에서 얻을 수 있는 그러한 종류의 것이다.

여기에서 챈들러가 영국 낭만주의 시인 존 키츠를 언급하고 있다는 사실에 주목할 필요가 있다. 피츠제럴드는 『밤은 부드러워』의 제목을 바로 그가 눈물을 흘리지 않고서는 읽을 수 없다고 말한 키츠의 작품 「나이팅게일에 바치는 노래」에서 빌려 왔다. 단편소설은 말할 것도 없고 장편소설에서 피츠제럴드가 구사하는 언어는 이 낭만주의 시처럼 함축적이며 달콤하며 애틋하다. 또한 챈들러가 피츠제럴드의 문학을 현악 사중주에 빗댄 점도 눈여겨보아야 한다. 피츠제럴드의 작품이 시각적 이미지 못지않게 청각적 이미지에 무게를 둔다는 점을 생각할 때 참으로 적절한 비유다. 만약 그의 작품이 현악 사중주라면 루트비히 판 베토벤의 난해한 현악 사중주보다는 차라리 아마데우스 모차르트나 프란츠 슈베르트의 감미로운 현악 사중주에 가까울 것이다.

오 헨리와 피츠제럴드에 이어 미국 문학사에서 단편소설의 전통을 세우는 데 크게 이바지한 또 다른 작가인 도로시 파커는 "피츠제럴드는 형편없는 단편소설을 쓸 수 있었지만 형편없이 작품을 쓸 수는 없었다"고 말한 적이 있다. 자칫 헷갈리기 쉬운 말이지만, '형편없는' 작품을 쓴다는 것과 '형편없이' 작품을 쓴다는 것은 마크 트웨인의 표현을 빌려 말하자면 '개똥'이라는 말과 '개똥벌레'라는 말만큼이나 큰 차이가 난다. 피츠제럴드는 아무리 문학성이 떨어지는 실패한 작품을 쓰더라도 그 나름대로 피츠제럴드만의 특징을 지니고 있다는 말이다.

모두 180여 편에 이르는 피츠제럴드의 단편소설은 그의 소설가로서 그가 걸어 온 발자취를 들여다볼 수 있는 거울이다. 대중 잡지에 발표한 많은 단편소설로 그는 전업 작가로서뿐만 아니라 문학 예술가로서의 자리를 굳힐 수 있었다. 그는 《새터데이 이브닝 포스트》를 비롯한 잡지를 작가로의 역량을 테스트하는 시험실이요 워크숍으로 삼았다. 이러한 잡지에 실린 작품을 발판으로 삼아 그는 주제나 관념을 발전시키고 기법과 형식을 갈고 닦았다. 또한 그의 단편소설에서는 1920년대의 재즈 시대에서 1930년대 경제 대공황기에 걸쳐 활약한 한 예술가의 희열과 절망과 고뇌를 읽을 수도 있을 것이다.

5

윌리엄 포크너

미국 남부의 신화

세계 문학사를 보면 시인으로 문단에 첫발을 들여놓았다가 마침내 소설가나 극작가로 변모한 사람이 의외로 많다. 더러 예외가 없는 것은 아니지만 거의 모든 작가에게 시는 첫사랑인 경우가 참으로 많다. 그러나 많은 작가는 무사(Mousa) 신(神)의 영감을 받지 못했다는 사실을 깨닫고 소설이나 희곡 같은 다른 장르 쪽으로 눈을 돌린다. 소설가나 극작가가 되지 못하는 사람은 아마 비평가나 수필가가 되는 듯하다. 물론 그렇다고 하여 비평가나 수필가를 얕잡아 보는 것은 결코 아니다. 다만 시적 능력과 비평적 능력, 운문적 능력과 산문적 능력이 서로 다르다는 점을 말할 따름이다.

윌리엄 포크너(1897~1962)는 처음에는 시에 뜻을 두었다가 결국 소설가로 탈바꿈한 대표적인 작가로 꼽힌다. 다른 작가들과 마찬가지로 그도 모든 문학 장르 가운데에서 시가 가장 뛰어나고 엄격한 문학 형태라고 생각했다. 그는 시를 두고 "감동적인 그 무엇, 절대적인 에센스로 추출한 인간 조건의 열정적인 순간"으로 정의했다. 그런가 하면 평소 시를 "너무나 순수하고 너무나 신비스러운" 문학 형태로 여긴 그는 보편타당한 인간 경험을 표현하는 데에는 시가 가장 알맞은 문학 양식이라고 생각했다.

이렇게 시를 아주 높이 평가하고 있던 포크너는 일찍이 시를 통해 "인간 조건의 열정적인 순간"을 포착하려고 무척 노력했다. 그리하여 고등학교를 중퇴한 지 일 년 뒤, 그러니까 1916년경부터 소설가로 탈바꿈하기 바로 직전인 1925년경까지 줄잡아 10년 동안 시 창작에 몰두했다. 거의 같은 때 활동한 스콧 피츠제럴드나 어니스트 헤밍웨이와 마찬가지로 문학 수업을 쌓기 위해 유럽으로 건너가기에 앞서 포크너는 잠시 뉴올리언스에 머문 적이 있다. 이 무렵 미국 문단의 대가 격인 셔우드 앤더슨에게 "내가 셸리처럼 시를 쓸 수만 있다면 얼마나 행복할까. 만약 그렇게만 된다면 나한테 무슨 일이 일어난들 어떠하랴!"라고 고백한 것으로 전해진다. 이 고백을 보더라도 이 무렵 포크너가 시에 얼마나 깊은 관심을 기울이고 있었는지 잘 알 수 있다.

'실패한 시인' 포크너

윌리엄 포크너가 문학에 뜻을 두고 본격적으로 창작에 몰두하기 시작한 것은 제1차 세계대전이 끝난 직후였다. 캐나다의 토론토에 있는 영국 공군의 훈련 과정에 들어가 비행 훈련을 받던 중 휴전이 되자 그는 고향인 미시시피 주 옥스퍼드로 돌아올 수밖에 없었다. 그 뒤 재향군인에게 주는 특전으로 포크너는 1919년과 1920년 사이에 특별 학생 자격으로 미시시피 대학에서 일 년 남짓 공부한 적이 있다. 포크너가 시에 부쩍 깊은

윌리엄 포크너는 문학청년 시절에
19세기 영국 삽화가 오브리 비어즐리풍의 삽화를 즐겨 그렸다.
'특별 학생' 자격으로 마시시피 대학에 다니는 동안 그는 이 대학 신문과 잡지에 삽화를
기고했다.

관심을 두고 작품을 쓰기 시작한 것은 바로 이 무렵이었다. 학교 공부에는 거의 관심을 두지 않은 채 오직 시를 쓰는 일에만 매달리다시피 했다. 가령 미시시피 대학에서 발행하는 신문과 잡지에 시 작품을 잇달아 발표했다. 그의 첫 시집에 실린 작품은 바로 이 무렵에 쓴 것들이다.

포크너가 출간한 맨 처음 책이 소설이 아니라 시집이라는 사실은 시사하는 바가 자못 크다. 1924년에 그는 마침내 『대리석 목신』이라는 첫 시집을 출간했다. 사정은 지금도 크게 다르지 않지만, 이 무렵 이름 있는 출판사에서 시집을 간행한다는 것은 여간 어려운 일이 아니었다. 물론 문학적 스승이요 친구인 필 스톤의 재정적 도움이 있었다고는 하지만 이 시집이 보스턴의 한 출판사에서 간행되었다는 것만으로도 작품의 수준을 어느 정도 가늠할 수 있다. 스톤은 이 시집의 서문에서 "젊은이가 쓴 시", "소박한 마음의 소유자가 쓴 시" 또는 "불확실성과 환상의 시기에 속하는 시" 등이라 표현하면서 기성 시인에게서 흔히 볼 수 있는 세련된 작품이 아니라는 점을 애써 강조한다. 달리 말해서 이 시집에서는 원숙한 기성 시인이 쓴 것과 같은 수준급의 작품을 기대해서는 안 된다는 조심스러운 경고다.

그러나 이 시집에 실린 몇몇 작품들은 포크너의 시적 재능을 가늠해 볼 수 있은 꽤 괜찮은 시들이다. 스톤은 이 작품들에서 "낱말과 그 음악성에 대한 남다른 느낌, 부드러운 모음에 대한 사랑, 색깔과 리듬에 대한 본능"을 느낄 수 있다고 밝혔다. 그런데 이 서문에서 특히 눈여겨보아야 할 것은 스톤이 포크너 문학의 본질을 지적하고 있다는 점이다.

> 이 시집의 저자는 본능적으로 그가 태어난 고향 땅에 깊이 몰두해 있는 남부인, 더구나 미시시피 주 사람이다. 조지 무어는 보편적인 예술이란 하나같이 무엇보다도 먼저 지방적인 것이 되어야만 훌륭하게 된다고 말했다. 북부 미시시피의 밝은 햇살과 앵무새 그리고 푸른 언덕은 이 젊은 시인의 존재 일부가 된다.

여기서 스톤은 문학 작품이 보편성과 일반성을 획득하려면 무엇보다도 먼저 구체성과 특수성을 다루어야 한다는 점을 지적한다. 구체성과 특수성이 뒷받침되지 않는 보편성과 일반성은 공허할 수밖에 없다. 그런데 스톤의 이러한 언급은 비단 포크너의 시 작품뿐만 아니라 그의 단편소설과 장편소설 같은 산문 작품에도 마찬가지로 적용할 수 있다. 앞으로 자세히 밝히겠지만 포크너는 북부 미시시피 지방에 굳게 뿌리를 박고 작품을 썼다. 다시 말해서 포크너는, 그의 말을 빌린다면 "우표딱지만 한 작은 고향 땅"을 이렇게 보편적이고 일반적인 인간 조건으로 형상화하는 데 성공했다.

포크너는 시에 대한 지칠 줄 모르는 정열과 노력에도 불구하고 결국 시인으로서는 성공을 거두지 못했다. 그는 여러 번 스스로를 '실패한 시인'이라고 표현하면서 시인으로서의 실패를 솔직히 인정했다. 이 점에 관하여 그는 1955년 《파리 리뷰》지(誌)에 실린 진 스타인과의 인터뷰에서 다음과 같이 밝혔다.

> 나는 실패한 시인입니다. 어쩌면 모든 소설가는 하나같이 처음에는 시를 쓰고 싶어 했는지 모릅니다. 그러나 자신에게 시를 쓸 수 있는 능력이 없다는 사실을 깨닫고는 단편소설에 손을 대지요. 단편소설은 시 다음으로 가장 엄격한 문학 형태입니다. 그리고 단편소설에도 실패하고 난 다음에서야 비로소 그는 장편소설을 쓰게 됩니다.

물론 포크너 특유의 아이러니를 생각해 보면 이 고백은 액면 그대로 받아들일 것이 못 될지도 모른다. 그러나 그가 기회 있을 때마다 일관성 있게 여러 번 이 말을 되풀이한 것을 보면 이 고백에 어느 정도의 진실이 담겨 있는 것 같다.

그렇다면 포크너는 무엇 때문에 '실패한 시인'이 되었는가? 다시 말해서 그가 시인으로서 실패한 가장 큰 원인은 과연 어디에 있는가? 이 물음은 포크너의 예술을 이해하는 데 매우 중요한 실마리가 된다. 이 물음에 대한 대답 속에는 어떻게 하여 그가 소설가로서 성공을 거두었는지 바로 그 비결을 캐는 열쇠가 들어 있기 때문이다. 포크너의 시는 그의 신화적 왕국이라고 할 '요크너퍼토퍼(Yoknapatawpha)' 군과 '제퍼슨(Jefferson)' 읍을 탐색하려는 사람들에게 아주 중요한 이정표 같은 역할을 한다. 최근 들어 많은 학자와 비평가가 포크너의 시에 부쩍 큰 관심을 기울이는 까닭도 바로 여기에 있다.

시인에서 단편소설 작가로

시를 쓸 수 있는 능력이 없다는 사실을 깨달은 윌리엄 포크너는 시 대신 단편소설에 손을 댔다. 그러나 그의 말대로 단편소설은 "시 다음으로 가장 엄격한 문학 형태"로 생각처럼 그리 녹녹한 장르가 아니었다. 그래서 그는 단편소설에서도 실패하고 난 뒤에서야 비로소 장편소설을 쓰게 되었다. 오늘날 그는 장편소설 작가로서 명성을 떨치고 있지만 단편소설 작가로서의 그의 위상 또한 만만치 않다. 미국 문학사에서 위로는 너새니얼 호손, 허먼 멜빌, 에드거 앨런 포, 동시대 작가로는 셔우드 앤더슨, F. 스콧 피츠제럴드, 어니스트 헤밍웨이, 존 스타인벡, 그리고 후배 작가로는 존 치버와 레이먼드 카버 등과 함께 단편소설 작가로서 굳건한 위치를 차지하고 있다.

포크너는 장편소설 19편에 단편소설을 줄잡아 125편 집필했다. 굳이 '줄잡아'라고 말하는 것은 아직 발견되지 않은 작품이 있을지 모르는 데다 단편소설로 분류해야 할지 다른 장르로 분류해야 할지 불분명한 작품이 더러 있기 때문이다. 가령 초기 작품 가운데 하나인 「미시시피」는 얼핏 작가가 태어나 자라난 미시시피 주에 관한 에세이처럼 보인다. 그러나 좀 더 자세히 뜯어보면 허구적인 단편소설이 갖추어야 할 기본 요소를 두루 갖추고 있다. 어찌 되었든 125편이라면 180여 편을 쓴 동시대 작가 스콧 피츠제럴드보다는 적지만 어니스트 헤밍웨이보다는 많은 수다.

그런데 단편소설 작가로서 포크너는 앞에 언급한 다른 미국 작가들과는 조금 다르다. 그의 허구적 소설 세계에서는 단편소설과 장편소설을 구별한다는 것이 별다른 의미가 없다. 그의 요크너퍼토퍼 세계는 전체적인 구성과 계획에서 연작소설의 형태를 취한다. 연작소설이란 동일한 사건이나 작중인물 또는 주제가 한 작가의 여러 작품에 되풀이되어 나타나는 소설 유형을 말한다. 포크너는 "한 권 한 권의 책에는 제각기 계획이 있어야 할 뿐만 아니라 한 작가의 작품 전체에도 하나의 일괄된 계획이 있어야 한다"고 생각했다. 그리고 요크너퍼토퍼 소설 전체에 일관성이나 통일성을 부여하기 위한 한 방법으로 그는 연작소설의 형태를 택했다.

이렇게 자신의 소설을 연작소설의 형태로 발전시키는 데 포크너는 여러 선배 작가들에게서 크고 작은 영향을 받았다. 예를 들어 어떤 의미에서 미국 소설의 기틀을 처음 마련한 작가라고 할 제임스 페니모어 쿠퍼는 모두 다섯 권으로 이루어진 '레더스타킹 이야기'에서 내티 범포라는 동일한 인물을 주인공으로 등장시켜 사건을 전개해 나간다. 쿠퍼와 마찬가지로 프랑스의 자연주의 문학 전통을 세운 에밀 졸라도 '루공-마카르' 소설에서 동일한 작중인물을 한 편 이상의 작품에 되풀이하여 등장시킨다.

그러나 포크너가 요크너퍼토퍼 연작소설을 구상하는 데 누구보다도 큰 영향을 받은 작가는 다름 아닌 프랑스 작가 오노레 드 발자크와 아일랜드 작가 제임스 조이스였다. 포크너는 일찍이 발자크가 무려 20년 넘게 '인간 희극' 연작소설에서 창조해 낸 '완전한 세계'에 깊은 관심을 보였다. 포크너는 "발자크의 작중인물들은 단순히 한 책의 첫 쪽에서 시작하여 320쪽까지 움직이지 않는다. 그의 모든 작품에는 한 책의 첫 쪽에서 시작하여 2만 쪽까지 계속되는 혈맥 같은 연속성이 있다. 동일한 피와 근육과 조직이 그의 모든 작중인물을 결합한다"고 말했다. 물론 포크너의 '완전한 세계'는 발자크의 그것과 비교해 볼 때 공간적으로나 시간적으로나 그 규모가 훨씬 작다. 처음 '인간 희극'을 계획할 무렵 발자크는 중세부터 19세기에 이르는 프랑스 사회사 전체를 염두에 두고 있었다. 한편 포크너의 요크너퍼토퍼 세계는 사회사적 측면에 무게를 두는 발자크의 세계와 비교하면 훨씬 산만하고 체계적이지 못하다.

포크너의 요크너퍼토퍼 소설은 조이스의 작품에서도 무척 큰 영향을 받았다. 조이스는 발자크와 마찬가지로 『더블린 사람들』(1914)과 『젊은 예술가의 초상』(1916) 그리고 『율리시스』(1922) 같은 작품에서 아일랜드의 수도 더블린을 배경으로 동일한 등장인물과 동일한 사건이나 에피소드를 되풀이하여 사용한다. 물론 그렇다고 그대로 사용하는 것은 아니고 음악의 변주곡처럼 조금씩 달리하면서 사용한다.

이렇게 포크너의 요크너퍼토퍼 소설은 발자크와 조이스의 문학처럼 동일한 배경과 작중인물 그리고 거의 동일한 상황에서 서로 유기적으로 깊이 관련성을 맺은 채 펼쳐진다. 맬컴 카울리는 포크너 작품의 이러한 특성에 주목한 최초의 비평가다. 『포터블 포크너』(1946)의 서문에서 카울리는 포크너의 작품이 하나의 패턴을 이루고 있다고 밝혔다.

> 요크너퍼토퍼 연작소설에 속한 모든 소설은 살아 있는 하나의 패턴을 이룬다. 포크너가 이룩한 업적은 바로 이러한 패턴을 만들어 낸 데 있는 것이

지, 그 패턴의 일부가 기록되어 있는 인쇄된 책 속에 있는 것이 아니다. …… 개별적인 모든 작품은 마치 동일한 채석장에서 캐낸 대리석과 같아서 그것들은 모암(母岩)의 결과 흠을 그대로 간직한다. 조금 어색하지만 다른 비유를 써서 말한다면, 포크너의 작품들은 통나무가 아니라 아직 살아 있는 나무에서 잘라낸 목재와 같다. 이 목재는 대패질과 끌질을 거쳐 최종적인 형태로 다듬어지지만, 나무 그 자체는 상처가 아물어 계속 자라나고 있다.

포크너의 작품이 지니는 유기적인 상호관련성을 설명하기 위해 카울리는 채석장과 나무의 비유를 사용했지만, 또 다른 비유를 빌려 표현한다면 그것은 페르시아 양탄자와 같다고 할 수 있다. 요크너퍼토퍼 연작소설은 개별적인 작품의 실오라기들이 모여 요크너퍼토퍼라는 완성된 양탄자의 무늬를 만들어 내고 있기 때문이다. 그러므로 포크너의 작품은 한 편 한 편이 각각 독립적으로 훌륭하지만 요크너퍼토퍼라는 전체적인 맥락에서 읽을 때 더욱더 큰 의미를 지닌다. 요컨대 전체는 부분의 총화라는 에우클레이데스 기하학의 명제는 적어도 포크너의 작품 세계에서는 그렇게 썩 들어맞지 않는다. 오히려 "전체는 부분의 합보다 크다"는 게슈탈트 심리학 이론이 더 잘 들어맞는다.

포크너는 장편소설뿐만 아니라 대부분의 단편소설에서도 요크너퍼토퍼 군과 제퍼슨 읍을 중심적인 배경으로 삼는다. 더러 예외가 없는 것은 아니지만 그의 단편소설은 대부분 그가 창조한 이 상상의 공간에서 펼쳐진다. 요크너퍼토퍼 연작소설의 맨 첫 장을 여는 작품은 1929년에 '사토리스'라는 제목으로 출간된 『흙 속의 깃발』(1973)이다. 이보다 앞서 포크너는 『병사의 봉급』과 『모기』를 출간했지만, 요크너퍼토퍼 군과 제퍼슨 읍이 공간적 배경으로 처음 등장한 것은 비로소 『흙 속의 깃발』에 이르러서다. 이 장편소설 이후 포크너는 단편소설에서도 이 상상의 공간을 즐겨 배경으로 삼았다.

이렇게 포크너가 단편소설에서도 장편소설과 동일한 상상의 공간을 배경으로 삼는 만큼 동일한 작중인물들이 여러 작품에서 되풀이되어 나타난다. 단편소설에서 중심인물로 등장하는 인물이 장편소설에서는 부차적 인물로 등장하는가 하면, 이와는 반대로 장편소설에서 부수적인 역할을 맡는 인물이 단편소설에서는 중심인물로 두드러지기도 한다. 가령 남북전쟁 이전부터 요크너퍼토퍼 군 제퍼슨 읍의 명문 귀족이었던 콤슨 가문은 「저 석양」 같은 단편소설이나 『고함과 분노』(1929) 같은 장편소설에는 중심인물로 등장하지만 몇몇 다른 작품에서는 부수적인 인물이거나 아예 언급만 되고 스쳐 간다.

더구나 포크너는 처음에는 독립적인 단편소설로 집필했다가 뒷날 연작소설의 일부로 사용하거나 아예 장편소설의 일부로 삽입하는 경우가 적지 않다. 예를 들어 그는 1933년에 집필한 단편소설 「워시」를 이듬해 《하퍼스 매거진》에 발표했는데, 그로부터 몇 달 뒤 다시 두 번째 단편집 『닥터 마티노와 기타 단편』(1934)에 수록했다. 그러다가 마침내 그는 이 작품을 소설의 전반적인 플롯에 맞게 조금 수정하여 그의 작품 중 가장 훌륭한 걸작 중 하나로 평가받는 『압살롬, 압살롬!』(1936)에 삽입했다. 그 후 포크너는 놀랍게도 「워시」를 또다시 『포크너 단편집』(1950)에 수록함으로써 이 작품이 장편소설의 일부일 뿐만 아니라 단편소설임을 분명히 했다.

또한 포크너는 1931년 《하퍼스 매거진》에 「사냥개」라는 단편소설을 발표한 뒤 『닥터 마티노와 기타 단편』에 수록했고, 그 뒤 「얼룩말」(1931)과 「잼시드의 뜰」(1932)과 함께 스놉스 3부작 중 첫 작품인 『마을』(1957)에 삽입했다. 그러나 그는 어떤 이유에서인지 「워시」와는 달리 「사냥개」와 「얼룩말」을 『포크너 단편집』에 수록하지 않았다. 적어도 이 점에서 포크너는 일관성이 없어 보인다.

포크너는 「헛간, 불태우다」를 1939년 《하퍼스 매거진》에 처음 발표했다가 『포크너 단편집』에 수록했다. 이 작품은 1939년에 나온 작품 중 최고의 단편소설로 제1회 오 헨리 단편소설상을 수상했다. 또한 1980년에는 미국의 공영 텔레비전 방송인 PBS-TV가 드라마로 각색되기도 했다. 포크너는 「헛간, 불태우다」를 『마을』에 삽입하면서 어조나 언어 사용에서 대폭적인 수정을 가했다. 더구나 포크너의 단편소설 중에는 하나 이상의 여러 판본으로 남아 있는 작품이 더러 있다. 가령 「되돌아감」과 「레바논의 장미」 같은 단편소설은 동일한 작품의 다른 양상으로 볼 수도 있고, 「얼룩말」을 다양하게 변형한 작품 형태로 볼 수도 있다.

한마디로 포크너가 집필한 작품은 단편소설이건 중편소설이건 또는 장편소설이건 그의 거대한 신화적 왕국인 '요크너퍼토퍼 소설'의 일부에 속한다. 이렇게 왕국의 일부라는 점에서 단편소설은 중편소설이나 장편소설과 이렇다 할 차이가 없다. 비유적으로 말하자면 왕국에 사는 사람들은 귀족이건 평민이건 하나같이 왕국의 신민일 따름이다. 요크너퍼토퍼 왕국에서는 평민(단편소설)과 귀족(장편소설)의 신분은 유동적이어서 쉽게 그 신분이 바뀔 수 있다.

「가뭄이 든 9월」과 인종 차별

21세기에 들어와 그 힘이 조금 약해졌지만 '문화 연구'는 불과 몇 십 년 전만 해도 좁게는 문학 연구 분야, 넓게는 인문학 분야에서 그야말로 큰 힘을 떨치고 있었다. 1950년대 말엽과 1960년대 초엽 영국의 버밍햄 대학을 중심으로 마르크스주의의 세례를 강하게 받은 젊은 연구자들이 처음 불을 댕긴 문화 연구는 산업 자본주의 사회의 특성으로 계급·인종·성차(性差)에 따른 차별을 비롯하여 나이, 종교, 신체장애, 성적 취향 등에 따른 차별을 꼽았다. 또한 문화 연구 비평가들은 이러한 온갖 차별을 철폐함으로써 좀 더 평등한 사회를 구현하는 데 문학 연구의 주요 목표를 두었다. 이러한 문화 연구는 다분히 엘리트적이고 고답적인 전통적 연구 방법에서 눈을 돌리게 하는 한편, 고급문화 못지않게 대중문화 쪽에 관심을 기울이게 하는 데 크게 이바지했다.

그런데 윌리엄 포크너는 문화 연구가 본격적으로 대두되기 훨씬 전부터 단편소설을 비롯한 작품에서 인종과 계급 그리고 성차 등에 따른 차별을 다루면서 이 문제에 적잖이 관심을 기울였다. 적어도 이 점에서 그는 가히 다가올 문화 연구의 길을 닦아 놓은 선각자라고 할 만하다. 포크너가 F. 스콧 피츠제럴드나 어니스트 헤밍웨이 같은 동시대의 다른 작가들보다 이렇게 일찍 산업 자본주의가 안고 있는 이러한 문제에 관심을 둔 것은 아마 그가 태어나서 자란 환경과 깊이 연관되어 있을 것이다. 미국의 오지 중에서도 오지라고 할 남부는 미국의 어느 지역보다도 인종과 계급과 성에 따른 차별의 벽이 훨씬 높아 크고 작은 사건이 자주 일어나면서 심각한 사회 문제로 대두되었다.

포크너는 「가뭄이 든 9월」에서 인종 문제를 중심적인 주제로 다룬다. 인종 차별은 미국의 어느 지역보다도 미시시피 주 같은 남부 지방에서 두드러졌다. 포크너는 이렇게 인종 차별이 심한 남부 사회에서 흑인 옹호했으며, 그 때문에 백인 사회로부터 '흑인 옹호자'라고 배척받기도 했다. 포크너는 이 작품을 1931년에 찰스 스크리브너스 출판사에서 발행하던 잡지 《스크리스너스》에 처음 발표했고, 첫 단편집 『이 13편』(1931)과 『포크너 단편선』에 수록했다. 이 작품에 등장하는 혹소라는 인물은 같은 해 포크너가 발표한 또 다른 단편소설 「머리카락」에서는 주인공으로 다시 등장한다.

「가뭄이 든 9월」은 제목 그대로 두 달째 비가 내리지 않아 가뭄이 계속되던 어느 9월에 일어난 사건을 다룬다. 포크너는 이 작품을 "예순 날 하고도 이틀 동안이나 비 한 방울 내리지 않아 핏빛으로 물든 9월 석양을

미국 미시시피 주 옥스퍼드 광장에 있는 윌리엄 포크너 흉상.
그는 이 남부 소도시에서 태어나 평생 이곳에 살면서 작품 활동을 했다.

뚫고 소문이라고 할지 이야기라고 할지 하는 것이 메마른 풀밭에 타오르는 들불처럼 번져 갔다"는 문장으로 시작한다. 시간적 배경은 9월의 어느 토요일 저녁이고, 공간적 배경은 제퍼슨 읍 골목에 자리 잡은 이발소와 제퍼슨 근교 시골이다. 동양이나 서양이나 예나 지금이나 이발소와 미용실은 무성하게 잡담과 한담의 꽃을 피우는 공간이요 소문의 진원지다.

9월 토요일 이발소에 모여 있는 읍내 주민들은 백인 여성 미스 미니 쿠퍼가 윌 메이스라는 중년의 흑인에게 강간당했다는 화제로 이야기의 꽃을 피운다. 미니는 서른여덟 살 또는 서른아홉 살쯤 되는 여성으로 아직 결혼하지 않은 상태다. 그러나 이발소에 모여 있는 사람 중 누구도 사건의 진상을 정확히 알고 있지 않다. 헨리 혹쇼라는 이발사는 한 손님에게 면도를 해 주면서 "윌 메이슨은 내가 알거든. 그 친구는 착한 흑인이야. 그리고 미스 미니 쿠퍼도 알고 있지"라고 말한다. 그러자 잭 버치라는 한 젊은 손님이 이발사를 '흑인 애인(nigger lover)'이라고 부른다.

'흑인 애인'이란 미국 남부 지방에서 흔히 흑인을 옹호하는 백인을 경멸적으로 일컫는 용어다. 미국 북부에 사는 사람들을 경멸적으로 '양키'라고 부르는 것과 같은 뉘앙스를 풍기는 말이다. 젊은 손님은 사정을 좀 더 알아보아야 한다는 다른 손님에게 "흑인이 백인 여자를 범했는데 그 무엇으로도 용서받을 수 있다고 주장하는 건가요? 그러고도 당신이 백인이라고, 또 백인을 대표한다는 말인가요? 당신은 당신의 고향 북부로 돌아가는 게 좋을 거요. 이곳 남부에서는 당신 같은 사람은 필요 없으니까"라고 내뱉는다. 두 번째 손님은 북부에서 태어난 것이 아니라 바로 이

제퍼슨 읍에서 태어나 자란 사람인데도 남부의 가치관에 어긋나는 가치관을 주장하기 때문에 그렇게 '북부인'이라고 부른 것이다.

이렇듯 포크너가 「가뭄이 든 9월」에서 다루는 핵심적 주제 중 하나는 뭐니 뭐니 해도 미국 남부에 만연된 인종 차별 문제다. 남북전쟁이 북부의 승리로 끝나고 흑인 노예제도가 공식적으로 폐지되었지만, 남부 지방에서는 여전히 흑인에 대한 차별이 적지 않았다. 말하자면 흑인은 서류로만 노예의 신분에서 해방되었을 뿐 노예 상태로 남아 있는 것과 거의 다름없었다. 사실 따지고 보면 토머스 제퍼슨이 기초한 독립선언서에 적혀 있는 "만인은 평등하게 창조되었다"는 구절의 '만인' 속에는 흑인을 비롯한 유색 인종은 포함되지 않는다고 할 수 있다. 어찌 되었든 요크너퍼토퍼 군 제퍼슨 읍을 비롯한 남부에서는 남북전쟁 이후에도 흑인에 대한 인종 차별이 무척 심했다.

「가뭄이 든 9월」에서도 제퍼슨 주민들에게는 사건의 진상이 중요한 것이 아니라 흑인 남성이 백인 여성을 강간했다는 소문이 나돈다는 사실이 중요하다. 어쩌면 백인에게 사건의 진상은 오히려 '불편한 진실'일지도 모른다. 바로 그때 이발소의 방충망이 요란하게 열리면서 프랑스 전선에서 병사들을 지휘하고 영웅 훈장을 받은 매클렌던이라는 백인 사내가 나타나면서 사건은 걷잡을 수 없이 파국을 향해 치닫는다. 그는 강렬하고 도전적인 시선으로 사람들을 둘러보며 "이보시오, 여기 계속 죽치고 앉아서 흑인 놈 하나가 제퍼슨 거리를 활보하며 백인 여자를 강간하도록 그냥 내버려 둘 참이요?"라고 선동한다.

매클렌던은 몇몇 백인 우월주의를 굳게 믿는 주민들과 함께 윌 메이스가 일하는 읍내 얼음 공장을 찾아가 그를 납치하여 린치 즉 사형(私刑)을 가한다. 이 무렵 남부 사회에서 사형은 백인이 법의 정당한 절차를 거치지 않고 흑인을 처벌하는 공공연한 방식이었다. 린치 소문을 들었는지 제퍼슨 읍 광장에는 흑인이 한 사람도 보이지 않는다. 그만큼 흑인은 백인 중심의 남부 사회에서 사회적 약자로서 숨을 죽여 가며 살아갈 수밖에 없었다.

이렇게 가뭄이 계속되어 바싹 타들어 가는 것은 비단 메마른 대지만이 아니었다. 제퍼슨에 사는 주민들의 심리 상태도 마찬가지였다. 가령 백인 여성 미니는 미니대로 마흔이 거의 다 되도록 아직 결혼하지 않은 여성으로서 병약한 어머니와 가냘픈 몸에 얼굴색이 누렇게 뜬 이모와 함께 살고 있었다. 이러한 상항에서 미니가 느끼는 심리적 긴장이 적지 않을 것이다. 지금과는 달라서 이 무렵 미국 사회에서 그녀는 여러모로 긴장과 좌절을 겪지 않을 수 없었다. 그래서 심리주의의 관점에서 이 작품을 분석하려는 비평가들은 미니가 느끼는 정신 상태를 40대 가까운 미혼의 처녀라는 사실에서 찾는다. 그녀는 심리적 압박으로 현실에서 일어나지 않은 일을 상상하거나 환상을 본다고 해석한다. 이발소 손님 중 한 사람은 "일 년 전쯤에도 남자 하나가 부엌 지붕에 올라가 그 여자가 옷을 벗는 걸 훔쳐본 일이 있지 않았나요?"라고 말한다. 윌 메이스가 자기를 강간하려고 했다는 사건과 함께 이 사건도 어쩌면 실제로 일어난 사건이라기보다는 그녀의 상상력이 빚어낸 환상일 가능성이 크다.

정신 상태가 건강하지 않기는 윌 메이스를 사형하는 데 앞장서는 매클렌던도 마찬가지다. 포크너는 마지막 장면에서 자정이 되어 집으로 돌아가는 매클렌드의 모습을 묘사한다. 매클렌든은 자정이 되어서야 산뜻한 새 집에 도착한다. 녹색과 흰색 페인트를 칠한 그의 집은 마치 새의 보금자리처럼 조그마하고 산뜻해 보이지만 집 안은 무더운 날씨에도 찬바람이 세차게 분다. 자정이 되도록 그의 아내는 독서 등을 켜 놓고 의자에 앉아서 잡지를 뒤척이다가 자리에서 일어난다. 매클렌던이 걸음을 멈추고 아내를 뚫어지게 바라보자 그녀는 눈을 내리깐다. 얼굴을 숙이고 두 손으로 잡지를 쥔 채 그의 앞에 서 있는 아내는 창백한 얼굴에 몹시 긴장하고 지쳐 있다.

매클렌던은 아내에게 "내가 언제 들어오는지 보려고 이렇게 늦게까지 앉아 있지 말라고 하지 않았어?"라고 다그치며 그녀의 한쪽 어깨를 꽉 붙잡는다. 아프다고 호소하는 아내를 놓아 주고 난 뒤, 마치 물건이라도 되는 듯 의자에 내동댕이치다시피 한다. 그러자 그녀는 의자에 주저앉아 남편이 방에서 나가는 모습을 조용히 지켜본다.

남편은 셔츠를 벗어 던지며 방충망을 단 어두운 뒤쪽 현관으로 다가간다. 그곳에 있는 침대가 있는 것으로 보아 부부는 침대를 따로 사용하는 것 같다. 벗어 던진 셔츠로 다시 몸에 흐르는 땀을 닦으며 먼지 낀 방충망에 몸을 기대고 서서 숨을 몰아쉬는 매클렌던은 가히 폭력적인 남편이라고 할 만하다. "아무 동작도 아무 소리도, 심지어 벌레 한 마리 우는 소리도 들리지 않았다. 차가운 달과 잠시도 눈을 붙이지 않은 별 아래 암흑의 세계가 쥐 죽은 듯이 누워 있는 것 같았다"는 맨 마지막 문장에서는 매클렌던 부부의 정신적 공허감을 엿볼 수 있다.

「가뭄이 든 9월」에서 날씨는 자못 중요한 역할을 한다. 어떤 의미에서는 단순한 배경이 아니라 사건에 능동적으로 개입하는 작중인물처럼 느껴진다. 영국의 낭만주의 시인 존 키츠는 "날씨만큼 우리를 행복하게 하는 것은 없다"고 말한 적이 있다. 그의 말대로 날씨 같은 기상 상태는 인간의 감정에 직간접으로 큰 영향을 끼치게 마련이다. 이발소에 있던 또 다른 손님이 "빌어먹을, 이놈의 날씨 때문이야. 남자가 무슨 짓이라도 하게 만들 날씨잖아. 그 여자한테도 말이지"라고 말하는 것은 그 때문이다.

미시시피 주 같은 남부 지방에 두 달째 비가 내리지 않고 가뭄이 계속된다는 것은 여간 큰일이 아니다. 두 달째 가뭄이 계속되는 바람에 주민들의 신경이 바짝 곤두서 있어 조그마한 계기만 있어도 쉽게 폭발할 수 있다. 이러한 긴장을 풀기 위해 그 어느 때보다 희생양이 필요하다. 이러한 상황에서 윌 메이스는 백인들에게 폭력의 대상, 좌절과 분노의 감정을 풀 수 있는 더할 나위 없이 좋은 목표가 된다. 포크너는 이 작품에서 기상 조건이 인간의 행동에 얼마나 큰 영향을 끼치는지 잘 보여 준다.

「헛간, 불태우다」와 계급 차별

포크너가 「가뭄이 든 9월」에서 인종 차별 문제에 무게를 두었다면, 「헛간, 불태우다」에서는 사회적 계급에 따른 차별 문제에 무게를 싣는다. 「헛간, 불태우다」는 잡지사 다섯 군데에서 거절당한 뒤 1939년에서야 비로소 《하퍼스 매거진》에 처음 발표했을 만큼 우여곡절을 겪은 작품이다. 포크너는 이 작품을 『포크너 단편집』에 수록했다가 다시 수정하여 스놉스 3부작의 첫 작품 『마을』에 삽입했다.

이 단편소설은 「에밀리에게 장미를」과 함께 포크너의 작품 세계에서 차지하는 몫이 아주 크다. 「헛간, 불태우다」가 미국을 비롯하여 다른 나라에서도 여러 번 영화로 각색되었다는 점은 이를 뒷받침한다. 1958년 마틴 리트가 메가폰을 잡고 〈길고 무더운 여름〉이라는 제목으로 처음 영화로 만들었다. 1980년에는 미국의 공영방송 PBS에서 다시 영화로 각색되었다. 1995년에는 말레이시아에서 미국 남부의 작중인물들을 자바 섬에서 이민 온 사람들로 각색하여 〈방화범〉이라는 제목으로 영화를 만들었다. 그런가 하면 2018년에 이창동이 감독한 영화 〈버닝〉도 포크너의 「헛간, 불태우다」와 무관하지 않다. 무라카미 하루키(村上春樹)의 단편소설 「헛간을 태우다」와 포크너의 「헛간, 불태우다」를 플롯의 기본 뼈대로 삼았다. 이 점과 관련하여 이창동은 "하루키의 세계에 사는 젊은 포크너의 이야기"라고 말한 적이 있다.

언뜻 보면 「헛간, 불태우다」는 가족이나 가문에 충성할 것이냐, 아니면 법과 국가에 충성할 것이냐를 두고 겪는 갈등을 다루는 것 같다. 실제로 포크너는 이 작품을 집필하면서 "피는 물보다 진하다"는 보편적인 주제를 염두에 두고 있었음이 틀림없다. 미국의 그 어느 지역보다도 미시시피 주 같은 남부 지방에서 전통에 기반을 둔 혈족의 유대관계가 강하기 때문이다. 이 무렵 남부에서는 가족이나 가문 또는 혈족에 대한 충성심이 그 어떤 가치보다도 소중했다. 혈족의 유대와 가문에 대한 충성심은 법이나 정의보다 우위에 있었다. 남북전쟁 이후 북부로부터 새로운 가치가 들어오면서 남부의 전통적 가치가 크게 위협받는 상황에서 더더욱 그러했다.

「헛간, 불태우다」는 스놉스 집안의 가장(家長) 애브너가 해리스 씨라는 농장주의 헛간에 불을 지른 혐의로 재판을 받는 장면으로 시작한다. 영어 'barn'을 '헛간'으로 옮겼지만 미국 남부 지방의 '헛간'은 우리나라 농가에서 흔히 볼 수 있는 헛간과는 다르다. 남부에서 '헛간'이라고 하면 곡물, 가축, 농기구 등을 보관하는 창고로 그 규모가 무척 커서 소작으로 살아가는 '가난한 백인들'의 집보다 오히려 더 큰 경우도 많다. 소작인의 집은 거의 비슷하여 방 둘밖에 없는 초라한 오두막이다. 이러한 소작인의 집은 스놉스 집안의 딸 중 하나의 말대로 "돼지들이 살기에 안성맞춤인 집"처럼 보인다. 그러므로 농장주의 헛간에 불을 지른다는 것은 그곳에 보관해 둔 곡물을 비롯하여 가축과 농기구 등 많은 재산에 피해를 주는 엄청난 범법 행위다.

스놉스는 치안판사로부터 증거 부족으로 무죄 판결을 받지만 이 마을을 영원히 떠나라는 명령을 받는다. 길을 걷던 중 스놉스 집안의 작은아들 사토리스는 한 마을 소년으로부터 "헛간에 불을 지른 놈!"이라는 욕설을 듣자 곧바로 그에게 달려들다가 얻어맞는다. 얼굴에 말라붙은 핏자국은 말하자면 그에게는 가족의 명예를 지킨 자긍심의 상징과 다름없었다. 마차로 돌아온 애브너 스놉스는 손바닥으로 사토리스의 머리 옆쪽을 세게 때린다. 그러면서 그는 겨우 열 살밖에 되지 않은 아들에게 "넌 곧 어른이 될 거야. 그러니 배워야 한다. 네 혈육을 어떻게 지켜야 하는지 배워야 한다는 말이다. 그걸 배우지 못하면 혈육은 결코 너를 지켜 줄 수 없어. 오늘 아침에 그곳에 있던 인간 중 어느 한 사람이라도 너를 지켜 줄 것 같으냐?"라고 묻는다. 한편 이 작품의 화자(話者)는 "뒷날, 그러니까 20년쯤 뒤 소년은 혼잣말로 이렇게 중얼거리게 될 것이다. '만약 내가 그 사람들이 원하는 건 진실뿐, 정의뿐이었다고 말했다면, 아버지는 나를 다시 한 번 때렸을 테지'"라고 말한다. 그때 사토리스는 아버지의 말에 아무런 대꾸도 하지 않고 또한 울음을 터뜨리지도 않는다. 다만 매를 맞으며 그대로 서 있다가 아버지가 다시 다그치자 "그래요, 아버지 말이 맞아요"라고 조그마한 목소리로 중얼거릴 뿐이다.

작품의 마지막 장면에서 사토리스 스놉스는 한밤중에 또 다른 농장주인 드스페인의 저택으로 달려가 자기 아버지가 농장의 헛간에 불을 지르려 한다고 알린 뒤 숲속으로 달려간다. 산마루에 앉아 농장주가 자기 아버지를 향해 쏜 총소리를 들으며 사토리스는 "아버지! 우리 아버지!"라고 속삭이다가 갑자기 큰 소리로 "그분은 용감했어! …… 그분은 용감했어! 그분은 전쟁에서 싸운 용사였지! 사토리스 대령 휘하에 있었거든!"이라고 외친다. 그러고 보니 포크너의 주제는 유교 사회에서 임금을 하늘처럼 떠받들며 충군(忠君)을 할 것이냐, 아니면 자기를 낳아 준 부모에게 효도를 다하며 충효(忠孝)를 할 것이냐를 두고 갈등을 겪는 것과 비슷하다.

그러나 포크너가 「헛간, 불태우다」에서 다루는 좀 더 본질적인 주제는 문화 연구에서 주목하는 계급에 따른 차별 문제다. 작품 첫 부분부터 작가는 농장주와 소작농, 유산자와 무산자 사이의 긴장과 갈등에 주목한다. 재판 장면에서 소년 사토리스는 치안판사와 원고인 해리스 씨, 그리고 피고인 아버지가 앉아 있는 모습을 바라본다. 소년은 아버지를 고소한 해리스 씨를 '아버지의 원수'라고 부른다. 그러면서 소년은 절망을 느끼며 마음속으로 "우리 원수인 거지. …… 우리 원수이고말고! 내 원수면서 동시에 그분의 원수지! 저 사람은 내 아버지니까!"라고 생각한다.

첫 단락에서 이 소설의 화자는 '원수'라는 단어를 마치 무슨 주문(呪文)을 외우듯 무려 여섯 번이나 되풀이한다. 이렇듯 나이 어린 소년의 눈에도 소작농을 착취하는 농장주는 한낱 타도해야 할 '원수'에 지나지 않는다. 여기서 화자가 원수를 언급하면서 '우리'라는 일인칭 복수 대명사를 사용한다는 점을 눈여겨볼 필요가 있다. 영어에서 'us guy'와 'them guy'라는 표현에서 볼 수 있듯이 '우리'와 '그들'은 흔히 대립 개념으로 사용한다. '우리'는 타자(他者), 사회적 약자, 무산자 등을 가리키는 반면, '그들'은 동일자(同一者), 사회적 강자, 유산자 등을 가리킨다. 이렇게 사회 구성원을 이항 대립적으로 구분함으로써 그 간격을 더욱 뚜렷이 하고 더 나아가 그들 사이의 긴장과 갈등을 좀 더 첨예하게 만들려고 한다.

「헛간, 불태우다」에서 스놉스 집안과 해리스 씨 사이의 긴장과 갈등은 이번에는 스놉스 집안과 또 다른 농장주 드스페인 소령의 긴장과 갈등으로 이어진다. 새 농장주를 만나러 그의 저택을 방문한 스놉스는 흑인 하인의 신발을 닦고 집 안에 들어오라는 말을 무시한 채 그냥 거실에 들어가 프랑스에서 수입해 온 100달러짜리 값비싼 새 양탄자를 더럽힌다. 스놉스가 거실에서 나가자 뒤로 문이 닫히면서 집 안에서 발작적인 여자가 외치는 소리가 희미하게 들려왔다고 하는 것을 보면 드스페인의 아내는 소작인의 행동에 경악을 금치 못한 듯하다. 스놉스의 행동은 땅을 빌려 농사짓는 소작인으로서는 감히 할 수 없는 행동으로 다분히 의도적이다. 저택에서 나와 동행한 아들 사토리스에게 하는 말을 보면 더더욱 그러한 생각이 든다.

> [스놉스는] 뻣뻣한 발로 버티고 서서 잠깐 저택을 돌아다보았다.
>
> "희고 멋지지 않냐?"
>
> 그가 말했다.
>
> "저건 땀이다. 검둥이들의 땀이란 말이야. 어쩌면 그 사람 마음에 흡족할 만큼 아직은 아주 희지 않을지도 모르겠다만. 거기에다 흰 땀까지 섞고 싶을지도 모르지."

이 말에서 스놉스가 드스페인 소령을 비롯한 농장주들에게 얼마나 적의를 품고 있는지 잘 알 수 있다. 희고 웅장한 저택은 다름 아닌 '흑인의 땀' 즉 흑인 노동의 대가로 세워졌다는 것이다. 저택이 '아직은 아주 희지 않을지' 모른다는 말은 흑인 노동의 착취가 아직껏 만족스럽게 이루어지지 않았다는 말이다. 다시 말해서 흑인 노동 착취가 심하면 할수록 백인 농장주의 저택 색깔은 더더욱 희게 될 것이다. 그러면서 스놉스는 아들에게 드스페인 소령이 어쩌면 '흰 땀'까지 섞고 싶어 할지 모르겠다고 밝힌다. 여기서 '흰 땀'이란 두말할 나위 없이 자신 같은 백인 소작인들의 노동 대가를 말한다. 여기서 스놉스는 드스페인의 저택을 두고 땀의 결과라고 말하지만 비단 땀뿐만 아니라 '피'와 '눈물'의 결과기도 할 것이다.

이렇게 부의 상징이라고 할 값비싼 양탄자를 더럽힌 것이 문제가 되어 스놉스와 농장주의 갈등이 빚어진다. 드스페인 소령은 스놉스에게 양탄자를 마차에 싣고 가서 세탁하도록 요구하고, 스놉스는 딸들이 양잿물로 양탄자를 닦으면서 일부러 돌멩이로 길쭉한 자국을 낸다. 이러한 양탄자에 만족할 수 없는 소령은 수확기에 곡물로 양탄자 값을 받겠다고 하면서 농장주와 소작인 사이의 갈등은 점점 더 고조에 달한다.

드스페인 소령의 말을 옆에 듣고 있던 사토리스는 마음속으로 "어쩌면 그 사람은 옥수수 550킬로그램을 받지 못하게 될지도 몰라. 어쩌면 그 돈이 모두 합산되고 청산되어 사라지게 될지도 몰라.─옥수수도, 양탄자도, 불도. 공포와 비애가 마치 한 조(組)가 된 말 두 마리 사이에서처럼 두 갈래로 끌려갈지도 몰라.─그래서 영원히 사라져 버리는 거지"라고 생각한다. 아니나 다를까 스놉스는 예전에 그랬던 것처럼 새 농장주의 헛간에 불을 지르기로 마음먹는다. 이를 눈치 챈 사토리스는 농장주의 저택으로 달려가 드스페인에게 아버지의 방화 계획을 알리고 숲속으로 사라진다.

작품의 마지막 장면에서 사토리스가 드스페인 소령에게 방화 계획을 전하는 것을 보면 아버지가 말한 혈육의 가치보다는 사회질서나 정의, 법의 가치를 중요하게 생각하는 것 같다. 그는 이러한 사회 규범이 가족이나 혈통의 유대관계보다 더 소중하다는 사실을 깨달았기 때문이다. 불과 며칠 동안에 일어난 일이지만 사토리스는 식구들을 따라 해리스 농장에서 드스페인 농장으로 옮겨 오면서 가치관에서 큰 변화를 겪는다. 적어도 이 점에서 보면 이 작품은 빌둥스로만(성장소설)의 관점에서 읽어도 크게 무리가 없을 것이다. 사토리스가 마지막 장면에서 보여 주는 행동은 영혼의 개안(開眼)이요 정신적 성장으로 볼 수 있기 때문이다.

「버베나 향기」와 젠더 문제

윌리엄 포크너가 「헛간, 불태우다」에서 사회 계급에 따른 차별 문제를 중심 주제로 다룬다면 「버베나 향기」에서는 성(性)이나 젠더와 관련한 차별 문제를 핵심 주제로 다룬다. 그는 「버베나 향기」를 잡지에 발표하지 않고 『정복되지 않는 사람들』(1938)에 처음 수록했다. 단편집과 장편소설의 중간 형태에 속하는 이 책은 남북전쟁을 다룬 일곱 편의 작품을 한데 모아 놓은 작품집이다. 이 책의 맨 마지막으로 실린 작품이 바로 「버베나 향기」다. 이 작품을 제외한 나머지 여섯 편은 하나같이 잡지에 발표되었다가 이 책에 다시 수록되었다. 「버베나 향기」는 장편소설의 일부로 집필되었지만 독립된 단편소설로 읽어도 전혀 손색이 없을 만큼 짜임새가 아주 훌륭하다. 실제로 많은 비평가는 이 작품을 포크너의 단편소설 중 가장 뛰어난 작품 중 하나로 꼽는다.

페미니스트를 비롯한 문학 이론가들은 '섹스'와 '젠더'를 엄격히 구분하여 사용한다. 전자는 생물학적 성을 가리키는 반면, 후자는 사회-문화적 성을 가리킨다. 태어날 때 타고난 생물학적 성은 인간의 힘으로 어찌할 수 없지만 후천적으로 습득한 사회-문화적 성은 얼마든지 바꿀 수 있다. 페미니즘 이론가들이 문제 삼는 것은 섹스가 아니라 어디까지나 젠더를 둘러싼 문제다. 가령 서구 문학을 대표하는 윌리엄 셰익스피어는 『햄릿』에서 주인공 햄릿의 입을 빌려 "약한 자여, 그대의 이름은 여자로다!" (1막 2장)라고 말한다. 모든 여성이란 하나같이 힘이 없고 연약하므로 가부장 질서의 도움이 없다면 자신을 지탱할 수 없는 존재라고 가부장 질서의 가치를 은근히 세뇌하는 말이다.

「버베나 향기」는 남북전쟁이 북부의 승리로 끝나고 연방 군대가 남부를 복구하던 이른바 '재건 시대'를 배경으로 삼는다. 전쟁이 종결된 1865년부터 1877년까지 연방 정부는 전쟁으로 초토화된 남부를 어떻게 재건할 것인지, 해방된 흑인 노예들을 어떻게 자립시키고 공민권을 부여할 것인지, 연방에서 탈퇴했던 남부 연합의 주들을 어떤 방식으로 다시 연방에 가입시킬 것인지 고민했다. 그래서 연방 정부에서는 12년 동안 남부에 상주하면서 이 문제를 해결하려고 노력했다.

이 작품은 남북전쟁이 끝나고 4년이 지난 무렵, 소년티를 벗지 못한 베이어드 사토리스가 이제 스무 살을 넘기고 미시시피 대학에서 법률을 전공하는 장면으로 시작한다. 저녁 식사를 마치고 자기 방에 들어와 막 책을 펼친 그는 어릴 적부터 형제처럼 함께 지낸 흑인 청년 링고한테서 아버지가 한때 철도 부설 사업 동업자였지만 지금은 정적(政敵)이 된 벤 레드먼드의 총에 맞아 사망했다는 소식을 전해 듣는다. 말을 빌려 타고 서둘러 집으로 향하는 동안 베이어드의 뇌리에 아버지가 남북전쟁 중 보여준 용맹과 전쟁 뒤 철도를 건설하는 등 지역을 위해 고군분투하던 일 등이 주마등처럼 떠오른다. 더구나 베이어드의 머릿속에는 아버지에 대한 추억과 함께 어머니가 사망한 뒤 아버지와 결혼한 먼 친척 드루실러의 모습도 떠오른다.

전통적인 미국 남부에서는 '남부 벨(Soutehrn Belle)'이니 '남부 귀부인(Southern Lady)'이니 하며 미국의 다른 지역보다 여성을 여간 높게 간주하지 않았다. 여성은 모습과 역할에서 남성과는 엄격히 구분될 뿐만 아니라 남성으로부터 존중을 받게 마련이었다. 맵시 있게 옷을 입고 우아한 자태를 자랑하는 등 여성스러움을 한껏 자랑하지만 용기가 필요할 때는 용감하게 행동하기도 한다. 또한 불행과 시련이 닥쳐도 좌절하지 않고 의연하게 처리하는 것도 남부 여성의 한 특징이다. 남부 작가 마거릿 미첼이 쓴 『바람과 함께 사라지다』의 여성 작중인물 중에서 실례를 찾는다면 아마 멜러니 윌크스가 남부 여성상에 가장 가까울 것이다. 남부 여성 하면 흔히 스칼릿 오하라를 떠올리기 쉽지만 그녀는 전통적인 남부 여상의 이미지에서 조금 벗어난다.

「버베나 향기」에 등장하는 드루실러는 여러모로 멜러니보다는 스칼릿에 더 가까운 여성으로 전통적인 남부 여성상에는 크게 미치지 못한다. 드루실러한테서는 남부 여성에게서 찾아볼 수 있는 우아하고 세련된 특징을 좀처럼 찾아볼 수 없다.

> 그리고 제니 고모가 우리한테 와서 함께 살고 있었고, 우리는 정원을 만들어 그 여자가 머리에 꽂을 버베나 가지를 꺾게 되었다. (드루실러는 아버지처럼 꽃에 관심이 없었고, 그 여자는 4년이 지난 지금도 남장(男裝)하고 아버지 휘하의 어떤 병사보다도 머리를 짧게 깎고 조지아 주와 캐롤라이나 두 주를 횡단해 셔먼 군대 전선을 상대로 싸우던 전쟁의 마지막 해처럼 아직도 그런 모습을 하고 숨을 쉬며 살아가고 있었다.) 그 여자가 머리에 버베나를 꽂는 것은 오직 그 냄새만이 군마와 용감한 전투의 피비린내를 압도할 수 있으며 오직 그 꽃만이 머리에 꽂을 만한 가치가 있다고 생각하기 때문이다.

드루실러가 머리에 늘 꽂고 다니는 버베나는 과연 어떤 식물일까? 마편초(馬鞭草)과에 속하는 한해살이 또는 여러해살이풀로 학명은 'Verbena hybrida'이며, 열대와 아열대 아메리카에 200여 종 서식하고 있다. 꺼져 가는 사랑에 다시 불을 붙이는 마법의 힘이 있다고 믿는 프랑스 프로방스에서는 버베나를 '마법의 허브' 또는 '사랑을 부르는 향기'라고 부른다. 그래서 드루실러가 버베나 가지를 꽂고 있는 것을 여성적 행위로 생각하기 쉽지만 실제로는 여성성과는 조금 거리가 멀다.

베이여드의 말대로 그녀는 사토리스 대령처럼 꽃 같은 것에는 별로 관심이 없다. 그렇다면 그녀는 왜 굳이 버베나 가지로 머리를 장식할까? 이 질문에 대한 답은 앞의 인용문 마지막 부분에 들어 있다. 그녀는 오직 그 냄새만이 "군마와 용감한 전투의 피비린내"를 억누를 수 있다고 생각하기 때문이다.

사실 버베나는 장미나 치자나무와는 달라서 향기가 없는 식물이다. 그런데도 포크너가 이렇게 굳이 버베나 가지를 언급하는 것은 그 상징성 때문이다. 드루실러는 여러 꽃 중에서도 "오직 그 꽃만이 머리에 꽂을 만한 가치가 있다"고 생각한다는 점을 눈여겨보아야 한다. 고대 로마 시대에 버베나는 전쟁의 신 마르스를 찬양하는 종교의식에 주로 사용되었다. 로마인은 버베나 가지로 장식한 창을 적군 영토에 갖다 놓음으로써 전쟁을 선포했다. 한편 버베나는 동시에 평화를 상징하는 식물이기도 했다. 그래서 적군에 화해를 요청하러 가는 전령은 으레 몸에 버베나 가지를 부착하기 일쑤였다. 드루실러가 버베나 가지로 머리를 장식하는 것은 여성성을 강조하기 위한 장식품이 아니라 어디까지 전쟁과 관련이 있다.

드루실러는 남북전쟁 4년 동안 일반 병사처럼 남장하고 있었으며 전쟁이 끝난 지난 지금도 여전히 그런 옷차림을 하고 있다. 또한 사토리스 대령 휘하의 어떤 병사보다도 머리를 짧게 깎았고 전쟁이 끝난 지금도 그러한 헤어스타일을 고수하고 있다. 그러나 사내처럼 머리를 짧게 깎은 헤어스타일은 비록 여성이지만 일반 병사와 다르지 않다는 것을 보여 주기 위한 것이었다. 드루실러는 이렇게 남장에 쇼트커트 헤어스타일을 하고 전쟁의 주요 전선이었던 조지아 주와 캐롤라이나 주를 누비며 윌리엄 셔먼 장군이 이끈 북부군에 맞서 용감하게 싸웠다.

더구나 포크너는 드루실러가 베이어드에게 전통적인 모자(母子) 이상의 관계 즉 근친애(近親愛)의 감정을 느끼는 것으로 묘사한다. 두 사람은 비록 나이 차가 여덟 살 차이밖에 되지 않지만 사종형제(四從兄弟) 사이이다. 사종형제라면 촌수로 10촌에 해당한다. 비록 촌수가 10촌이고 양아들과 양어머니의 관계라고는 하지만 두 사람은 남부의 엄격한 가족 제도의 기준에 따르면 모자관계임이 틀림없다. 그러므로 이 두 작중인물이 서로에게 모자관계 이상의 애정을 느낀다는 것은 금기시될 수밖에 없다. 넓은 의미에서 근친애도 동성애나 양성애처럼 성소수자 담론에 속할 수 있다.

물론 포크너가 이 작품에서 직접 드러내 놓고 근친애를 말하지는 않는다. 그러나 은근히 암시적으로 말하기 때문에 독자들은 더욱더 그러한 감정을 강하게 느낄 수 있다. 어느 날 저녁 드루실러는 베이어드와 함께 사토리스 대령이 철도 건설 현장에 서 돌아오기를 기다리는 장면은 이러한 감정을 보여 주는 좋은 예다.

> 다만 내가 알 수 있었던 것은, 그 여자는 전에 그런 적이 없던 그런 눈초리로 나를 쳐다보고 있었다는 사실, 그리고 그녀의 머리에 꽂은 버베나의 향기가 백배나 증가하고 백배나 강력해졌으며, 황혼 속에서 사방으로 펴져 있었다는 사실이다. 그 황혼 속에서 전에 내가 한 번도 꿈꾸지 못한 어떤 일이 일어나려 하고 있었다. 그때 그 여자가 말했다.

"내게 키스해 줘, 베이여드."

"안 돼요! 아버지의 아내잖아요."

드루실러는 왜 "전에 그런 적이 없던 그런 눈초리로" 베이여드를 쳐다보고 있을까? 왜 그녀의 머리에 꽂은 버베나의 향기가 오늘따라 전보다 훨씬 강렬하게 사방에 퍼져 있을까? 베이여드는 왜 황혼 속에서 전에는 일찍이 "한 번도 꿈꾸지 못한 어떤 일이 일어나려" 한다고 생각하고 있을까? 그리고 드루실러는 왜 베이여드에게 키스를 해 달라고 요구하는가?

이 모든 질문에 대한 답은 그녀가 베이여드에게 근친애의 감정을 느끼고 있다는 사실에서 찾을 수밖에 없다. 금기를 깨뜨리는 이러한 요구에 오히려 베이여드가 아버지의 아내 즉 자기의 어머니기 때문에 그녀에게 키스할 수 없다고 거절한다. 그러나 드루실러는 허리를 굽히며 세 번이나 거듭 키스해 달라고 요구한다. 마침내 그가 드루실러를 포옹하자 그녀는 마치 말을 다루듯 그의 얼굴을 자기 얼굴에 갖다 댄다. 베이여드는 "바로 그때 나는 예로부터 영원한 사탄의 상징인 그 서른셋의 여성, 그리고 그런 여성에 관해서 글을 써 온 남성들을 생각하고 있었다"고 말한다. 여기서 그는 드루실러를 에덴동산에서 아담과 하와를 유혹하여 선악과를 따먹도록 한 뱀에 빗댄다. 또한 베이여드는 자기가 마음먹은 것을 할 수 있는 사람들은 그것을 행동으로 옮기는 반면, 자기가 마음먹은 할 수 없는 사람들은 글로 쓴다고 말한다. 한마디로 전통적인 남부 여성상에 크게 어긋나는 드루실러의 이러한 행동은 베이여드를 거세함으로써 젠더 역할을 뒤집어놓는다.

물론 포크너는 「버베나 향기」에서 근친애 같은 성소수자 문제 말고도 좀 더 보편적인 주제를 다루기도 한다. 그러한 주제 중에서도 한 개인이 사회적 관습이나 의무와 자기의 정체성이나 자유 사이에서 느끼는 긴장과 갈등 문제는 첫손가락에 꼽힌다. 아버지가 정적에게 살해당한 것에 제퍼슨 사회는 마땅히 아들에게 복수할 것을 기대하고 요구한다. 아버지의 사망 소식을 듣고 장례를 치르러 집을 향하려 할 때 윌킨스 교수는 "베이어드. 베이어드, 내 아들, 내 사랑하는 아들아"라고 말하면서 권총을 그의 손에 쥐어 준다. 대학에서 정의를 가르치는 법학 교수인데도 그는 베이어드에게 아버지의 복수를 하라고 무언의 압력을 가한다. 전쟁 중 사토리스 대령 밑에서 싸웠던 조지 와이엇 일행도 집으로 찾아와 베이어드에게 아버지를 살해한 벤 레드먼드에게 복수할 것을 요구한다.

그러나 베이어드가 누구보다도 큰 압력을 받는 것은 역시 드루실러다. 그녀는 베이어드에게 바싹 다가와 마주보고 서서 결투용 권총 두 자루를 한 손에 하나씩 쥐고 손을 뻗는다. 그러면서 그녀는 어느새 그 권총들을 그의 손에 쥐어 주며 "정열적이고 지칠 줄 모르는 환희에 차서" 그를 지켜본다. 또한 그녀는 격정적인 목소리로 이렇게 말한다.

> "이걸 받아. 네게 주려고 보관해 둔 거야. 지금 난 네게 이걸 주는 거야. 아, 넌 나를 고맙게 생각할 거야. 사람들이 오직 하느님에게만 속하는 것이라고 말하는 걸 네 손에 쥐어 준 나를 기억하게 될 거야. 이 권총들의

감촉을 느낄 수 있지? 정의처럼 길고 진실한 총신이며, 복수처럼 빠른 방아쇠며 (넌 이 총을 쏴 본 적이 있지.) 그리고 두 자루 모두 사랑의 구체적 화신처럼 날씬하고 대적할 수 없고 치명적인 그 감촉을."

드루실러가 베이여드에게 "사람들이 오직 하느님에게만 속하는 것이라고 말하는 걸" 건네준다고 말하는 점에 주목할 필요가 있다. 두말할 나위 없이 그것은 복수 즉 원수를 갚는 일이다. 신약 성경 「로마서」에는 사도 바울이 "친애하는 여러분, 여러분 자신이 복수할 생각을 하지 말고 하느님의 진노에 맡기십시오. 성서에도 '원수 갚는 것은 내가 할 일이니 내가 갚아 주겠다' 하신 주님의 말씀이 있습니다"(로마서, 12장 19절)라고 말하는 구절이 나온다. 바울이 '로마인들에게 보낸 편지'에서 인용하고 있는 성서 구절의 출처는 구약 성경 신명기 32장 35절이다. 그런가 하면 베이여드는 윌킨스 교수의 부인이 자기에게 "칼로 사는 자는 칼로 말미암아 죽으리라"라는 성경 구절을 말하는 것 같다고 생각한다. 이 구절은 신약 성경 "이에 예수께서 이르시되 네 칼을 도로 칼집에 꽂으라. 칼을 가지는 자는 다 칼로 망하느니라"(마태복음, 26장 52절)라는 말을 요점만 간추린 것이다.

집에 도착한 이튿날 베이여드는 제퍼슨 광장에 있는 레드먼드의 변호사 사무실로 찾아간다. 그러나 그가 권총도 소지하지 않고 찾아가는 것을 보면 처음부터 레드먼드를 단죄할 생각이 없었음이 틀림없다. 그날 아침 베이여드는 제니 고모에게 "전 자존심을 지키며 살아갈 겁니다"라고 말하는 것이 이 점을 뒷받침한다. 여기서 '자존심'이라는 살해당한 아버지의 죽음을 복수하는 데에서 비롯하는 자존심이 아니라 사회적 관습이나 규범을 맹목적으로 따르는 대신 자신이 정한 개인적 가치관에 따라 행동할 때 비롯하는 자존심을 말한다. 칼로 살아가는 사람은 반드시 칼로 망하듯이 복수로 살아가는 사람도 복수를 당하게 마련이다. 적어도 이 점에서 베이여드는 좁게는 제퍼슨 사회, 넓게는 남부 사회에서 그동안 불문율처럼 지켜 온 사회 관습이나 규범을 과감하게 넘어서면서 새로운 가치 체계를 세우려 하는 것이다.

심지어 와이엇도 베이여드의 이러한 결심과 행동을 인정하기에 이른다. 베이여드가 한 행동을 알아차린 와이엇은 그에게 같이 근처 식당에서 아침식사를 하자고 제안한다. 그러나 베이여드는 그 제안을 거부한다.

> "안 돼요."
>
> 내가 말했다.
>
> "싫습니다. 그곳 [홀스턴 하우스]에는 가지 않겠어요."
>
> "왜 안 간다는 건가? 자넨 수치스러운 일은 아무것도 하지 않았어. 물론 나라면 그렇게 하지 않았을 테지만. 어쨌든 난 놈에게 한 방 먹였을 거야. 그렇지만 그건 자네 방식이었어. 그렇지 않고서야 그렇게 행동하진 않았을 테지."
>
> "네, 맞습니다."
>
> 내가 말했다.

"저는 다시 해도 그렇게 할 겁니다."

이 문제를 다루는 와이엇의 방식과 베이여드의 방식이 사뭇 다르고, 와이엇도 그 사실을 솔직히 인정한다. 베이여드는 베이여드대로 두 번 다시 그런 일을 당해도 지금과 같은 방식으로 문제를 해결하겠다고 밝힌다. 그날 아침 제니 고모에게 말한 것처럼 베이여드는 앞으로 "자존심을 지키며 살아가기로" 결심했기 때문이다. 새로운 술은 새로운 부대에 담아야 하듯이 동족상잔의 내전이 끝난 뒤 이제 새로운 세대에게는 사토리스 대령이나 와이엇 같은 기성세대와는 다른 새로운 삶의 방식과 규범을 모색해야 할 임무가 있다. 그리고 그러한 모색의 선두에 선 사람이 바로 베이여드 사토리스인 것이다.

「에밀리에게 장미를」과 교차성 이론

앞에서 언급한 인종, 계급, 젠더에 따른 차별은 어느 한 영역에서만 독립적으로 일어나는 경우는 거의 없다. 오히려 두 영역 이상이 서로 교차하며 복합적으로 일어나는 경우가 많다. 가령 미국에 사는 평범한 흑인 여성을 생각해 보자. 더러 예외가 없는 것은 아니지만 보통 흑인 여성은 인종에 따른 차별뿐만 아니라 성에 따른 차별과 계급에 따른 차별 등을 동시에 받는다. 흑인 여성은 백인 중심주의와 남성 중심주의의 희생자일

뿐더러 사회적 지위나 신분 또는 재산에 따른 차별을 받는다. 1989년에 흑인 페미니즘 이론가 킴벨레 크렌쇼는 이러한 현상을 분석하면서 '교차성(intersectionality)'이라는 용어를 만들어 냈다. 포크너의 「에밀리에게 장미를」는 이러한 교차적 차별을 보여 주는 작품으로 꼽을 만하다.

포크너는 「에밀리에게 장미를」을 1930년에 《포럼》지에 처음 발표한 뒤 이듬해 첫 단편집 『이 13편』에 수록했다. 그가 미국 전국에 걸쳐 이름 있는 잡지에 단편소설을 발표한 것은 이번이 처음이었다. 그만큼 이 작품은 단편소설 작가로 포크너를 미국 문단에 널리 알리는 데 크게 이바지했다. 이 작품은 「헛간, 불태우다」와 함께 포크너의 가장 대표적인 단편소설로 그동안 미국 단편선이나 세계 단편선에 단골 메뉴로 자주 수록되었다.

문화 연구의 관점에서 보면 「에밀리에게 장미를」는 다른 작품들과는 조금 차이가 난다. 남성 우월주의를 비판하되 한 가족 구성원 안에서 이루어지는 성의 차별을 다루기 때문이다. 일찍 어머니를 여윈 에밀리 그리어슨은 아버지와 함께 살고 있다. 집안 살림을 맡고 자기를 부양할 식구가 필요한 아버지는 이런 핑계 저런 핑계로 에밀리를 집에 계속 붙잡아 둔다. 귀족 가문의 딸인 그녀에게 딱 어울리는 마땅한 신랑감이 없다는 것도 그러한 핑계 중의 하나일 것이다. 이렇게 혼기를 놓친 그녀는 좀처럼 결혼 상대를 찾을 수 없게 된다.

우리는 오랫동안 그들을 한 폭의 활인화(活人畵)로 생각하고 있었다. 즉

> 미스 에밀리는 흰 옷 차림의 날씬한 모습으로 뒤쪽 배경에 서 있고, 그녀의 아버지는 그녀에게 등을 돌린 채 말채찍을 손에 쥐고 양다리를 버티고 선 실루엣의 모습으로 앞쪽에 서 있었다. 그리고 활짝 열린 현관문이 활인화의 액자 노릇을 하고 있었다. 그리하여 에밀리의 나이가 서른이 다 되도록 독신으로 지낼 때도 우리는 솔직히 기분이 좋았다고 할 수 없어도 고소하게 생각하고 있었다.

제퍼슨 주민들이 한 폭의 활인화로 생각하는 에밀리와 그녀의 아버지 그리어슨 씨의 모습은 자못 상징적이다. 흰 옷 차림으로 뒤쪽에 서 있는 에밀리는 아직 결혼하지 않은 청순한 자태를 한껏 뽐낸다. 한편 손에 말채찍을 쥔 채 양다리를 딱 벌리고 앞쪽에 서 있는 아버지는 마을 청년들이 감히 에밀리에게 다가오지 못하도록 막아서는 모습이다. 제퍼슨 읍내 주민들은 에밀리가 서른이 넘도록 독신으로 지내자 동정하기는커녕 오히려 고소하게 생각한다. 문화 이론 비평가들은 인종·계급·젠더에 따른 차별에 무게를 싣지만 자식에 대한 부모의 억압과 폭력에도 깊은 관심을 기울인다.

또한 포크너는 이 작품에서 한 국가 안에서 이루어지는 지역과 지역 사이의 차별을 다루기도 한다. 「에밀리에게 장미를」를 좀 더 꼼꼼히 살펴보면 북부와 남부 사이의 긴장과 갈등이 팽팽하다는 사실을 알 수 있다. 남북전쟁이 끝난 지 반세기 넘게 지난 1920년대 말엽이나 1930년대 초엽에도 두 지역의 긴장과 갈등은 제대로 치유되지 않고 아직도 앙금이 남아 있다. 에밀리의 아버지가 사망한 지 1년 뒤 제퍼슨 읍에서는 도로를 포장하기로 한다. 그 공사의 현장 감독으로 온 사람은 호머 배런이라는 북부 사람이다. 그런데 그 사람에 대한 읍내 주민들의 태도는 그를 '북부인'이라고 부르는 대신 '양키'라고 부르는 데에서도 쉽게 엿볼 수 있다.

앞에서 이미 언급했듯이 '양키'라는 단어는 외국인이 미국이나 미국 정부를 부정적으로 부를 때도 사용하지만 미국 남부인이 북부인을 경멸적으로 부를 때 주로 사용하는 말이다. 읍내 사람들이 에밀리가 북부 출신인 호머와 눈이 맞아 사귀는 것을 탐탁하지 않게 생각하는 것도 바로 그 때문이다. 일요일 오후가 되면 두 사람이 한 쌍의 적갈색 말이 끄는 노란 바퀴의 사륜마차를 마차를 빌려 타고 읍내를 드라이브하는 모습이 보이기 시작한다. 그럴 때면 사람들은 "가엾은 에밀리!", "불쌍한 에밀리!" 하며 "일가친척이라도 와 줘야 할 텐데"라고 말한다. 그 뒤 몇몇 부인은 에밀리의 행동이 읍 전체의 수치요 젊은이들에게 나쁜 본보기가 된다고 말하기 시작한다. 남자들은 그러한 일에 간섭하려 들지 않지만, 여자들은 침례교 목사에게 에밀리의 집을 방문하도록 한다. 목사의 방문도 별로 효과를 거두지 못하자 목사의 아내는 앨라배마 주에 사는 에밀리 친척에게 편지를 보내 제퍼슨으로 불러들인다.

제퍼슨에서 일하는 동안 에밀리와 잠시 사귀던 호머는 도로 포장 공사가 마무리되자 그녀를 저버리려 한다. 이를 눈치 챈 에밀리는 약국에서 비소(砒素)를 구입하여 그를 독살한 뒤 그의 시체를 침대에 눕혀 놓고 몇십 년 동안 같이 지낸다. 그녀는 같은 침대에서 호머와 함께 결혼한 부부처럼 지내는 것이다. 물론 포크너는 독자들에게 이 사실을 직접 말하지 않고 암묵적으로 말할 뿐이다. 일흔네 살의 나이로 마침내 에밀리는 세상을 떠나고, 읍내 사람들은 장례를 치르기 위해 그녀의 집을 방문한다. 장례를 치른 뒤 읍내 사람들은 지난 40년 동안 아무도 들어가 본 일이 없는 2층 방을 강제로 부수고 들어간다.

> 바로 그 남자는 침대에 누워 있었다.
>
> 우리는 오랫동안 그 자리에 서서 살점 하나 없이 허옇게 이를 드러내고 의미심장하게 웃고 있는 해골을 내려다보았다. 시신은 한때 포옹하고 있는 자세로 누워 있었던 것처럼 보였지만, 지금은 사랑보다 더 오래가고 사랑의 찌푸림마저도 정복하는 기나긴 잠이 그를 오쟁이 진 남편으로 만들고 있었다. 잠옷 밑에서 썩다가 남은 시체는 그가 누워 있는 침대와 분간할 수 없는 상태가 되었다. 시체 위에도, 또 그의 곁에 있는 베개 위에도 오래된 먼지가 끈질기게 골고루 덮여 있었다.

주민들의 눈에 두 번째 베개에 움푹 들어간 머리 자국이 들어온다. 그들 중 한 사람이 그 베개에서 무엇인가를 집어 든다. 화자는 "눈에 보이지 않지만 메마르고 매캐한 먼지 냄새가 어렴풋하게 콧구멍에 스치며 기다란 철회색 머리카락 한 가닥이 보였다"고 말한다. 에밀리의 머리칼이 철회색이었던 점으로 미루어 보아 그 머리카락은 다름 아닌 에밀리의 것임이 틀림없다. 그렇다면 이 2층 침실에서 그녀는 한동안 호머의 시체 옆에서 그를 포옹하며 지냈다는 것이다.

이 마지막 장면에서는 남부 문학의 한 특징인 음산하고 기괴한 고딕소설의 요소 냄새가 물씬 풍긴다. 그러나 상징적인 의미에서 보면 에밀리의 이러한 엽기적 행동은 북부에 대한 남부의 정신적 승리로 볼 수도 있다. 다시 말해서 남부는 비록 군사적으로나 정치적으로는 북부에 패배했을지 몰라도 정신적으로는 북부에 승리를 거두었다는 사실을 상징적으로 보여 준다.

그런가 하면 이 장면은 '네크로필리아' 즉 시간(屍姦) 또는 시체성애(屍體性愛)라는 이상심리를 보여 주기도 한다. 포크너가 「버베나 향기」에서 근친애를 보여 준 것과 같거나 비슷한 차원에서 이해할 수 있다. 물론 에밀리의 이러한 행위는 사회적 통념이나 관습, 법의 테두리에서 크게 어긋나는 것이지만 성소수자의 권리를 보호하자는 오늘날의 추세에 비추어 보면 전혀 이해할 수 없는 것도 아닌 듯하다. 몇몇 이론가들은 성소수자와 성소외자를 굳이 구별하지 않고 포괄적인 의미로 파악하기도 한다. 성소외자란 외모·장애·연령 등의 이유로 인간으로서 가장 기본적인 성적 욕구를 충족시킬 수 없는 상황으로 내몰리는 사람들을 일컫는다. 이 점에 보면 에밀리는 성소수자이면서 동시에 성소외자로 볼 수 있다.

포크너의 「에밀리에게 장미를」은 다의적인 작품이어서 지금까지 말한 문화 연구의 관점 말고도 얼마든지 다른 관점에서 그 의미를 읽을 수 있다. 그중에서도 인간이 변화와 생성을 거부할 때 어떤 결과를 불러오는지 실감 나게 보여 준다. 가령 에밀리 그리어슨은 현실 세계와는 아무런 관련이 없는 것처럼 초연하게 살아간다. 예를 들어 그녀는 민주 시민의 의무인 세금을 납부하려 하지 않는다. 제퍼슨 읍 당국으로부터 세금 고지서를 받지만 그녀는 세금을 한사코 납부하려 하지 않는다. 행정 당국에서 에밀리에게 편리할 때 읍 사무실로 출두해 달라고 정식 서류를 보내도 마찬가지다. 마침내 읍 관계자들이 그녀의 집을 방문하지만 그녀는 그들에게 "사토리스 대령을 만나 보세요. 난 제퍼슨 읍에 낼 세금이 없으니까요"라고 말한다. 그러나 사토리스 대령으로 말하자면 사망한 지 이미 10년이 지난 인물이다.

심지어 에밀리는 생명 현상까지도 부정하기에 이른다. 그녀의 아버지가 사망했을 때 읍내 부인들이 관습에 따라 그녀의 집을 방문하여 조의를 표하고 도와주려고 한다. 그러나 문간에서 이웃들을 맞이하는 에밀리는 여느 때와 다름없는 옷차림에 얼굴에는 슬픈 기색 하나 보이지 않는다. 그러면서 그녀는 자신의 아버지가 죽지 않았다고 말한다. 목사들이 찾아오고 의사들이 그녀에게 장사를 지내라고 설득해도 에밀리는 사흘 동안 똑같은 말만 되풀이할 뿐이다. 마침내 그들이 법에 호소하려 하자 그때야 그녀는 굴복하여 읍내 사람들이 서둘러 장사를 지낼 수 있었다.

포크너는 에밀리의 이렇게 현실과는 동떨어진 비현실적이고 초연한 모습이나 태도를 보여 주기 위해 몇몇 상징이나 이미지를 사용한다. 비소를 구입할 무렵 그녀의 모습과 관련하여 화자는 "조금 여위기는 했어도 검은색 두 눈은 냉정하고 거만해 보였다. 관자놀이와 안공(眼孔) 주위의 살이 팽팽한 탓에 마치 등대지기의 얼굴을 보는 듯했다"고 말한다. 또한 오랫동안 병으로 앓아누워 있다가 다시 읍내에 나타날 때의 모습과 관련해서 화자는 "그녀는 머리를 짧게 잘라 마치 앳된 소녀 같았고, 교회의 스테인드글라스에 그려진 천사들과 어렴풋이 닮아 있었다"고 말한다. 여기서 등대지기나 교회 색유리 창에 그려진 천사의 모습은 질퍽한 대지에 발을 딛고 살아가는 일상인에게서는 도저히 찾아볼 수 없는 초연한 모습이다.

그런가 하면 이 작품의 화자는 세금 문제로 읍사무소 대표들이 에밀리를 방문하는 장면에서 그의 모습을 두고 "그녀는 웅덩이 물속에 오랫동안 잠겨 있던 시체처럼 퉁퉁 부풀어 보였고 얼굴빛 또한 창백했다"고 밝힌다. 이렇게 퉁퉁 부은 모습은 에밀리의 신체뿐만 아니라 이 무렵 그녀의 정신 상태를 보여 주는 더할 나위 없이 좋은 이미지요, 토머스 스턴스 엘리엇이 말하는 '객관적 상관물'이다. 동양에서는 "유불탁수(流不濁水) 적수역부(积水易腐)"라 하고, 서양에서는 "Stagnant water is bound to corrupt"라 하여 고인 물은 반드시 썩게 마련이라는 격언이 있다. 인간도 물과 다르지 않아서 변화와 생성에 적응하지 않고 그대로 있으면 침체하거나 에밀리처럼 괴물 같은 존재로 변할 수밖에 없을 것이다.

「저 석양」과 교차적 이론

킴벌레 크렌쇼가 말하는 교차성은 「에밀리에게 장미를」 보다는 「저 석양」 에서 훨씬 더 분명하게 엿볼 수 있다. 포크너는 「저 석양」 을 1931년에

《아메리칸 머큐리》지에 처음 발표했다가 같은 해 출간한 첫 단편집『이 13편』에 수록했다. 잡지에 처음 발표할 때의 제목은 「저 석양이 넘어가네」였으나 단편집에 수록하면서 '넘어가네'를 빼고 그냥 '저 석양'으로 고쳤다. 포크너는 이 작품의 제목을 재즈 작곡가 윌리엄 크리스토퍼 핸디가 작곡한 〈세인트루이스 블루스〉의 가사에서 따다 붙였다. 포크너는 핸디가 미시시피 주 옥스퍼드에서 공연하는 것을 보고 무척 감명을 받았다. 실제로 '석양'이라는 말은 그동안 흑인 영가나 흑인 종교 음악에서 죽음이나 최후의 심판을 상징하는 이미지로 자주 사용되었다. 이 작품은 포크너의 걸작으로 흔히 꼽히는『고함과 분노』(1929)에 등장하는 작중인물들이 대부분 등장한다.

「저 석양」은 「가뭄이 든 9월」과 마찬가지로 인종을 둘러싼 문제를 다룬다. 콤슨 집안이 사는 제퍼슨 읍에서는 백인과 흑인 사이의 벽이 무척 높다. 가령 이 읍내에는 백인이 거주하는 구역과 흑인이 거주하는 구역이 엄격히 구별되어 있다.

> 그러나 15년 전 월요일 오전은 고요하고 먼지가 뽀얗게 날렸으며 나무 그늘이 드리워진 거리는 머리에 터번을 두른 흑인 여자들로 붐비곤 했다. 그들은 침대 시트로 질끈 묶은 옷 보따리를 손으로 붙잡지도 않고 머리에 인 채 백인 집 부엌에서 나와 땅이 푹 꺼진 흑인 거주 지역으로 들어가 자신의 오두막에 있는 그을린 솥단지 옆에 보따리를 내려놓곤 했다.

여기서 "땅이 푹 꺼진 흑인 거주 지역"이라는 구절에 주목할 필요가 있다. 1930년대 초엽만 해도 제퍼슨 읍에는 흑인만 사는 거주 지역이 따로 설정되어 있었다. '니거 할로우'와 '프리드먼 타운'이라는 거주 지역이 바로 그것이다. 옥스퍼드 읍 광장을 중심을 동서로 양쪽에 하나씩 놓여 있었다. 흑인들은 이 두 거주 지역 말고는 옥스퍼드의 다른 지역에서는 살 수 없었다. 그중 '니거 할로우'는 이름 그대로 땅이 움푹 가라앉은 언덕 아래에 자리 잡고 있었고, 이 작품의 주인공 낸시는 바로 이곳에 살고 있다. 이렇게 인종에 따라 주거 지역을 구분하는 것은 요즈음 기준으로 보면 주거의 자유를 침해하는 엄청난 범법 행위라고 아니할 수 없다.

흑인 여성들이 집에 도착하여 "오두막에 있는 그을린 솥단지 옆에 보따리를 내려놓곤 했다"라는 문장도 찬찬히 눈여겨보아야 한다. 여기서 오두막이란 두말할 나위 없이 해리엇 비처 스토의 소설 『엉클 톰의 오두막집』에 나오는 것 같은, 흑인들이 사는 초라한 주거 공간이다. 앞에서 언급했듯이 백인 농장주의 '헛간'보다도 초라하다. 검게 그을린 솥단지는 세탁물을 삶기 위한 도구다. 흑인 여성들은 읍내의 백인 집에서 빨래를 수거해 세탁한 후 배달해 준다. 물론 자동차가 보편화되지 않았던 15년 전과는 달리 지금은 읍내에 세탁소가 생겨 월요일 오전이면 자동차로 읍내를 돌아다니며 세탁물을 수거했다가 배달해 준다. 그러나 예전에 하던 관습대로 여전히 백인들의 빨래를 맡아 해 주는 흑인 여자들이 있다.

더구나 콤슨 집안의 빨래를 해 주고 가정부가 없을 때면 음식을 해 주는 흑인 낸시는 백인들로부터 적잖이 억압과 학대를 받고 착취를 당한다.

가령 그녀는 돈을 받고 백인 남성들에게 몸을 팔지만 제대로 돈을 받지 못한다. 백인으로 은행 출납계 직원이자 침례교회 집사인 스토벌 씨는 낸시와 몇 번이나 관계를 맺고도 돈을 갚지 않는다. 낸시가 약속한 돈을 달라고 요구하자 그는 주먹으로 그녀의 얼굴을 때려 이가 빠지게 한다. 낸시의 내연의 남편 지저스가 호시탐탐 그녀를 죽이려 하는 것은 그녀가 여러 백인 남성과 관계를 맺기 때문이다. 두 사람이 콤슨 집안의 부엌에서 주고받는 대화는 이 점을 뒷받침한다.

> 지저스는 부엌에 있는 조리용 난로 뒤에 앉아 있었다. 그의 얼굴에는 지저분한 끈처럼 면도날 자국이 있었다. 그는 낸시가 옷 속에 감추고 있는 게 수박이라고 했다.
>
> "하지만 당신 넝쿨에서 나온 수박은 아니지."
>
> 낸시가 말했다.
>
> "그럼 어떤 넝쿨에서 나온 건데요?"
>
> 캐디가 물었다.
>
> "난 그 수박이 나온 넝쿨을 잘라 버릴 수 있어."
>
> 지저스가 내뱉었다.
>
> "여기 있는 어린애들 앞에서 어떻게 그런 말을 할 수 있는 거지?"
>
> 낸시가 말했다.
>
> "왜 일하러 가지 않지? 식사 끝냈잖아. 당신이 부엌을 어슬렁거리면서 애들 앞에서 그런 식으로 지껄이는 걸 제이슨 주인님께 들키고 싶어서

그래?"

지저스의 얼굴에 지저분한 끈 같은 면도날 자국이 있은 것을 보면 그는 자주 싸움을 벌이곤 하는 것 같다. 낸시가 옷 속에 수박을 감추고 있다고 그가 말하는 것은 그녀가 임신하여 배가 부르기 때문이다. 낸시가 그 수박이 지저스의 넝쿨에서 나온 것이 아니라고 말하는 것은 그가 아닌 다른 남성과 관계하여 임신한 아이라는 뜻이다. 지저스가 계속하여 수박이 나온 넝쿨을 잘라 버릴 수도 있다는 것은 그녀가 관계를 맺은 남성을 살해할 수도 있다는 협박이다.

이 인용문에서 볼 수 있듯이 낸시는 백인 중심 사회에서 억압받는 흑인일뿐더러 남성 중심의 가부장 사회에서 차별받는 여성이다. 그녀는 백인 남성한테서 온갖 차별과 학대를 받는 것에 그치지 않고 같은 인종인 흑인에게도 차별과 억압을 받는다. 그런가 하면 그녀는 백인 집의 세탁이나 요리를 해 주면서 궁핍하게 살아가는 사회적 약자이기도 하다. 다시 말해서 낸시는 흑인으로서, 여성으로서, 사회적 약자로서 이중삼중으로 억압받는 인물이다.

킴벨레 크렌쇼가 말하는 '교차성'은 낸시에게서 단적으로 엿볼 수 있다. 제퍼슨 감옥에 갇혀 있을 때 낸시는 자살을 기도한다. 교도관은 그녀가 위스키에 취해 있거나 코카인을 흡입해 그런 극단적 행동을 기도했다고 말하지만, 달리 생각해 보면 그녀는 자살을 결심할 만큼 비참하고 절망적이다. 오죽하면 낸시는 제이슨 콤슨에게 "난 지옥에서 태어났단다,

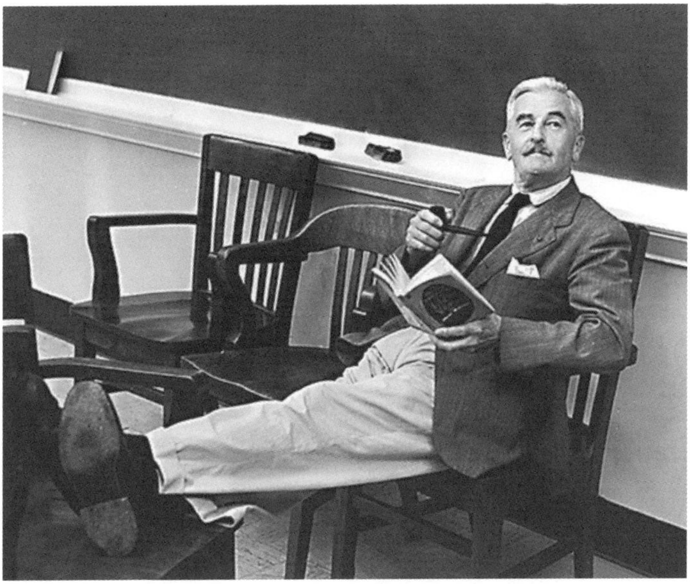

1950년대 말 미국 버지니아 대학의 '거주 작가' 시절,

망중한을 즐기고 있는 윌리엄 포크너.

그는 이 학교에 머물며 학생들 및 교수들과 일련의 질의응답 시간을 가졌다.

꼬마야. 난 곧 아무것도 아닌 존재가 될 거야. 내가 온 곳으로 다시 돌아갈 거야"라고 말하겠는가. 한마디로 흑인 여성에 사회적 약자인 낸시는 백인 중심의 가부장 사회에서 그야말로 십자포화를 맞고 있는 희생자라고 해도 크게 틀리지 않을 것이다.

6

어니스트 헤밍웨이

하드보일드 세계

어니스트 헤밍웨이(1899~1961)는 오늘날 장편소설 작가로 이름을 크게 떨치고 있지만 그의 첫사랑은 장편소설이 아니라 단편소설과 시였다. 그가 처음 출간한 책은 『세 편의 단편과 열 편의 시』(1923)로 제목 그대로 단편소설과 시를 한데 모아 놓은 작품집이었다. 시와 산문 소품을 몇 편 발표했을 뿐 아직 문단의 말석도 차지하지 못하고 있던 문학청년 시절 그는 프랑스 디종과 파리의 출판사에서 자비로 이 책을 300부 출간했다. 지금은 희귀본으로 장서가들에게 무척 인기가 많지만 그 무렵에는 이렇다 할 주목을 받지 못했다. 다만 「미시건 북부에서」, 「때늦은 계절」, 「우리 아버지」 같은 단편소설 세 편만이 비평가로부터 그런대로 주목을 받았을 뿐 시는 도외시되다시피 했다. 그도 그럴 것이 헤밍웨이는 산문 작가로서의 재능을 타고 태어났지 시인으로서의 재능을 타고 태어나지는 않았기 때문이다. 어찌 되었든 헤밍웨이는 처녀 작품집을 출간하고 난 뒤 시를 포기하고 단편소설과 장편소설에 온 힘을 기울였다.

적어도 이 점에서는 헤밍웨이와 같은 시대에 활약한 작가 윌리엄 포크너도 크게 다르지 않다. 포크너도 처음에는 시에 뜻을 두었다가 마침내 단편소설 작가와 장편소설 작가로 탈바꿈했다. 그는 모든 문학 장르 가운데에서도 시를 가장 뛰어나고 엄격한 문학 형태라고 간주했다. 포크너는 보편타당성 있는 인간 경험을 표현하는 데에는 시만큼 알맞은 문학 양식이 없다고 생각했다. 1922년 6월에 루이지애나 주 뉴올리언스에서 발행하는 문예지《더블 딜러》에는 포크너의 「초상화」라는 시와 헤밍웨이의 「궁극적으로」라는 시가 나란히 실려 있다는 사실이 여간 흥미롭지 않다. 이 무렵만 해도 두 소설가는 시인으로서 문명(文名)을 떨치고 싶었다.

헤밍웨이는 포크너보다도 시에 대한 미련을 일찍 접고 단편소설과 장편소설을 쓰기 시작했다. 물론 그가 사망하기 직전 샌프란시스코에 있는 한 출판사가 해적판으로 『헤밍웨이 시 선집』(1960)을 출간했다. 뒷날 니콜라스 게로지아니스가 헤밍웨이가 쓴 시 88편을 한데 모아 『어니스트 헤밍웨이: 시 88편』(1979)을 출간했다. 그러나 솔직히 말해서 헤밍웨이의 시 작품은 그의 문학 세계를 이해하는 데에는 조금 도움이 될 수 있을지도 모르지만 시 자체로는 이렇다 할 의미가 없다. '시인 헤밍웨이' 운운하면 '소설가 T. S. 엘리엇' 운운하는 것처럼 어딘지 모르게 걸맞지 않아 보인다.

초기 단편소설

어니스트 헤밍웨이는 처녀 작품집 『세 편의 단편과 열 편의 시』를 출간한 이듬해 파리에서 『우리들의 시대에(in our time)』(1924)를 출간했고, 그 이듬해에는 몇 작품을 추가하여 다시 미국에서 『우리들의 시대에(In Our

Time)』(1925)를 출간했다. 전자의 제목이 소문자로 되어 있고 후자의 제목이 대문자로 되어 있는 데에서도 엿볼 수 있듯이, 이 두 작품 사이에는 부피나 내용에서 큰 차이가 난다. 1924년의 파리 텍스트에 실린 18편의 작품은 본격적인 의미의 단편소설이라기보다는 삽화나 소품에 해당하는 스케치 또는 '비네트'에 지나지 않았다. 한편 1925년의 미국 텍스트에서 헤밍웨이는 파리 텍스트에 실린 18편 중에서 16편의 스케치를 작품 사이사이에 삽입하는 '인터채프터'로 삼고 나머지 두 편 「매우 짧은 이야기」와 「혁명가」는 독립된 단편소설로 발전시켰다. 더구나 이 작품집에는 「인디언 마을」을 비롯하여 「의사와 의사의 아내」, 「병사의 고향」, 「심장이 두 개 달린 큰 강」 등 14편에 이르는 단편소설이 수록되어 있다. 헤밍웨이는 1930년에 「스미르나의 부두에서」라는 단편소설을 추가해 이 작품집을 다시 출간하기도 했다.

헤밍웨이를 문단의 반열에 올려놓은 『우리들의 시대에』는 그의 문학에서 여러모로 독특한 위치를 차지한다. 첫째, 이 책에는 헤밍웨이가 창작한 단편 중에서 가장 뛰어난 작품들이 수록되어 있다. 가령 「병사의 고향」과 두 부분으로 되어 있는 「심장이 두 개 달린 큰 강」은 그의 단편소설을 통틀어서도 몇 손가락에 꼽을 수 있는 걸작이다. 이 작품들을 창작할 때 헤밍웨이의 나이가 겨우 스물다섯 살밖에 되지 않았다는 점을 고려하면 그의 문학적 재능이 과연 어떠한지 쉽게 가늠해 볼 수 있다. 이 작품집이 처음 출간되었을 때 그의 부모는 "오물과 같은" 책이라고 깎아내렸지만 비평가들로부터는 찬사를 받았다. 예를 들어 미국의 비평가 에드먼드 윌슨은 이 작품집에 관해 "일급에 속하는 작품"이라고 격찬해 마지않았다.

둘째, 『우리들의 시대에』에서 헤밍웨이는 장르에서 실험을 꾀했다. 이 작품집은 언뜻 보면 그동안 발표한 단편소설을 한데 모아 놓은 작품집 같지만 좀 더 자세히 살펴보면 단편집 이상의 의미가 있다는 사실이 밝혀진다. 무엇보다도 닉 애덤스라는 주인공이 한 편 이상의 작품에 등장할 뿐만 아니라 어린 시절부터 사춘기를 거쳐 청년기로 성장하는 과정을 엿볼 수도 있다. 여러 작품은 미시건 북부 호수 가까이 있는 시골 마을을 중심적인 배경으로 삼는다. 주제나 내용에서도 여러 작품이 서로 닮았다. 그런가 하면 작품의 어조나 분위기 등 문체와 형식에서도 서로 비슷하다. 한마디로 『우리들의 시대에』는 단편집도 아니요 그렇다고 장편소설도 아닌 그 중간 어디에 속하는 책이다. 영국에서는 일찍이 10여 년 전 제임스 조이스가 『더블린 사람들』(1914)에서 이러한 장르를 실험했고, 미국에서는 셔우드 앤더슨이 『와인즈버그, 오하이오』(1916)에서 이러한 유형의 실험을 한 적이 있다.

셋째, 『우리들의 시대에』는 헤밍웨이 문학에서 일종의 창고와 같은 구실을 한다. 뒷날 그는 작품의 소재가 필요할 때마다 이 책에서 자료를 취해 온다. 가령 그는 「매우 짧은 이야기」에서 제1차 세계대전 중 다치고 이탈리아의 파두아 병원에 입원하고 있는 미국인 병사 이야기를 다룬다. 이 미국인 병사는 병원에 근무하는 루즈라는 여성과 사랑을 하게 되고, 그가 취직하려고 미국에 건너간 사이 그녀는 이탈리아인 소령과 사랑에 빠진다. 헤밍웨이는 『무기여 잘 있어라』(1929)를 집필하면서 이 단편소설에서 중심적인 플롯을 빌려 왔다. 이 단편소설이 건축 설계 도면이라면 장편소설은 전자를 토대로 삼아 지은 건축물이라고 할 수 있다. 다만 차이가 있다면 헤밍웨이는 장편소설에서 남성 주인공(프레더릭 헨리)은 사랑하는 여성을 이탈리아인 장교에게 보내는 대신 자신의 아이를 임신하여 분만하다가 마침내 사망하도록 만든다. 또한 남성 주인공에게 그다지 고분고분하다고 할 수 없는 루즈를 다소곳한 여성(캐서린 바클리)으로 만들어 그 앞에 완전히 무릎을 꿇도록 한다.

이렇게 『우리들의 시대에』로 문단에 화려하게 데뷔한 헤밍웨이는 단편집을 잇달아 출간하여 단편 작가로서의 입지를 더욱 확고하게 굳혔다. 『여자 없는 남자』(1927)와 『승자에게는 아무것도 주지 마라』(1933)를 출간했고, 1938년에는 지금까지 쓴 단편소설을 모두 묶어 『제5열』이라는 희곡 작품과 함께 『제5열 및 최초 49단편선』(1938)을 출간했다. 뒷날 그는 『제5열』과 『단편선』을 따로 분리하여 출간하기도 했다. 이 『단편선』의 서문에서 헤밍웨이는 "오래 살아서 장편소설 세 편과 단편소설 스물다섯 편을 더 썼으면 좋겠다"고 밝혔다. 그러면서 작품을 쓸 만한 좋은 소재들을 잘 알고 있다고 말하기도 했다. 이때 그의 나이 서른아홉 살이었다. 그가 바라던 것처럼 그는 사망하기 전까지 『누구를 위하여 종은 울리나』(1940), 『강을 건너 숲속으로』(1950), 『노인과 바다』(1952) 같은 장편소설을 세 편 더 썼다. 그러나 단편소설은 비록 25편은 채 못 되어도 20여 편 가까이 더 썼지만 안타깝게도 『단편선』에 수록된 작품에 맞먹는 수준 높은 작품은 한 편도 쓰지 못했다.

헤밍웨이가 사망하던 해에는 『킬리만자로의 눈 및 기타 단편소설』(1961)이 출간되었다. 그가 사망한 뒤에는 닉 애덤스라는 주인공이 등장하는 단편소설만을 따로 묶어 『닉 애덤스 이야기』(1972)가 출간되었다. 이 작품집에는 모두 24편의 작품이 수록되어 있는데 그중에서 8편은 이전에 한 번도 출간된 적이 없는 신작이다. 1987년에는 '핑카 비히아'판 『단편전집』이 출간되었으며, 1997년에는 다시 『49단편선』에 수록된 작품과 그동안 수록되지 않은 작품을 보태어 『헤밍웨이 단편집』이 출간되었다. 그가 집필한 단편소설은 『헤밍웨이 단편집』에 수록된 49편에 그 뒤 20여 편이 추가되어 모두 70여 편에 이른다. 동시대 작가 스콧 피츠제럴드가 180여 편, 윌리엄 포크너가 125여 편의 단편소설을 집필한 것과 비교하면 그렇게 양이 많다고는 할 수 없을지 몰라도 작품의 질에서는 피츠제럴드에게 절대로 뒤지지 않는다. 한편 포크너는 헤밍웨이보다 조금 적게 50여 편의 단편소설을 썼지만 그의 작품도 헤밍웨이의 작품 못지않게 단편소설의 역사에서 굵직한 획을 그었다.

자전적 단편소설

어니스트 헤밍웨이는 어느 작가보다도 작품 속에 자신의 삶을 많이 투영한 자전적 작가다. 남북전쟁에 직접 참여하지 않고서도 남북전쟁에 관한 소설을 쓴 스티븐 크레인과는 달리, 헤밍웨이는 몸소 경험하지 않은 일은 좀처럼 작품에 쓰지 않았다. 예를 들어 본격적인 의미에서 처녀 장편소설이라고 할 『태양은 다시 떠오른다』(1926)는 제1차 세계대전이 휴전에 들어가고 난 뒤 프랑스 파리에서 문학 수업을 받던 시절 자신을 포함한 국외 이주자들의 삶, 즉 거트루드 스타인이 '길 잃은 세대'라고 부른 젊은이들을 묘사한 작품이다. 신문사 특파원으로 등장하는 주인공 제이크 반스는 여러모로 헤밍웨이와 닮은 인물이다. 두 번째 장편소설 『무기여 잘 있어라』는 헤밍웨이가 제1차 세계대전 중 앰뷸런스 부대원으로 이탈리아 전선에서 복무한 경험을 바탕으로 쓴 작품이다. 『누구를 위하여 종은 울리나』는 그가 북아메리카통신연맹(NANA) 통신 특파원 자격으로 스페인 내전에 참가한 경험을 살려 쓴 작품이다. 헤밍웨이가 살아 있을 때 출간한 마지막 작품인 『노인과 바다』(1952)는 플로리다 주의 키웨스트와 쿠바의 아바나 근교에 살면서 멕시코 만에서 낚시질하던 경험이 없이는 도저히 쓸 수 없었던 작품이다. 이렇듯 헤밍웨이의 작품에는 작가 자신이 살아온 삶의 궤적이 짙게 각인되어 있다.

이러한 사정은 헤밍웨이의 단편소설에서도 예외가 아니다. 초기 단편소설에 주로 등장하는 닉 애덤스는 여러모로 헤밍웨이 자신의 분신으로 보아도 크게 틀리지 않을 것이다. 『닉 애덤스 이야기』에 수록된 이야기는 ① '북부 숲', ② '독립하여', ③ '전쟁', ④ '병사의 고향', ⑤ '두 동료' 등 크게 다섯 부분으로 나뉜다. '북부 숲'이란 두말할 나위 없이 헤밍웨이의 부모가 해마다 여름철이 되면 식구들을 데리고 여름휴가를 보내던 북부 미시건 주의 숲을 가리킨다. 헤밍웨이는 어린 시절부터 미시건 호수 근처

여름 별장에서 식구들과 함께 지내면서 낚시와 사냥을 하며 시간을 보냈다. 「인디언 마을」과 「의사와 의사의 아내」 같은 단편소설은 이 '북부 숲'을 배경으로 펼쳐진다. '독립하여' 부분에는 「권투 선수」와 「살인자들」 같은 작품이 포함된다. '전쟁' 부분에는 「지금 내 몸을 누이며」와 「이국에서」 같은 작품이 포함되어 있으며, '병사의 고향' 부분에는 「심장이 두 개 달린 큰 강」과 「3일 동안의 폭풍」 같은 작품이 실려 있다. 그리고 마지막으로 '두 동료' 부분에는 「알프스의 목가」와 「아버지와 아들」 같은 작품이 들어 있다.

그런데 여기에서 한 가지 찬찬히 눈여겨볼 것은 이 다섯 부분이 주인공 닉 애덤스의 성장과 밀접하게 관련되어 있다는 점이다. '북부 숲'에 수록된 작품들에서는 주로 유년·소년 시절의 닉을 다룬다. '독립하여'에서는 글자 그대로 닉이 부모의 영향권에서 벗어나 어느 정도 독립적으로 생활하던 시절, 그러니까 청년 시절의 닉이 주인공으로 등장한다. '전쟁'에서는 닉이 제1차 세계대전에 참여하여 다치고 치료받았던 경험을 다룬다. '병사의 고향'에서는 이탈리아 병원에서 퇴원한 뒤 고국에 돌아와 적응해 가는 경험이 중심적인 플롯을 이룬다. 또한 '두 동료'에서는 닉이 어느덧 결혼하여 아이의 아버지가 되는 중년의 모습을 다룬다. 한마디로 닉을 주인공으로 삼는 단편소설들에서는 어린 시절에서 사춘기를 거쳐 병사로, 작가로, 그리고 부모로 성장해 가는 과정을 연대기적으로 그린다. 그리고 그 과정은 헤밍웨이가 살아온 삶의 궤적과 거의 그대로 일치한다.

헤밍웨이의 단편소설에 나타나는 자전적 요소는 비단 닉 애덤스를 주

스페인 내전 중 특파원으로 근무하면서 집필에 전념하던 어니스트 헤밍웨이.
전쟁이 있는 곳이라면 그는 늘 그곳에 가곤 했다.

인공으로 삼는 작품에만 그치지 않는다. 실제로 그의 모든 단편소설은 작가 헤밍웨이의 삶과 직접 또는 간접으로 연관되어 있다. 그중에서도 그의 대표적인 단편소설이라고 할 「킬리만자로의 눈」(1936)에서는 작가의 체취가 물씬 풍긴다. 이 작품에서 헤밍웨이는 해리라는 작가가 아프리카 수렵 여행을 하던 중 가벼운 부상을 입지만 치료를 게을리 한 나머지 괴저병으로 죽어 가는 모습을 다룬다. 한때는 그런대로 작가로서 촉망받는 편이었지만 헬렌 같은 부유한 여자와 결혼하고 상류층 사람들과 어울리면서 그는 작가로서의 성실성을 배반하고 말았다. 물론 해리는 자신이 부자들과 한 패거리가 된 것은 아니고 어디까지나 그들의 삶을 잘 안 뒤 그들에 관한 작품을 써 보려고 했을 뿐이라고 변명한다. "내심으로는 언젠가 이 사람들, 엄청난 부자들에 관한 얘기를 써 보리라고 말했다. 너는 실제로 그들에 속한 사람이 아니고 다만 그들 사회의 스파이에 지나지 않았다고, 그러기에 그 사회를 떠나 그것에 대해 작품을 써 보리라고 말이다." 그러나 죽음에 직면한 주인공 해리는 그러한 생각이 한낱 구차한 변명이요 자기 합리화에 지나지 않았음을 깨닫는다. 한마디로 지식과 사랑을 얻기 위해 메피스토펠레스에게 자신의 영혼을 판 파우스트처럼 해리는 편안하고 안락한 삶을 누리기 위해 문학적 재능을 포기했던 것이다.

이 작품에서 실패한 작가 해리는 헤밍웨이의 자신으로 보아 크게 틀리지 않는다. 어떤 의미에서 헤밍웨이 또한 해리처럼 부유한 여성과 결혼하면서 문학적 재능을 낭비했기 때문이다. 헤밍웨이가 결혼한 네 여성 중에서 두 번째 부인 폴린 파이퍼는 부유한 여성이었다. 그가 폴린을 처음 만났을 때 그녀는 파리의 《보그》지에서 근무하던 부유한 패션 작가였다. 두 사람은 결혼하자마자 파리 생활을 청산하고 미국에서도 부유층만이 살 수 있는 고급 휴양지 플로리다 주 남단 키웨스트 섬으로 이주하여 호화로운 생활을 누리기 시작했다. 10여 년 이곳에 머무는 동안 헤밍웨이와 폴린은 멕시코 만에서 선박을 구입하여 대어(大漁)를 잡는 대양 낚시를 즐겼다. 또한 두 사람은 스페인으로 투우 관람 여행을 떠나는가 하면, 아프리카 케냐로 수렵 여행을 떠나기도 했다.

이렇게 문학적 재능을 주고 부(富)와 안일을 샀다는 점에서 해리는 헤밍웨이와 크게 다르지 않다. 「킬리만자로의 눈」에서 주인공 해리는 "아무것도 쓰지 않고 안일만을 추구하며 자신이 경멸해 마지않는 그런 인간이 되어 버린 하루하루의 생활이 그의 재능을 우둔하게 만들었고 집필에 대한 의욕마저 약하게 했다. 그래서 결국 그는 아무것도 쓰지 못하게 되고 말았던 것이다"라고 고백한다. 그런데 해리의 이 말은 헤밍웨이의 입에서 나온 말로 받아들일 수 있다. 키웨스트에서 편안한 삶을 누리는 동안 헤밍웨이는 이미 상당 부분을 써 놓았던 『무기여 잘 있어라』를 수정하고 보완하여 출간했을 뿐 이렇다 할 작품을 쓰지 못했다. 이 무렵 그는 스페인의 투우를 다룬 『오후의 죽음』(1932)과 아프리카의 수렵 여행을 다룬 『아프리카의 푸른 언덕』(1935) 같은 논픽션 작품을 출간했을 뿐이다. 물론 『유산자와 무산자』(1937) 같은 장편소설을 출간했지만 비평가들이나 독자들로부터 거의 주목을 받지 못했다.

「킬리만자로의 눈」에는 해리가 줄리언이라는 동료 작가를 회상하는 장면이 나온다. 부자들에 대해 '로맨틱한 경외심'을 품고 있는 줄리언 또한 자신처럼 돈 많은 사람들과 어울린 나머지 문학적 재능을 낭비한 채 이렇다 할 작품을 창작하지 못한 실패한 작가였다.

> 그는 가련한 줄리언이 생각났다. 줄리언은 부자들에 대해 로맨틱한 경외심을 품고 있어 언젠가 한 번은 "돈 많은 사람들은 당신이나 나와는 다른 족속이야"라는 구절로 시작되는 소설을 쓴 적이 있었다. 그때 어떤 사람이 줄리언에게 "그래, 당연히 그들은 우리보다 돈이 많지"라고 말했다. 그러나 줄리언에게는 그 말이 유머로는 들리지 않았다. 그는 부자란 특수한 매력을 지닌 족속이라고 생각하고 있었는데, 실제로는 그렇지 않다는 사실을 깨달았을 때 그는 다른 어떤 것 못지않게 그 때문에 파탄했다.

여기에 나오는 "돈 많은 사람들은 당신이나 나와는 다른 족속이야"라는 구절로 시작되는 소설이란 다름 아닌 F. 스콧 피츠제럴드의 중편소설 「부잣집 아이」(1926)를 말한다. 실제로 피츠제럴드는 이 중편소설의 첫머리에서 그렇게 언급했다. 그런데 헤밍웨이가 이 작품을 발표할 때에는 '줄리언'이 아니라 '스콧'이라는 이름을 사용했다. '스콧'이란 두말할 나위 없이 피츠제럴드를 염두에 두고 붙인 이름이다. 같은 미국 중서부 출신인 데다 헤밍웨이보다 세 살 위인 피츠제럴드는 후배 작가가 문단에 데뷔하는 데 그야말로 결정적인 역할을 해 준 사람이다. 『위대한 개츠비』(1925)로 이미 문단에 확고한 기반을 닦은 피츠제럴드는 찰스 스크리브너스 출판사의 편집자 맥스웰 퍼킨스에게 헤밍웨이를 "진짜 작가"라고 부르면서 적극적으로 추천했다. 그러나 피츠제럴드와 헤밍웨이는 문학에 대한 태도에서 사뭇 달랐다. 몇 번이고 선배 작가에게 충고해도 듣지 않자 헤밍웨이는 마침내 「킬리만자로의 눈」에서 그를 이렇게 실패한 작가로 직접 언급하기에 이르렀다. 피츠제럴드가 헤밍웨이에게 이 구절을 생각하면 잠이 오지 않는다고 말하면서 제발 그 이름을 빼 달라고 사정하자 '스콧'을 '줄리언'으로 대체했다.

따지고 보면 해리가 줄리언을 탓할 처지가 아니듯이 헤밍웨이도 피츠제럴드를 탓할 처지가 되지 못했다. 폴린과 결혼한 뒤 헤밍웨이는 작품을 쓰는 대신 사치와 낭비를 일삼고 흥청거리면서 살았는가 하면, 알코올 중독증에 시달리고 대중의 인기를 지나치게 의식하고 있었다. 한마디로 헤밍웨이는 성실한 작가보다는 공적인 이미지에 신경을 쓰는 대중의 스타로 만족했다. 작가의 성실성에 관하여 그는 "작가의 성실성이란 처녀성과 같아서 일단 상실하면 다시 회복할 수 없다"고 말한 적이 있다. 헤밍웨이는 이렇게 상실한 성실성을 회복하려고 피나는 노력을 아끼지 않았고, 어느 정도는 회복할 수 있었지만 어떤 의미에서는 완전히 회복할 수는 없었다. 1962년 7월 아이다호 주 케첨 자택에서 그가 엽총으로 자살한 데에는 여러 이유가 있지만, 그 가운데 하나는 잃어버린 작가의 성실성을 끝내 회복할 수 없었기 때문이다.

그러나 헤밍웨이의 작품에서 자전적 요소는 흔히 생각하는 것보다 훨씬 복잡하게 이루어진다. 이 점과 관련하여 그는 "모든 작가는 자신의 작품 속에 대부분 들어 있다. 그러나 문제는 그렇게 단순하지는 않다"고 밝힌다. 헤밍웨이는 자신의 삶이나 주변에서 소재를 취하되 어디까지나 이러한 소재를 상상력의 도가니에서 재창조했다. "창조는 가장 훌륭한 것이지만 실제로 일어나지 않은 어떤 것을 창조할 수는 없다"고 한 그의 말을 귀담아들을 필요가 있다. 이렇게 헤밍웨이는 자신이 잘 알고 있는 사실에 바탕을 두고 작품을 써야 마땅하지만 그렇다고 실제 사실을 그대로 옮겨 놓아서는 안 된다고 생각했다.

헤밍웨이는 『태양은 다시 떠오른다』를 예로 들면서 주인공 제이크 반스를 자신과 동일시해서는 안 된다고 말했다. 자신이 제1차 세계대전 중 부상을 입었다는 사실 말고는 두 인물 사이에 아무런 공통점이 없다는 것이다. 자신은 제이크처럼 성기에 부상을 입은 적도 없고 오직 병원에서 그와 비슷한 부상을 입은 환자를 보고 상상력을 동원해 제이크를 창조해 냈을 뿐이라는 것이다. 한 번은 유태인 작가 로버트 콘의 모델이라고 생각하는 해럴드 롭이 헤밍웨이에게 "왜 나를 언제나 울도록 만들었냐"고 물은 적이 있다. 그러자 헤밍웨이는 롭에게 "만약 그 사람이 자네라면 화자(話者)는 내가 될 수밖에 없을걸세"라고 말하면서 "그렇다면 자네는 내 성기가 잘려 나갔다고 생각하는 건가"라고 반문했다. 헤밍웨이는 이 작품의 95퍼센트는 "순수한 상상력"의 산물이라고 지적했다. 또 그는 『무기여 잘 있어라』도 "서너 가지 사건을 제외하고는 모든 사건과 모든 대화를 창조했다. 가장 훌륭한 부분은 내가 모두 창조해 낸 것이다"라고 밝혔다. 이러한 사정은 장편소설뿐만 아니라 단편소설에도 크게 다르지 않다.

잠옷 차림의 어니스트 헤밍웨이.
한 손을 이마에 대고 다른 손에 펜을 들고 있는 모습이 무척 진지해 보인다.
미국 작가 중에서 그만큼 작가로서 직업의식이 투철한 사람을 찾아보기 어렵다.

이렇듯 헤밍웨이는 자신의 실제 삶에서 작품의 소재나 인물 또는 배경 등을 취해 오되 있는 그대로 옮겨 놓지는 않았다. 헤밍웨이의 말대로 물론 「하루의 기다림」, 「폭풍이 지나간 뒤」, 「한 독자의 편지」, 「와이오밍의 포도주」 같은 작품은 실제로 일어난 사실에 기초를 두었다. 그러나 다른 단편소설들은 하나같이 그가 '완전히 창조한' 작품들이다. 헤밍웨이 문학의 특징은 특수한 개인적 경험을 좀 더 보편적인 경험으로 끌어올린다는 데 있다. 단편소설이건 장편소설이건 그의 작품이 찬란한 빛을 내뿜을 때 자전적 한계를 훌쩍 뛰어넘는다.

닉 애덤스를 비롯한 작중인물은 헤밍웨이 자신이 아니라 좀 더 보편적인 인물 즉 갑남을녀나 필부필녀라고 할 수 있다. "단편소설에 등장하는 닉은 한 번도 실제 자신인 적이 없었다. 그는 그를 만들어 냈다." 그러면서 닉은 인디언 여성이 아이를 낳는 것을 한 번도 본 적이 없다고 지적했다. 여기서 헤밍웨이는 「인디언 마을」에서 나이 어린 닉이 아버지를 따라 인디언 마을에 가서 아버지가 인디언 여성을 수술 도구도 없이 칼과 낚싯줄로 제왕절개 수술을 하는 광경을 목격하는 장면을 언급한다.

헤밍웨이가 동시대 작가 토머스 울프나 로버트 맥앨먼의 작품을 별로 탐탁하지 않게 여긴 까닭이 바로 여기에 있다. 울프는 작품 사이사이에 수사적(修辭的) 표현을 사용할 뿐 오직 자신의 삶에 관해서만 작품을 쓰고 있다고 비판했다. 그러면서 자신은 "할 수만 있다면 이 세계 전체에 관하여 작품을 쓰고 싶었다"고 밝혔다. 또 헤밍웨이가 맥앨먼의 작품을 대수롭지 않게 생각한 까닭도 그가 울프처럼 실제 삶을 작품으로 제대로 형상화해 내지 못했기 때문이다. 맥앨먼은 헤밍웨이의 첫 작품집『세 편의 단편과 열 편의 시』를 출간해 준 작가요 출판업자였다. 헤밍웨이는 "맥앨먼이 삶과 너무 가깝게 작품을 썼다"고 불평을 늘어놓았다. 그러면서 "삶을 소화하고 나서 작가 자신의 인물을 창조해야 한다"고 지적했다. 여기서 찬찬히 눈여겨보아야 할 단어는 '소화'다. 음식을 먹으면 우리 몸은 섭취한 음식물을 분해하여 영양분을 흡수하기 쉬운 형태로 변화시킨다. 만약 섭취한 음식물을 제대로 분해하지 못하면 먹은 음식은 오히려 몸에 영양분이 아니라 해로운 독이 된다. 이와 마찬가지로 작가가 작품 속에 사용하는 실제 삶도 작품 속에서 화학적 반응을 일으켜 제3의 어떤 것으로 변화될 때 비로소 창조적인 작품이 될 수 있다는 말이다.

이 점과 관련하여 헤밍웨이 연구가 잭슨 벤슨은 헤밍웨이가 "만약 ~라면 과연 어떻게 될까"라는 '가정'의 시나리오에 의존하여 작품을 썼다고 지적한다. 다시 말해서 헤밍웨이는 자신의 삶에서 작품의 인물이나 소재를 취하되 사실 그대로 사용하지 않고 어디까지나 가상적으로 발전시킨다는 것이다. 가령 만약 전투를 하다가 병사가 성기에 부상을 입는다면 어떻게 될까? 성적 충동은 느끼지만 막상 성행위를 할 수 없다면 어떻게 될까? 벤슨에 따르면 헤밍웨이는 이러한 가상적 시나리오를 토대로『태양은 다시 떠오른다』의 주인공 제이크 반스를 창조했다. 한 미국인 청년이 이탈리아 전선에서 부상을 입고 후방 병원에서 치료를 받던 중 한 간호사를 만나 사랑에 빠지는데, 만약 그녀가 그를 배반하고 이탈리아 남성한테 가지 않고 미국인 청년을 계속 사랑한다면 어떻게 될까? 더구나 그녀가 그의 아이를 낳다가 제왕절개 수술을 받고 결국 출혈이 멈추지 않아 목숨을 잃게 된다면 어떻게 될까? 『무기여 잘 있어라』는 바로 이러한 가상의 시나리오에 기반을 둔 작품이다.

한마디로 닉 애덤스를 비롯한 헤밍웨이 인물은 헤밍웨이 자신이라기보다는 어디까지나 그의 '페르소나'에 지나지 않는다. 고대 그리스 연극에서 배우들은 하나같이 얼굴에 가면을 쓰고 등장했다. 그래서 지금도 연극의 등장인물을 '드라마티스 페르소나'라고 부른다. 헤밍웨이의 작품에서 작중인물들은 헤밍웨이의 가면을 쓰고 등장할 뿐 작가 자신이 직접 모습을 드러내지는 않는다. 그러므로 헤밍웨이 작품을 좀 더 객관적으로 이해하기 위해서는 무엇보다도 작가 헤밍웨이와 허구적 작중인물을 서로 엄격히 구분해야 할 것이다.

단편소설과 장편소설의 유기적 관계

어니스트 헤밍웨이 단편소설의 특징 가운데 하나는 장편소설과 유기적인 관계를 맺고 있다는 점이다. 물론 그 자체로 독립적인 문학 장르에 속하는 단편소설은 장편소설의 한 장(章)이거나 장편소설을 축소해 놓은 것이 아니다. 다시 말해서 단편소설은 장편소설과는 엄격히 구분되는 그 나름의 장르적 특성이 있다. 윌리엄 포크너는 장편소설과 비교해 볼 때 단편소설이 좀 더 엄격한 장르라고 밝혔다. 이 점과 관련하여 그는 "장편소설의 경우에는 좀 더 부주의할 수가 있다. 즉 장편소설 속에는 쓰레기를 집어넣을 수 있다. 그러나 시에 버금가는 단편소설에서는 모든 어휘가 거의 정확해야 한다"고 말한다. 그런데도 헤밍웨이는 장편소설을 집필하면서 흔히 단편소설에서 사용한 사건이나 모티프, 플롯, 배경, 인물, 상징 등을 빌려 오기 일쑤였다. 이렇듯 그의 문학에서 장르와 장르 사이의 벽이 그렇게 높지 않았다.

예를 들어 『태양은 다시 떠오른다』에는 주인공 제이크 반스가 친구인 빌 고튼과 함께 스페인의 바스크 지방 부르게테로 낚시 여행을 하는 장면이 나온다. 팜플로나 축제에서 투우를 구경하기 전에 하는 이 낚시 여행은 여러모로 상징적 의미가 크다. 문명의 손길이 닿지 않는 한적한 개울에서 닷새 동안 송어를 잡는 것은 전쟁에서 입은 육체적·정신적 상처를 치료하기 위한 일종의 제의적 행동이다. 그런데 이 장면은 제1부와 제2부로 발표한 단편소설 「심장이 두 개 달린 큰 강」과 밀접하게 관련되어 있다. 이 단편소설의 주인공도 미시건 북부에서 낚시질하면서 전쟁에서 입은 정신적 상처를 치유한다. 그런가 하면 『태양은 다시 떠오른다』의 후반부에서 중요한 역할을 하는 투우와 투우사에 관한 장면은 「세계의 수도」나 「패배하지 않는 사람들」 같은 단편소설과 맞닿아 있다.

이 점에서는 『무기여 잘 있어라』도 『태양은 다시 떠오른다』와 크게 다르지 않다. 「매우 짧은 이야기」는 제목 그대로 길이가 아주 짧아 단편소설이라기보다는 차라리 산문 소품에 가까운 작품이다. 그러나 이 작품은 미국인 청년이 제1차 세계대전에 참전하여 이탈리아 전선에서 부상을 입고 후방 병원에서 치료를 받는 중 간호사로 근무하는 미국인 아가씨와 사랑에 빠지는 이야기를 다룬다. 이 작품은 뒷날 『무기여 잘 있어라』의 중심 플롯으로 발전한다. 주인공 '그'는 프레더릭 헨리로, 루즈라는 여주인공은 캐서린 바클리로 이름을 바꾸어 등장할 뿐 두 인물은 장편소설의 인물과 아주 비슷하다. 두 사람이 병실의 발코니에 앉아서 서치라이트를 바라보는 것도, 루즈가 사랑하는 사람과 같이 시간을 보내기 위해 야간 근무를 하는 것도, 그리고 그녀가 '그'가 수술을 잘 받을 수 있도록 준비를 해 주는 것도 서로 비슷하다. 다만 작품의 지리적 배경을 이탈리아 파두아에서 밀라노로 바꾸어 놓은 것이 다를 뿐이다.

헤밍웨이는 『무기여 잘 있어라』를 집필하면서 「매우 짧은 이야기」 말고도 「이국에서」라는 단편소설에서도 중요한 사건을 빌려 왔다. 밀라노를 지리적 배경으로 삼고 있는 이 작품은 전쟁에서 부상을 입은 병사들이 육군 병원에서 물리 치료를 받는 이야기를 다룬다. 일인칭 화자이자 주인공인 '나'는 밀라노 육군 병원에서 물리 치료를 받는 프레더릭과 크게 다르지 않다. 다만 이 단편소설에서는 '나'가 사랑하는 여성이 사망하는 것이 아니라 같이 치료를 받는 소령의 아내가 사망한다.

헤밍웨이의 장편소설은 그 자체로도 의미가 있지만 그의 단편소설과 관련지어 읽을 때 그 의미가 더욱 크다. 이와 마찬가지로 그의 단편소설도 그의 장편소설에 비추어 읽으면 그 의미가 좀 더 깊고 넓어진다. 적어도 이 점에서 헤밍웨이의 단편소설은 윌리엄 포크너의 단편소설과 비슷하다. 포크너의 단편소설도 그의 장편소설과 유기적인 관련을 맺고 있다.

포크너는 헤밍웨이보다 한발 더 나아가 몇몇 단편소설을 아예 장편소설의 일부로 거의 그대로 삽입하기도 했다.

헤밍웨이와 미국 단편소설 전통

어니스트 헤밍웨이의 단편소설은 좁게는 미국 문학사, 넓게는 세계 문학사에서 독특한 위치를 차지한다. 미국 문학이 단편소설에서 시작되었듯이 이 문학 장르가 미국 문학사에서 차지하는 몫은 무척 크다. 워싱턴 어빙의 『스케치 북』(1820)에는 「슬리피 할로의 전설」과 「립 밴 윙클」 같은 단편소설이 수록되어 있다. 이렇게 어빙이 처음 씨앗을 뿌린 단편소설은 그 뒤 19세기 중엽 '미국의 문예부흥기'에 이르러 너새니얼 호손, 허먼 멜빌, 에드거 앨런 포 같은 작가들에 의해 활짝 꽃을 피웠다. 특히 '단편소설의 아버지'로 흔히 일컫는 포는 단편소설을 독립적인 문학 장르의 반열에 올려놓은 작가로 평가받는다. 미국 문학사는 말할 것도 없고 세계 문학사에서도 이론적인 면에서나 실제적인 면에서나 포만큼 단편소설에 크게 이바지한 사람을 찾아보기 어렵다.

낭만주의 시대에 이어 사실주의와 자연주의 시대에서도 크게 다르지 않아서 마크 트웨인을 비롯하여 헨리 제임스, 윌리엄 딘 하우얼스, 하트 크레인 같은 작가들이 단편소설의 수준을 한 단계 올려놓았다. 이러한 사정은 20세기에 들어와서도 크게 다르지 않았다. 오 헨리, 시어도어 드라이저, 거트루드 스타인, 그리고 제1차 세계대전 이후에는 F. 스콧 피츠제럴드, 윌리엄 포크너, 헤밍웨이, 존 스타인벡 등이 단편소설을 더욱 발전시켰다. 그 뒤에도 존 치버, 플래너리 오코너, 존 업다이크, 레이먼드 카버 등이 바통을 이어받는다. 그러므로 미국 문학사에서 단편소설은 어떤 의미에서는 장편소설보다도 더 중요한 역할을 해 왔다.

그런데 헤밍웨이는 미국 단편소설의 전통에서 굵직한 획을 그었다. 미국에서 단편소설은 크게 두 전통에서 발전해 왔다. 하나는 오 헨리 전통이고, 다른 하나는 헨리 제임스 전통이다. 전자가 사건과 플롯에 무게를 둔다면, 후자는 작중인물의 내적 갈등 같은 심리적 측면에 무게를 싣는다. 오 헨리는 작품에서 사건을 핵심적인 플롯으로 삼는다. 한편 헨리 제임스의 작품에서는 이렇다 할 플롯이 없이 작중인물의 심리 묘사가 주축을 이룬다.

이러한 단편소설의 두 전통은 비단 미국 문학에만 그치지 않고 유럽 문학에서도 찾아볼 수 있다. 역사적으로 볼 때 유럽에서 단편소설은 기 드 모파상 전통과 안톤 체홉 전통의 양대 산맥에서 발전해 왔다. 흔히 '객관적 전통'과 '주관적 전통'이라고 일컫는 것이 바로 그것이다. 주로 프랑스 작가들이 수립·발전한 첫 번째 전통은 문학 사조에서 볼 때 사실주의나 자연주의와 깊이 관련되어 있다. 이 전통에서는 날카로운 관찰, 생생한 세부 묘사, 명료하고 적확한 표현 등을 생명처럼 소중하게 생각했다. 모파상을 비롯하여 오노레 드 발자크, 귀스타브 플로베르, 프로스페르 메리메 같은 작가들이 이 전통을 세우는 데 크게 이바지했다.

한편 주로 러시아에서 뿌리를 내리고 가지를 뻗은 단편소설의 '주관적 전통'은 객관적 전통과는 달리 플롯보다는 작중인물과 그 성격을 훨씬 강조했다. 작중인물을 강조하되 작중인물의 단순한 외부 행동보다는 오히려 그가 느끼는 감정이나 심리적 갈등 또는 성격 묘사에 무게를 실었다. 이 전통은 안톤 체홉을 비롯하여 이반 투르게네프, 니콜라이 고골 같은 작가들이 발전시켰다. 이 러시아 작가들은 플로베르나 모파상처럼 평범한 일상생활을 다루면서도 작중인물의 삶에서 '순간적인 모멘트'를 포착·표현하는 데 초점을 맞추었다. 이 주관적 전통에서는 플롯이라고 할 만한 사건이 거의 없고, 비록 있다고 해도 플롯이 느슨하고 산만하게 진행될 뿐만 아니라 작중인물의 성격이나 그가 놓여 있는 상황도 조금씩 전개된다. 투르게네프나 체홉 같은 러시아 작가들의 작품에서는 아무런 사건도 일어나지 않는다는 말을 자주 듣는 것은 바로 그 때문이다.

헤밍웨이는 단편소설의 이 두 전통 가운데 어느 한쪽에만 관심을 기울이지 않았다. 플롯 중심의 객관적 전통을 이어받아 발전시키는 한편, 작중인물의 미묘한 성격이나 내적 갈등을 중시하는 주관적 전통에도 깊은 관심을 기울였다. 말하자면 첨예하게 대립하는 두 전통 사이에서 그는 제3의 전통을 수립했다고 볼 수 있다. 단편소설의 이러한 제3의 전통을 '헤밍웨이 전통'이라고 불러도 좋을 것이다. 얼핏 보면 헤밍웨이는 객관적 전통을 그대로 따르는 것 같지만 자세히 살펴보면 단순히 사건이나 작중인물의 행동을 기술하고 있지 않음이 밝혀진다. 이와는 반대로 외적 행동이 거의 없다시피 하는 작품에서도 작중인물들이 겪는 내적 갈등은 마치 투우나 사냥처럼 동적이고 격렬하다.

헤밍웨이의 '빙산 이론'

헤밍웨이의 단편소설에서 그가 말하는 '빙산 이론'은 특히 주목할 만하다. 이 이론은 그의 장편소설에도 잘 들어맞지만 에드거 앨런 포의 말대로 '단일한 효과'나 '인상의 통일성'을 목숨처럼 소중하게 간주하는 단편소설에 훨씬 잘 들어맞는다. 흔히 '생략 이론'으로도 일컫는 빙산 이론이란 한 작품에서 그 의미를 표층적으로 분명하게 드러내지 않는 소설 미학을 말한다. 작품의 진정한 의미는 표층 아래 즉 심층에 들어 있기 때문이라는 것이다. 고등학교를 졸업한 직후 헤밍웨이는 《캔자스시티 스타》지(紙)의 수습기자 생활을 하면서 진실이란 표층적 이야기 뒤에 숨어 있다는 사실을 배웠다. 캔자스시티의 시청, 병원의 응급실, 경찰서 등의 현장에서 기사를 취재하면서 그는 사람들이 "아무리 취약한 점이라도 갑옷처럼" 냉소주의의 가면으로 위장한다는 사실을 깨달았다. 이 무렵 신문기자 생활을 하면서 그는 육하원칙에 따른 간결하고 명료한 문체를 습득하는 것 이상으로 많은 것을 배웠다.

헤밍웨이는 캐나다에서 발행되는 신문 《토론토 스타》의 특파원 자격으로 1920대 초엽 파리에서 살면서 빙산 이론은 더욱 체계적으로 다듬었다. 이 무렵 그리스-터키 전쟁을 취재한 경험은 그가 이 이론을 좀 더 정교하게 다듬고 실험하는 데 더할 나위 없이 좋은 계기가 되었다. 이 전쟁에 관해 헤밍웨이는 모두 14편에 이르는 기사를 썼다. 그런데 그의 전기 작가 제프리 마이어스는 헤밍웨이가 이 기사를 쓰면서 "초점의 집중과 강도 즉 무대보다는 스포트라이트의 효과를 얻으려고 오직 즉각적인 사건만을 객관적으로 보고했다"고 지적한다. 헤밍웨이는 신문 기사를 작성하면서 얻은 경험을 소설 작법에 적용하려고 했다. 허구는 실제로 일어난 사건에 기초를 두되 그 사건을 정제하여 정수를 뽑아낼 수만 있다면 상상력으로 꾸며낸 것이 실제 사실보다 훨씬 진실할 수 있다는 사실을 깨달았다.

그러나 헤밍웨이가 빙산 이론을 명시적으로 거론한 것은 1923년 「때늦은 계절」이라는 단편소설을 탈고한 직후였다. 이 작품의 결말에 관하여 그는 "나는 「때늦은 계절」에서 노인이 목을 매 자살하는 진짜 결말을 생략해 버렸다. 작가는 무엇이든 생략할 수 있다. 생략한 부분이 작품의 힘을 강하게 할 것이라는 나의 새로운 이론에 따라 그것을 생략했다"고 밝혔다. 「단편소설의 기술」에서도 헤밍웨이는 "만약 작가가 잘 알고 있는 중요한 사실이나 사건을 생략한다면 그 작품은 더 강화된다. 만약 몰라서 어떤 것을 생략하거나 빼 버린다면 그 작품은 아무런 가치도 없을 것이다. 어떤 작품이 훌륭한지 아닌지 하는 테스트는 작가의 편집자가 아니라 작가가 직접 얼마 잘 생략하느냐에 달려 있다"고 말했다. 『오후의 죽음』에서 그는 이렇게 작가가 생략한 부분을 수면 아래 잠겨 있는 빙산에 빗대었다.

> 만약 산문 작가가 자신이 쓰고 있는 것에 대해 충분히 잘 알고 있다면 그는 그가 알고 있는 것을 생략할지 모르고, 독자는 작가가 충분히 진실하게 글을 쓰고 있다면 마치 작가가 진술한 것처럼 그 사건을 강렬하게 느끼게 될 것이다. 빙산이 위엄 있게 움직일 수 있는 것은 오직 8분의 1만이 수면 위에 떠 있기 때문이다. 자신이 잘 모르기 때문에 생략하는 작가라면 그의 작품에 공간만을 만들어 낼 뿐이다.

헤밍웨이의 말대로 크기가 웬만한 섬만 한 빙산에서 수면 위에 드러난 부분은 전체의 8분의 1밖에는 되지 않는다. 흔히 '빙산의 일각'이라는 표현하는 것은 바로 그 때문이다. 수면 밑에 가라앉아 있는 8분의 7이 좀처럼 눈에 보이지 않기 때문에 선장들이 가장 두려워하는 것이 바로 빙산이다. 인류 역사에서 최악의 해난 사고 중 하나로 일컬어지는 타이태닉호의 침몰도 북대서양의 빙산과 충돌했기 때문에 일어났다.

헤밍웨이는 훌륭한 작가라면 수면에 떠 있는 빙산만을 보여 주고 8분의 7에 해당하는 나머지 부분은 과감하게 생략해야 한다고 주장했다. 어떤 의미에서 그가 말하는 빙산 이론은 경제학에서 말하는 경제 원칙 즉 최소한의 자재로 최대한의 효과를 얻으려는 원칙과 비슷하다. 수면 위에 떠 있는 것이 작가가 묘사하는 객관적인 사실이라면 수면 밑에 잠겨 있는 것은 암시적인 상징이나 이미지라고 할 수 있다. 노엄 촘스키가 변형-생성 언어학 이론에서 사용하는 용어로 말하면, 헤밍웨이는 표층 구조의 의미보다는 그 밑에 숨어 있는 심층 구조의 의미에 초점을 맞추려고 했던 셈이다.

헤밍웨이의 빙산 이론은 토머스 스턴스 엘리엇이 말하는 '객관적 상관물(相關物)'과 비슷하다. 두 사람 모두 모더니즘의 세례를 받았을 뿐만 아니라 모더니즘에서 선구적인 역할을 했다는 점을 염두에 두면 이 두 이론의 유사성은 쉽게 미루어 볼 수 있다. 객관적 상관물이란 일련의 대상, 상황, 연쇄적인 사건 같은 외부의 사실을 독자들에게 객관적으로 보여 줌으로써 감정을 촉발하는 수법을 말한다. 엘리엇이 시에서 한 작업을 헤밍웨이가 소설에서 시도했다고 해도 크게 틀리지 않는다.

또한 헤밍웨이는 빙산 이론을 정립하면서 러시아의 단편소설 작가 안톤 체홉에게서 적잖이 영향을 받았다. 체홉은 "장면과 작중인물 모두에서 의미 있는 세부 사항을 선택하고 결합하여 이미지를 전달하는 것이 무엇보다도 중요하다"고 말했다. 여기서 그는 불필요한 것을 생략하고 꼭 필요한 사항만을 선택하여 이미지를 만들어 내야 한다고 지적했다. 헤밍웨이는 체홉의 말을 비교적 충실히 따랐다. 체홉이 말하는 '의미 있는 세부 사항'이란 곧 물 위에 떠 있는 빙산을 말한다. 그런데 빙산 이론에서는 무엇보다도 독자의 역동적 역할이 요구된다. 독자는 자본주의 사회의 소비자처럼 단순히 작품의 의미를 받아들이는 대신 생산자처럼 작가와 함께 작품의 의미를 창조적으로 만들어 낸다.

헤밍웨이의 빙산 이론은 그의 초기 작품 가운데 하나인 「인디언 마을」에서 좋은 예를 찾을 수 있다. 이 작품에서 작가는 작중인물의 성격이나 성격의 변모에는 이렇다 할 관심이 없고 오직 겉으로 드러난 객관적 사실만을 열거하고 있는 것처럼 보인다. 언뜻 보면 나이 어린 닉이 의사인 아버지를 따라 인디언 마을에 가서 인디언 여성을 원시적인 방법으로 제왕절개 수술을 하는 장면을 목격하는 이야기에 지나지 않는 것 같다. 그러나 이 작품에서 헤밍웨이는 겉으로 드러난 표층적 의미 이상의 심층적 의미를 다룬다. 산고(産苦)를 겪으며 비명을 지르는 인디언 여성, 산모가 지르는 비명을 듣지 않으려고 길 위쪽 어둠 속에 앉아 담배를 피우고 있는 마을의 사내들, 며칠 전 도끼로 다리에 부상을 입고 침대 위층에 누워 있는 남편 등에 대한 묘사에는 심층적 의미가 내포되어 있다. 이러한 심층적 의미는 닉이 배에 올라타 아버지와 함께 집으로 돌아가는 작품 마지막 장면에서 좀 더 분명하게 엿볼 수 있다.

> 그들은 배에 올라 닉은 고물에 앉고, 아버지는 이물에 앉아 노를 젓기 시작했다. 해가 언덕 너머 위로 막 솟아오르고 있었다. 농어 한 마리가 뛰어올라 수면에 둥그런 파문을 일으켰다. 닉은 물속에 손을 담그고 질질 끌고 갔다. 새벽의 매서운 한기 속에서도 물은 따스했다.
> 이른 아침 호수에서 아버지가 노를 젓는 배의 고물에 앉아 있는 그는 자신이 절대로 죽지 않을 것이라는 확신이 들었다.

첫 문장의 고물과 이물의 대조에서도 볼 수 있듯이 헤밍웨이는 이 작품에서 상반되는 것을 병치시키는 대조법을 즐겨 구사한다. 나이 어린 아들과 아버지, 새벽의 한기와 따뜻한 호수 물, 인디언 마을의 어둠과 언덕 위에 막 떠오르는 아침 해가 바로 그렇다. 이러한 대조를 좀 더 넓혀 보면 원주민과 백인, 원시(인디언 부락)와 문명(백인 마을), 무지와 경험 등으로 이어진다. 더구나 위쪽 침대에서 벌어지는 사건과 아래쪽 침대에서 벌어지는 사건은 사뭇 다르다. 위쪽 침대에서는 남편이 아내의 비명을 견디다 못해 그만 자살하지만 아래쪽 침대에서는 난산 끝에 새로운 생명이 탄생한다. 그러니까 이 침대에서는 죽음과 탄생의 그 신비스러운 드라마가 펼쳐진다.

닉이 아버지와 함께 호수에서 노를 저어 집으로 돌아오면서 "자신이 절대로 죽지 않을 것이라는 확신이 들었다"는 마지막 문장도 좀 더 찬찬히 눈여겨볼 필요가 있다. 두말할 나위 없이 닉이 이렇게 자신 있게 생각하는 것은 조금 전 인디언 남편이 면도칼로 자신의 목을 잘라 자살한 광경을 목격했기 때문이다. 그러나 뒷날 헤밍웨이가 쓴 다른 단편소설을 보면 닉이 품고 있는 이러한 생각은 한낱 환상일 뿐 곧 가혹한 현실에 부딪혀 산산조각으로 깨어지고 만다.

헤밍웨이의 빙산 이론은 「인디언 마을」뿐만 아니라 「흰 코끼리 같은 언덕」이나 「깨끗하고 밝은 곳」 같은 작품에서도 엿볼 수 있지만, 제1부와 제2부로 된 「심장이 두 개 달린 큰 강」에서 가장 분명하게 드러난다. 이 작품이 처음 발표되었을 때 F. 스콧 피츠제럴드는 헤밍웨이에게 "아무런 일도 일어나지 않는 이야기"라고 불평했다. 다시 말해서 단편소설이 반드시 갖추어야 할 플롯이 없다는 것이다. 헤밍웨이는 이 작품이 발표된 지 몇 십 년이 지난 뒤까지도 비평가들이나 독자들이 여전히 작품을 제대로 이해하지 못한다고 불평을 털어놓았다. 이 작품에 관하여 그는 "전쟁에서 고향으로 돌아온 한 청년에 관한 이야기"라고 설명했다. 그러면서 "전쟁이며 전쟁에 관한 모든 언급이며 전쟁에 관한 것이라면 뭐든지 모든 것이 생략되어 있다"고 밝혔다. 헤밍웨이의 말대로 「심장이 두 개 달린 큰 강」의 의미를 좀 더 정확히 이해하려면 표층 구조보다는 심층 구조에 주목해야 한다. 이 작품에서 표층 구조는 주인공 닉이 혼자서 캠핑을 하고 송어 낚시질을 하는 행동이다. 작가는 닉이 텐트를 치고 식사를 준비하고 메뚜기를 잡아 그것을 미끼로 낚시질하는 모습을 조금 지나치다 싶을 만큼 미시적으로 자세히 묘사한다. 가령 텐트를 친 뒤 그가 식사를 준비하는 장면은 더할 나위 없이 좋은 예다.

> 닉은 프라이팬을 불꽃 위 석쇠 위에 올려놓았다. 아까보다 더 배가 고팠다. 콩과 스파게티가 따뜻해졌다. 닉은 그것들을 저어서 서로 섞었다. 표면에 조그만 거품이 힘겨운 듯 일더니 보글보글 끓기 시작했다. 구수한 냄새가 풍겼다. 토마토케첩이 든 병을 꺼내고 빵을 네 조각으로 잘랐다. 조그만 거품이 이제 더 빠르게 끓어오르고 있었다. 닉은 불 옆에 앉아 프라이팬을 내려놓았다. 절반가량을 양철 접시에 쏟자 천천히 접시 위로 퍼졌다. 닉은 그것이 너무 뜨겁다는 것을 알고 있었다. 그래서 그는 위에 토마토케첩을 조금 부었다. 콩과 스파게티가 아직도 뜨겁다는 걸 잘 알고 있었다. …… 이제는 됐겠지. 그는 접시에서 한 숟가락 잔뜩 펐다.

닉이 음식을 준비하는 일련의 행동은 마치 성당에서 사제가 성찬식을 준비하는 모습과 같이 보인다. 실제로 이 작품에서 닉의 행동은 어떤 제의적인 의미를 담고 있다. 콩과 스파게티와 빵으로 식사를 한 뒤 닉은 강에서 양동이에 물을 담아와 이번에는 주전자를 불 위에 올려놓고 커피물을 끓인다. 이전에 홉킨스라는 친구와 커피를 끓이는 문제로 토론을 벌인 적이 있다. 닉은 자신의 방식을 버리고 홉킨스의 방식대로 커피를 끓인다. 더구나 닉이 음식을 요리하고 먹는 장면에서 헤밍웨이는 후각과 미각이며, 시각과 촉각이며 온갖 감각을 동원해 이미지를 한껏 구사한다.

한편 헤밍웨이는 닉 애덤스의 행동에 관해서는 이렇게 자세히 묘사하면서도 그 배경이 되는 정보나 주인공의 심리는 별로 기술하지 않거나 묘사하지 않는다. 그러나 좀 더 자세히 살펴보면 이러한 배경이나 심리는 수면 밑에 잠겨 있는 빙산처럼 작품 속에 암시되어 있다. 가령 온통 불에 탄 시니 마을을 비롯하여 검게 변해 버린 메뚜기, 강 상류로 힘차게 오르지 못하고 강 흐름에 몸을 맡기고 있는 송어 등에는 상징적 의미가 담겨 있다.

작품 첫머리에서 헤밍웨이는 "마을 한 거리에 줄지어 서 있던 열세 채나 되던 술집도 흔적조차 남기지 않고 온데간데없이 사라져 버렸다. 맨션 하우스 호텔은 초석만이 땅바닥 위로 불쑥 나와 있었다. 초석은 불에 타 조각이 나고 갈라져 있었다. 이것이 시니 마을에 남아 있는 흔적의 전부였다. 지표마저 깨끗이 다 타버렸다"고 적는다. 미시건 주 북부 미시건 호수와 슈피리어 호수 중간쯤에 있는 시니 마을은 산불이 났는지 그야말로 흔적도 없이 사라지고 말았다. 그런데 엘리엇의 『황무지』(1922)를 떠올리게 하는 이 마을은 인류 역사에서 그 유례를 찾을 수 없는 제1차 세계대전으로 초토화되다시피 한 유럽이나 서구 문명을 상징적으로 보여 준다. 또한 전쟁을 겪은 젊은이들에게 전통적 가치나 삶의 방식이 이제 부도수표처럼 이제 더는 아무런 가치나 의미가 없다는 사실을 말해 준다.

시니 마을에 불이 나면서 이곳에 사는 메뚜기들도 이전과 달라졌다. 몸뚱이의 색깔이 갈색이 아니라 검게 변해 있었다. 헤밍웨이는 "그야말로 아주 흔한 메뚜기였지만 온통 거무칙칙한 색깔을 띠고 있었다. 닉은 그렇게 심각하게 생각하지는 않았지만 걸어오면서도 메뚜기에 대해 생각하고 있었다. 그때 그는 사방으로 갈라진 입술로 양말의 털을 갉아 먹고 있는 검은 메뚜기를 내려다보면서 그것들이 불타 버린 들판에서 살다 보니 이렇게 검게 된 것이라는 사실을 깨달았다"고 적는다. 자신의 의지와는 아무 관계없이 외부의 힘에 따라 변모했다는 점에서 산불에 몸뚱이가 검게 된 메뚜기나 제1차 세계대전을 겪으며 육체적으로나 정신적으로 깊은 상처를 입은 젊은이들이나 크게 다를 것이 없다.

이 점에서는 송어도 메뚜기와 비슷하다. 송어 대부분은 닉이 옛날에 보던 송어와는 다르다. 헤밍웨이는 "[닉이] 지느러미를 움직이며 물의 흐름 속에서도 가만히 떠 있는 송어 떼를 지켜보았다. 가만히 지켜보고 있는 동안 송어 떼는 재빨리 방향을 돌려 위치를 바꾸었지만 빠른 물결 속에서도 또다시 가만히 멈추어 있었다"고 적는다. 옛날에는 송어 떼가 힘차게 강을 거슬러 올라갔다. 그러나 지금 송어 떼들은 닉이 보기에 어딘지 모르게 옛날의 역동적인 힘과 생기를 잃은 듯하다. 강을 따라 거슬러 올라가기보다는 강물 속에서 균형을 잡으려고 애쓰고 있을 뿐이다.

닉 애덤스는 유럽 전쟁에 참여했다가 부상을 입고 고향에 돌아와 휴양하고 있는 귀환 병사다. 불에 타 버린 마을과 숲, 그리고 "뜨거운 햇살에 땀을 뻘뻘 흘리며 도로를 따라 걷고 철로와 소나무 숲을 가르고 있는 능선을 가로질러 올라갔다"는 문장 등에서 볼 수 있는 작열하는 태양에서는 미시건 주의 여름보다는 이탈리아의 한여름이 떠오른다. 작품의 배경은 사뭇 다르지만 닉은 「병사의 고향」에 등장하는 주인공 해럴드 크렙스와 여러모로 닮았다. 그러나 닉은 육체적으로 상처를 입었을 뿐만 아니라 정신적으로도 절룩거리는 불구라는 점에서 오히려 크렙스보다 훨씬 심각하다. 필립 영은 이 작품에 관하여 젊은이가 "정신착란에 빠지지 않으려고 안간힘을 쓰는" 이야기라고 지적한 적이 있다. 정신착란이라는 말이 조금 과장되어 있긴 하지만 이 무렵 육체적으로나 정신적으로 방향감각을 잃은 닉이 송어처럼 균형을 유지하려고 하는 것만은 의심할 여지가 없다.

닉이 이렇게 혼자서 옛날에 낚시질하던 강에 다시 찾아온 것은 자못 상징적 의미가 있다. 전쟁 이전의 모습으로 되돌아가고 싶거나, 그 모습으로 되돌아갈 수 없다면 적어도 지금의 모습에서 벗어나고 싶다는 의미를 지니고 있다. 다시 말해서 닉에게 낚시질은 육체적 부상과 정신적 외상을 치료하기 위한 일종의 치유적 행동이다. 이 작품의 원고에서 헤밍웨이는 닉이 혼자가 아닌 고향 친구들과 함께 낚시 여행을 떠나고 시니 마을에도 아직 사람들이 사는 것으로 설정했다. 그러나 뒤에 가서 그는 닉이 혼자 여행하는 것으로 수정하고 마을 사람도 모두 없애 버렸다. 제의적이고 치유적인 의미를 지닌 이 낚시 여행은 아무래도 친구들과 함께하는 것보다는 오히려 주인공 혼자서, 그것도 마을 사람이 하나도 없는 폐허가 되다시피 한 마을에서 하는 쪽이 훨씬 적절하기 때문일 것이다.

헤밍웨이에게 강이나 호수는 자연은 품이 넉넉하여 모든 것을 감싸 안고 포용해 주는 어머니나 고향과 같다. 어린 시절 미시건 호숫가에서 많은 시간을 보낸 작가처럼 닉 애덤스에게도 자연은 피난처요 재생과 부활이요 생명력과 구원을 상징한다. 모든 지역이 불에 탄 잿더미로 있는 것은 아니다. 닉은 먼저 다리를 건넌 후 불에 탄 숲과 마을을 지나 나무가 무성하게 우거진 숲과 강에 이른다.

헤밍웨이는 "불에 탄 지대는 왼쪽 능선에서 그치었다. 저 앞쪽에 검은 소나무 숲이 들판에 섬처럼 우뚝 솟아 있었다. 저 멀리 왼쪽에는 강줄기가 있었다. 닉이 그쪽으로 시선을 돌리자 강물이 햇빛에 반짝이고 있는 것이 눈에 띄었다"고 말한다. 닉이 지친 육체를 달래고 마음을 진정하려는 곳은 바로 우거진 소나무 숲과 송어들이 뛰노는 강이다. 그러고 보니 닉이 소나무 숲을 예배당에 빗대는 것이 예사롭지 않다. 또한 제목 그대로 그가 낚시질하는 강도 살아 숨 쉬는 동물처럼 심장을, 그것도 하나도 아니라 두 개나 지니고 있다. "모두가 타 버릴 수는 없었다. 그는 그 사실을 잘 알고 있었다"는 문장에서 헤밍웨이는 닉이 전쟁의 상처를 씻고 다시 일어설 수 있다는 가능성을 넌지시 내비친다.

「심장이 두 개 달린 큰 강」에서도 볼 수 있듯이 헤밍웨이의 빙산 이론은 작품의 결말에서도 엿볼 수 있다. 그는 종래의 작가들과는 다르게 작품을 결말짓는다. 이제까지 단편소설 작가들은 잘 짜인 플롯에 따라 결말도 논리적으로 균형 있게 종결지어 왔다. 또는 오 헨리처럼 극적 반전을 노려 독자들의 예상을 뒤엎는 방식으로 작품을 끝맺기도 한다. 균형 잡힌 결말이든 오 헨리 방식의 '트위스트 엔딩'이든 독자들은 작품이 종결되었다는 느낌을 받게 마련이다.

그러나 헤밍웨이는 플롯이 한참 진행되다가 갑자기 한중간에서 끝나 버리고 마는 이른바 '제로 엔딩' 방식을 즐겨 사용한다. 작품의 결말에 이르러 플롯의 가닥을 하나로 묶는 대신 그는 가닥을 그대로 풀어 놓은 채 작품을 끝내기 일쑤다. 독자들은 수면에 떠 있는 빙산뿐만 아니라 수면에 잠겨 있는 빙산의 모습을 헤아려야 하듯이 결말 부분에서도 작가가 생략하고 있는 내용을 미루어 짐작해야 한다. 헤밍웨이는 「때 늦은 계절」에서도 노인 페두치가 자살하는 내용을 생략하고 있는데 수면 위에 떠 있는 빙산에만 주목하는 독자들은 노인이 자살한다고는 미처 생각하지 못할 것이다.

헤밍웨이와 '하드보일드 스타일'

어니스트 헤밍웨이의 빙산 이론은 흔히 '하드보일드 스타일'로 일컫는 문체와 깊이 관련되어 있다. 독자들에게 오직 빙산의 8분의 1만을 보여주는 수법에서는 문체가 비정할 만큼 간결하고 명료할 수밖에 없다. 감정을 헤프게 늘어놓기보다는 최대한으로 억제하려고 한다. 헤밍웨이는 "작은 것이 아름답다"니, "적은 것이 많은 것이다"니 하는 미니멀리즘의 미학을 소설에 옮겨 놓는다. "웅변은 은이요 침묵은 금이다"라는 서양 격언이 있지만, 이 격언은 그의 문학에 잘 들어맞는다. 이렇게 감정을 억제하기 때문에 오히려 그의 문체는 박력이 있다. 강건체라고 할 그의 문체는 이제 그의 문학 세계에서 일종의 등록상표가 되다시피 했다. 그리하여 '하드보일드' 문체 하면 헤밍웨이를, 헤밍웨이 하면 곧 '하드보일드' 문체를 떠올리게 된다.

헤밍웨이는 고대 그리스어나 라틴어에서 파생되어 나온 어휘보다는 앵글로-색슨 계통의 토착어를 즐겨 구사한다. 어느 나라 말이나 마찬가지지만 다음절(多音節)로 되어 있고 외국어에서 파생된 말은 관념적이고 추상적이고 형식적인 성격이 짙은 반면, 흔히 단음절(單音節)로 된 순수한 토박이말은 좀 더 구체적이고 감각적일뿐더러 충격적이고 투박한 성격이 짙다. 예를 들어 헤밍웨이는 'good'이나 'nice', 'fair' 같은 누구나 알 수 있는 쉽고 간결한 어휘를 즐겨 쓴다. 또한 'enqurie'보다는 'ask', 'odor'보다는 'smell', 'assist'보다는 'help', 'purchase'보다는 'buy', 'pardon'보다는 'forgive' 등을 사용한다. 영국 작가 중에서는 조지 오웰이 『동물농장』(1945)에서 앵글로-색슨 토착어를 효과적으로 구사하여 관심을 끈 것과 비슷하다.

더구나 헤밍웨이는 될 수 있는 대로 형용사나 부사를 사용하지 않으려고 했다. 그는 "나는 뒷날 어떤 상황에서 어떤 사람들을 불신하도록 배운 것처럼 형용사를 불신하도록 배웠다"고 털어놓았다. 헤밍웨이에게 작품을 쓰면서 형용사를 불신하도록 가르쳐 준 사람은 바로 에즈라 파운드였다. 파운드는 형용사란 이렇다 할 것도 의미하지 않는 불필요한 품사라고 지적하면서 헤밍웨이에게 박력 있는 글을 쓰려면 무엇보다도 먼저 형용사를 경계하라고 가르쳤다.

이렇게 형용사를 불신하는 태도는 마크 트웨인한테서도 찾아볼 수 있다. 트웨인은 일찍이 "형용사를 붙잡게 되면 죽여 버려라. 아니, 모두 죽이지는 말고 대부분을 죽여 버리라는 말이다. 그러면 나머지 것들이 가치 있게 될 것이다. 형용사들이 서로 가까이 놓여 있으면 약해진다. 멀리 떨어져 있을 때 힘이 생긴다"고 말한 적이 있다. 그러고 보니 이렇게 형용사를 싫어한 작가는 의외로 많다. 가령 볼테르가 "형용사는 실사(實辭)의 가장 큰 적이다"라고 설파한 이후 많은 작가가 글을 쓰면서 형용사를 경계했다. 최근에는 미국의 대중 작가 스티븐 킹이 "지옥에 이르는 길은 형용사로 포장되어 있다"고 밝혀 시선을 끌기도 했다.

헤밍웨이의 하드보일드 문체는 비단 어휘에만 그치지 않고 문장에서도 쉽게 볼 수 있다. 그는 무엇보다도 짧고 간결한 문장을 즐겨 구사한다. 어떤 문장은 너무 짧고 압축적이어서 마치 전보문을 읽는 듯한 느낌을 받기도 한다. 통사론적 측면에서 보면 그는 주어와 동사의 관계로 이루어진 단문을 주로 사용한다. 또한 단문과 단문을 등위 접속사로 대등하게 연결하는 중문을 사용한다. 어떤 때는 실에 염주 알을 꿰듯이 접속사 'and'

를 계속 사용하기도 한다. 또 어떤 중문은 논리적으로 인과관계가 희박한 경우도 더러 있다. 물론 특정한 효과를 염두에 둔 수사법임은 두말할 나위가 없다. 그러나 헤밍웨이는 관계대명사 같은 종속접속사를 사용하는 복문은 좀처럼 사용하지 않는다. 복잡한 복문은 그에게는 마치 잘 맞지 않고 어색한 연미복을 입은 것과 같다.

한편 헤밍웨이는 짧고 간결한 문장을 즐겨 사용하되 어떤 때는 반복법을 구사하기도 한다. 똑같은 문장이나 비슷한 문장을 여러 번 되풀이하지만 단순히 반복한다기보다는 의미를 조금씩 보강하는 점층법을 구사함으로써 주술적 효과를 노린다. 헤밍웨이는 파리에서 문학 수업을 받을 무렵 거트루드 스타인한테서 이러한 기법을 배웠다. 스타인은 1913년 「성스러운 에밀리」라는 시에서 표현한 "장미는 장미이고 장미이며 장미다(Rose is a rose is a rose)"라는 문장으로 유명하다. 첫 번째 '장미'는 여성의 이름이고, 나머지 '장미'는 꽃 이름이다. 뒷날 스타인은 이 문장을 조금 고쳐 "장미는 장미이고 장미다(a rose is a rose is a rose)"라는 문장을 사용했다. 논리학자들은 이 유명한 문장의 예로 삼아 사물이란 그 자체일 뿐이라는 동일률(A=A)을 설명한다. 그러나 스타인은 어떤 사물의 이름을 언급함으로써 그것과 관련한 이미지와 감정을 환기할 수 있다고 밝혔다.

더구나 헤밍웨이의 단편소설은 어떤 작가의 작품보다도 그 길이가 무척 짧다는 특징이 있다. 물론 「프랜시스 매코머의 짧지만 행복한 생애」나 「킬리만자로의 눈」처럼 긴 작품도 더러 있지만 대체로 길이가 짧은 작품이 많다. 헤밍웨이의 작품 중에 「매우 짧은 이야기」라는 작품이 있듯이 그의 단편소설은 '매우 짧은' 작품이 주류를 이룬다. 그는 오직 여섯 단어로 작품을 쓴 것으로 유명하다. 뉴욕의 한 술집에서 헤밍웨이는 동료 작가들에게 여섯 단어로 작품을 쓸 수 있다고 내기를 걸어서 이긴 적이 있다. 그가 냅킨에 쓴 작품은 "판매함: 한 번도 신지 않은 아기 구두(For Sale: Baby shoes, never worn)"였다. 이 짧은 작품 안에는 촌철살인의 의미가 담겨 있다.

적어도 문체에서 헤밍웨이는 동시대 작가 포크너와는 사뭇 달라서 마치 하늘과 땅만큼이나 차이가 난다. 같은 시기에 활약하면서 늘 경쟁 관계에 있던 두 작가는 상대방에게 좀처럼 비판의 고삐를 늦추지 않았다. 헤밍웨이가 간결하고 명쾌한 하드보일드 스타일을 중시한다면, 포크너는 길고 복잡하고 난삽한 문체로 유명하다. 호흡이 짧고 단속적인 문장을 즐겨 구사하는 헤밍웨이와는 달리 포크너는 때로는 한 쪽이 넘는 긴 문장을 쓰기도 한다. 포크너는 헤밍웨이를 "독자에게 사전을 찾도록 할 단 하나의 어휘도 사용한 적이 없는 작가로 알려져 있다"고 날카롭게 비판했다. 그러자 헤밍웨이는 포크너에 대해 "아, 가엾은 포크너! 그 사람은 엄청난 어휘를 사용하기만 하면 엄청난 감정이 생기는 것으로 정말로 생각하는가"라고 반문했다. 그러면서 헤밍웨이는 "나는 어쩌면 10달러짜리 어휘를 사용하지 않는지 모르지만 완벽하게 훌륭한 어휘를 사용한다. 내가 쓰는 작품은 의미와 감정을 전달한다"고 덧붙였다.

헤밍웨이는 『오후의 죽음』에서 "산문이란 실내장식이 아니라 건축물이다. 그리고 바로크 시대는 이미 지나갔다"고 말한 적이 있다. 장식적인 실내장식과 건축물 사이에는 자못 큰 차이가 있을 것이다. 물론 건축 양식에도 중세 시대나 유럽에서 유행한 고딕 건축이나 16세기 말엽부터 로마를 중심으로 시작한 바로크 건축처럼 웅장하고 화려한가 하면, 인터내셔널 스타일의 모더니즘 건축처럼 단순성과 경제성을 중시할 수도 있다. 헤밍웨이의 관점에서 보면 포크너는 아직도 바로크 건축 양식으로 소설의 집을 지었다. 그러나 헤밍웨이는 바로크 건축 양식이 아니라 극도의 기능과 효율성을 중시하는 모더니즘 건축 양식으로 소설의 집을 지었다. 서울에 있는 건축물에 빗대어 말하자면 포크너의 소설이 명동성당과 비슷하다면 헤밍웨이의 소설은 강철과 유리로 짓는 여의도의 63빌딩과 비슷하다.

단편소설과 희곡

어니스트 헤밍웨이는 미국이나 유럽의 단편소설 전통을 비교적 충실히 따르면서도 다른 한편으로는 그 가능성을 부단히 실험해 온 작가다. 그는 모든 문학 장르 가운데에서 단편소설이 가장 가능성이 많은 형식이라고 생각했다. 그러면서도 그는 단편소설과 희곡 장르의 결합을 꾀했다. 실제로 헤밍웨이가 『제5열』이라는 희곡 작품을 쓴 뒤 단편소설 49편과 한데 묶어 단행본으로 출간했다는 사실은 자못 상징적이다. 고등학교 시절에도 희곡 작품을 쓴 적이 있을 정도로 그는 희곡에 관심이 많았다.

문체에서 어니스트 헤밍웨이는 윌리엄 포크너와 큰 대조를 보인다.
헤밍웨이는 간결체 문장을 즐겨 구사하고, 포크너는 만연체 문장을 즐겨 구사한다.

헤밍웨이의 단편소설 중에는 배경이나 작중인물과 플롯 등에서 쉽게 연극으로 공연할 수 있는 작품들이 꽤 많다. 동시대의 다른 어느 작가보다도 그의 작품이 텔레비전 영화나 할리우드 영화로 만들어졌다는 사실은 이와 무관하지 않다. 「살인자들」을 비롯하여 「흰 코끼리 같은 언덕」, 「빗속의 고양이」, 「깨끗하고 밝은 곳」, 「킬리만자로의 눈」, 「프랜시스 매코머의 짧지만 행복한 생애」 등이 그러한 작품이다. 이 작품들에서 작중인물은 적게는 두 명, 아무리 많아도 다섯 명을 넘지 않으며, 주로 극적인 대화를 사용한다.

어느 작가보다도 헤밍웨이는 단편소설에서 촌철살인의 예리한 대화를 즐겨 구사했고, 작중인물들의 성격을 그들의 대화를 통해 드러내기 일쑤였다. 예를 들어 권투 경기의 조작을 다루는 「50만 달러」나 밤늦게까지 술집에 혼자 남아 있고 싶어 하는 노인을 다루는 「깨끗하고 밝은 곳」, 시카고와 그 근교의 조직 폭력배를 다루는 「살인자들」에서 작가는 작품의 상당 부분을 작중인물들이 주고받는 대화에 의존한다. 그리하여 이 작품들을 읽다 보면 단편소설 못지않게 희곡 작품을 읽고 있다는 느낌이 들기도 한다.

특히 「살인자들」에서 대화가 차지하는 몫은 생각보다 무척 크다. 헤밍웨이가 어쩌다 사용하는 묘사 장면은 희곡의 지문에 해당하고, 작품의 지리적 배경으로 삼고 있는 헨리 식당과 올레 안드레슨이 머무는 하숙집은 희곡의 무대에 해당한다. 닉이 하숙집으로 안드레슨을 찾아가 끔찍한 소식을 전해 주는 장면에서는 헤밍웨이 특유의 극적 수법을 읽을 수 있다.

"제가 가서 경찰에 신고할까요?"

"그러지 마. 그래 봤자 아무 소용이 없어."

올레 안드레슨이 대답했다.

"뭔가 제가 도와드릴 만한 일이 없겠어요?"

"없어. 이젠 아무것도 없어."

"어쩌면 그저 위협하는 것에 지나지 않을지도 몰라요."

"아냐. 단순한 위협이 아냐."

올레 안드레슨은 벽 쪽을 향해 돌아누웠다.

"그래서 도무지 밖에 나갈 마음이 나지 않았어. 그래서 온종일 이렇게 누워 있었던 거야."

그는 벽을 향한 채 말을 이었다.

"이 읍내를 빠져나갈 순 없나요?"

"없어. 이제 더는 도망 다니기도 지겨워."

올레 안드레슨이 대답했다. 그는 벽을 여전히 바라보고 있었다.

"이젠 어찌할 도리가 없어."

이 장면에서 닉은 안드레슨의 방에 서 있고 안드레슨은 옷을 모두 입은 채 침대에 누워 있다. 마치 미국 화가 에드 호퍼의 그림이 떠오르는 이 장면은 아무런 대화 없이 그 자체만으로도 극적인 분위기를 자아낸다. 왕년의 헤비급 권투 선수로 체구가 큰 안드레슨이 눕기에는 침대의 길이가 조금 짧다. 또 그는 베개를 두 개 겹쳐 머리를 베고 있다. 자신에게 중요한 정보를 주려고 찾아온 닉 쪽은 아예 쳐다보지도 않는다.

닉은 이러한 안드레슨에게 청부 살인업자들이 그를 살해하려고 한다는 정보를 전해 주며 어서 빨리 도피하라고 말한다. 그러나 안드레슨은 모든 것을 체념한 듯이 침대에서 일어나지도 않는다. 닉은 계속하여 의문을 던지는 수법으로 대화를 한다. 그의 대화 중에서 오직 "어쩌면 그저 위협하는 것에 지나지 않을지도 몰라요"라는 문장만 평서문으로 되어 있을 뿐이다. 한편 안드레슨은 닉의 물음에 하나같이 '그러지 마', '없어', '아냐' 하고 오직 부정어로만 대답한다. "그래서 온종일 이렇게 누워 있었던 거야"라는 문장만 부정어를 포함하지 않을 뿐이다.

더구나 벽 쪽을 향해 누워 있는 안드레슨의 행동도 좀 더 찬찬히 눈여겨보아야 한다. 인용문에서 헤밍웨이는 안드레슨의 이러한 행동을 세 번 거듭 묘사한다. 이 인용문 바로 앞에서도 작가는 벽 쪽을 향해 누워 있는 모습을 언급한다. 닉이 방 밖으로 나왔을 때도 "문을 닫을 때 옷을 모두 입은 채 침대에 드러누워서 벽을 바라보고 있는 올레 안드레슨의 모습이 눈에 들어왔다"고 말한다. 그렇다면 헤밍웨이는 이 장면에서 모두 다섯 차례에 걸쳐 안드레슨이 벽을 향하여 누워 있는 모습을 기술하고 있는 셈이다.

장 폴 사르트르는 단편소설 「벽」(1939)에서 주인공이 느끼는 실존적 절망감과 불안감을 실감 나게 표현했다. 헤밍웨이도 사르트르처럼 안드레슨이 느끼는 절망감을 벽을 향해 돌아눕는 행위로써 상징적으로 보여 준다. 권투 선수였던 안드레슨은 무엇인지는 몰라도 폭력 조직과 검은 거래를 했고, 아마 그가 그 거래에서 약속을 어겼기 때문에 지금 폭력 조직이 그를 제거하려고 하는 것 같다. "이젠 어찌할 도리가 없어"라느니, "내가 잘못한 거야"라느니 말하는 것이 이 점을 뒷받침한다. 도망치다 마침내 벽에 부딪히는 범죄자처럼 안드레슨은 조직 폭력배로부터의 보복을 이제 더 피할 수 없다는 절망감에 사로잡혀 있다. 그리하여 그는 닉의 제안에도 아랑곳하지 않은 채 지금 죽음을 담담하게 기다리는 중이다.

헤밍웨이는 「살인자들」을 집필할 무렵에 쓴 「오늘은 금요일」이라는 작품에서는 아예 희곡의 형식을 거의 그대로 따랐다. 이 작품은 단편소설이라기보다는 단막으로 되어 있는 희곡에 가깝다. 그는 이 작품을 1926년 『오늘은 금요일』이라는 제목으로 뉴저지 주의 엥글우드에 있는 출판사에서 한정판으로 모두 300부를 출간하여 그중 260부를 판매했지만 이렇다 할 관심을 받지 못했다. 헤밍웨이는 이 작품을 단편집 『여자 없는 남자』(1927)에 처음 수록한 뒤 『제5열 및 49단편』(1938)에 수록함으로써 희곡 작품보다는 단편소설로 간주했다.

「오늘은 금요일」은 제목 그대로 예수 그리스도가 로마 병정에게 십자가에 못 박혀 죽은 성(聖)금요일을 시간적 배경으로 삼고, 유대인이 경영하는 술집을 공간적 배경으로 삼는다. "로마 군인 세 명이 밤 11시에 어떤 술집에 들어가 있다. 주위의 벽에 빙 둘러 술통이 놓여 있다. 나무로 만든 카운터 뒤에 유대인 술집 주인이 있다. 로마 군인 셋은 거나하게 술에 취해 있다"라는 첫 문장은, 희곡의 지문으로 보아도 크게 틀리지 않는다. 예수의 처형을 목격하고 직접 처형에 참여한 로마 병정 세 사람이 작중인물로 등장한다. 이 작품을 집필하면서 헤밍웨이는 구약성서 「시편」의 "성문에 앉아 있는 자들이 나를 비난하고, 술에 취한 자들이 나를 두고서 빈정거리는 노래를 지어 흥얼거립니다"(69편 12절)라는 구절을 염두에 두었을 것이다.

한편 헤밍웨이는 단편소설에서 희곡 말고도 서간문 형식을 실험하기도 했다. 소설과 서간문은 언뜻 보이는 것처럼 그렇게 거리가 멀지 않다. 실제로 소설의 역사를 거슬러 올라가면 소설이 서간문에서 출발했다는 사실을 깨닫게 된다. 영국 문학에서 흔히 최초의 소설로 꼽히는 새뮤얼 리처드슨의 『패멀라』(1740)는 다름 아닌 서간체 형식을 취하고 있다. 인쇄업을 하고 있던 리처드슨은 한 친구로부터 모범 서간집을 출간해 달라는 부탁을 받고 고심 끝에 재미있게 만들기 위하여 일정한 스토리를 집어넣어 만든 모범 서간집이 바로 이 작품이었다. 헤밍웨이도 리처드슨처럼 편지 형식을 빌려 작품을 썼다. 「한 독자가 보낸 편지」가 바로 그것이다. 이 작품은 군인의 아내로 버지니아 주 로언오크에 사는 한 여성이 해외 주둔 중에 옮은 남편의 병에 관해 의사에게 자문을 부탁하는 형식을 취한다.

물론 헤밍웨이는 이 작품 전체를 서간 형식으로 구성하지는 않았다. 작품 첫머리에서 그는 "그녀는 자기 앞에 접힌 신문을 펼쳐놓고 침실의 테이블에 앉아 편지 쓰기를 멈추고서는 창으로부터 지붕에 떨어지자 곧 녹아 버리는 눈을 바라보았다. 그녀는 지우거나 다시 쓸 필요도 없이 차근차근 다음과 같은 편지를 써 내려갔다"고 말한 다음, '의사 선생님에게'로 시작하는 편지를 쓴다. 이 편지를 다 쓴 뒤에는 주인공은 남편의 병에 관해 독백을 한다. 편지 내용이나 독백으로 미루어 보면 그녀의 남편은 중국 상하이에 파견되어 3년 동안 그곳에 머물렀고, 그곳에서 근무하는 동안 매독에 걸렸으며, 지금은 아칸소 주 헬레나에 있는 어머니 집에서 치료를 받고 있다. 남편은 아내에게 아칸소로 내려오라고 편지를 보냈는데 과연 남편과 함께 생활해도 괜찮은지 그녀로서는 적잖이 걱정되었다. 그래서 지금 그녀는 이 문제에 관해 의사에게 자문을 부탁하는 것이다.

헤밍웨이의 전기 작가 제프리 마이어스는 헤밍웨이를 "20세기에서 가장 영향력 있는 산문 스타일리스트"로 평가한다. 미국은 말할 것도 없고 유럽에서도 많은 작가가 지금껏 그의 문체를 모방해 왔다는 사실을 생각할 때 마이어스의 평가가 그리 빗나가는 것은 아니다. 헤밍웨이야말로 좁게는 소설 문체, 넓게는 산문 문체에 새로운 이정표를 세운 작가이기 때문이다. 문체를 비롯한 그의 문학에 이의를 제기할 사람은 있을지 몰라도 그의 영향권에서 벗어난 작가는 그다지 많지 않다. 싫든 좋든, 의식적이든 무의식적이든 많은 작가가 그의 문체에서 직접 또는 간접으로 영향을 받았다. 레이먼드 카버를 비롯하여 코맥 매카시, 앤 비티, 보비 앤 메이슨, 리처드 포드, 도널드 바설미, 프레드릭 바설미 등 하나하나 꼽을 수 없을 정도로 많은 작가가 헤밍웨이로부터 영향을 받았다. 이렇듯 미니멀리즘 작가들에게 끼친 그의 영향은 참으로 엄청나다.

프랑스의 박물학자 조르주 뷔퐁은 "문체가 곧 인간이다"라고 말한 적이 있다. 문체는 곧 작가의 개성을 강하게 반영한다는 말이다. 그런데 헤밍웨이만큼 이 말이 잘 들어맞는 작가도 아마 찾아보기 쉽지 않다. 그의 작품을 읽다 보면 문체가 곧 작가일 뿐만 아니라 그의 세계관을 잘 보여 준다고 할 수 있다. 헤밍웨이의 산문 스타일이 가장 빛을 내뿜는 것은 장편소설보다는 단편소설이다. 미국의 저명한 비평가 해럴드 블룸이 헤밍웨이의 문학적 성과를 장편소설보다는 단편소설에서 찾으려고 하는 것도 그다지 무리는 아니다. 헤밍웨이는 미국 문학사, 아니 세계 문학사에서도 단편소설 장르에 신기원을 이룩했기 때문이다.

7

존 스타인벡

사회 비평으로서의 소설

문학지리학적 관점에서 미국 문학을 살펴보면 흥미로운 사실을 한 가지 발견하게 된다. 한국과 일본만 같아도 문학은 주로 수도나 수도권을 중심으로 전개되었다. 그러나 미국 문학은 어느 특정 지역에 국한되지 않고 이 지역 저 지역에서 두루 발전했다. 18세기 후반 영국의 식민주의 굴레에서 막 벗어난 뒤 미국에서는 지식인을 중심으로 정치적으로뿐만 아니라 문화적으로도 독립하자는 목소리가 여기저기서 터져 나왔다. "칼로 영국을 정복했으니 이제는 펜으로 영국을 정복할 때가 되었다"는 목소리가 신문이나 잡지에 자주 오르내렸다.

이러한 염원은 19세기에 들어오면서 좀 더 구체적인 모습으로 나타났다. 1820년대와 1830년대에 걸쳐 미국은 비로소 처음으로 '자국 문학' 또는 '국민 문학'이라고 할 수 있는 문학 작품을 출간하기 시작했다. 『스케치북』(1819~1820)으로 우리에게도 잘 알려진 워싱턴 어빙, 미국 시인으로서 처음 국제적으로 명성을 얻은 윌리엄 컬런 브라이언트, '레더스타킹 이야기'라는 연작소설로 자연의 소중함을 일깨워 준 제임스 페니모어 쿠퍼 등을 비롯한 이른바 '니커보커 작가들'이 뉴욕을 중심으로 영국과 유럽의 영향권에서 벗어나 비로소 미국적 소재와 경험에 바탕을 둔 미국 문학을 발표하기 시작했다.

그러나 1850년대 중엽에 이르러 미국 문학의 주도권은 뉴욕에서 보스턴으로 옮겨 갔다. 이 무렵 보스턴을 중심으로 한 북동부 뉴잉글랜드 지방이 미국 문학의 메카로 점차 자리 잡기 시작했다. 미국 문학의 역사가들이 흔히 '미국의 문예부흥' 또는 '뉴잉글랜드 문예부흥'이라고 부르는 이 무렵, 미국 문학사에서 일찍이 그 유례를 찾아보기 드물 만큼 뛰어난 작품들이 한꺼번에 쏟아져 나왔다. 가히 미국 문학의 찬란한 황금기라고 할 만한 이 시기에 너새니얼 호손, 허먼 멜빌, 에드거 앨런 포, 랠프 월도 에머슨, 헨리 데이비드 소로 같은 작가들이 그야말로 미국 문학을 굳건한 반열에 올려놓았다. 또한 이 시기는 에밀리 디킨슨과 월트 휘트먼 같은 시인들이 활약한 때이기도 하다.

20세기로 접어들면서 미국 문학은 시카고 작가들에게 그 바통을 넘겨주었다. 줄잡아 1912년부터 1925년까지 계속된 '시카고 문예부흥'이라고 부르는 현상이 바로 그것이다. 이 무렵 시카고를 중심으로 중서부의 중소도시 출신 작가들이 눈에 띌 만큼 크게 활약했다. 『시스터 캐리』(1900)와 『미국의 비극』(1925)으로 잘 알려진 시어도어 드라이저, 『와인즈버그, 오하이오』(1919)의 작가 셔우드 앤더슨 같은 소설가들, 칼 샌드버그와 에드거 리 매스터스를 비롯한 시인들이 '시카고 문예부흥' 전통을 굳건히 세우는 데 크게 이바지했다. 이 밖에도 업튼 싱클레어, 윌라 캐더, 베이철 린지 같은 소설가와 시인도 넓은 의미에서는 이 테두리에 넣어도 크게 틀리지 않을 것 같다.

그러다가 미국 문학은 이번에는 그동안 이렇다 할 활동이 없이 문학적 미개척지로 남아 있던 남부로 그 활동 무대를 옮겼다. 미국의 저명한 저술가요 편집자인 헨리 루이 멩켄은 일찍이 20세기 초엽까지만 해도 미국 남부는 "예술적인 면에서나 지적인 면에서 또는 문화적인 면에서 거의 사하라 사막 같은 불모지에 지나지 않았다"고 지적한 적이 있다. 남부의 이러한 예술적 진공 상태에서 그야말로 혜성처럼 나타난 작가가 바로 윌리엄 포크너다.

1920년대 중엽 포크너의 출현과 더불어 비로소 남부는 기나긴 문학적 동면에서 깨어나 미국의 다른 지역과 어깨를 나란히 한 채 문학 활동을 펼쳐 나가기 시작했다. 아니, 어쩌면 1920년대 말이나 1930년대부터는 포크너를 중심으로 한 남부 작가들이 미국 문학을 이끌어가다시피 했다고 해도 그렇게 틀린 말이 아닐 것이다. 포크너 말고도 토머스 울프, 제임스 브랜치 캐벌, 어스킨 콜드웰, 엘런 글래스고, 플래너리 오코너, 카슨 매컬러스 같은 작가들, 테네시 윌리엄스 같은 극작가가 남부 문학을 더욱 풍요롭게 장식했다. 문학사가들이 이러한 현상을 두고 흔히 '남부 문예부흥'이라고 부르는 것도 그다지 무리는 아니다.

남부를 중심으로 활짝 꽃을 피운 미국 문학은 이번에는 캘리포니아를 중심으로 한 서부로 그 무대를 옮겼다. 러일전쟁을 취재하기 위해 한국을 방문한 잭 런던을 비롯하여 프랭크 노리스, 링컨 스티븐스, 호아킨 밀러, 브렛 하트, 대실 해밋 같은 작가들이 서부를 중심으로 크게 활약했다. 좀 더 넓은 의미에서는 시기적으로 조금 앞서지만 '미국의 셰익스피어' 또는

'미국 문학의 링컨'으로 일컫는 마크 트웨인도 이 범주에 들어간다. 캘리포니아 주에서는 특히 샌프란시스코가 중심이 되어 문학의 전성기를 맞이했기 때문에 이러한 현상을 흔히 '샌프란시스코 문예부흥' 또는 범위를 넓혀 '서부 문예부흥'이라고 부른다.

이 '서부 문예부흥'에서 누구보다도 눈부시게 활약한 작가 중에서 존 스타인벡(1902~1968)을 빼놓을 수 없다. 주로 샌프란시스코를 무대로 작품 활동을 한 프랭크 노리스와는 달리 스타인벡은 주로 캘리포니아의 시골 농장을 배경으로 작품 활동을 했다. 스타인은 서부 문예부흥의 폭을 넓혔을 뿐만 아니라 그 수준을 한 단계 올려놓는 데 크게 이바지했다. 그러므로 스타인벡을 제외하고 서부 문예부흥을 언급한다는 것은 마치 호손을 제외하고 뉴잉글랜드 문예부흥을 언급하거나, 드라이저를 제외하고 시카고 문예부흥을 언급하거나, 또는 포크너를 제외하고 미국 남부 문예부흥을 언급하는 것과 크게 다르지 않을 것이다.

그로슈타인벡에서 스타인벡으로

존 스타인벡은 1902년 2월 미국 캘리포니아 주 설리너스에서 아버지 존 어니스트 스타인벡 3세와 어머니 올리브 해밀턴의 외아들로 태어났다. 그의 성(姓)에서도 엿볼 수 있듯이 그의 선조는 독일계 이민자였다. 할아버지 요한 아돌프 그로슈타인벡(Johann Adolf Großsteinbeck)은 미국 땅에

1930년대 미국 대공황기를 대표하는 작가 존 스타인벡.
그는 『분노의 포도』 같은 장편소설 말고도 단편소설을 많이 집필했다.

처음 뿌리를 내리면서 독일 이름을 버리고 미국식 이름인 '스타인벡'으로 바꾸었다. 지금도 독일 라인-베스트팔렌 북부 지방 메트만에는 '그로슈타인벡'이라는 가족 농장이 남아 있다. 한편 할머니와 어머니 쪽은 영국과 아일랜드계의 혈통이었다. 스타인벡이 태어나 어린 시절을 보낸 중서부 캘리포니아 설리너스 계곡과 그 주변은 캘리포니아 주에서도 가장 중심적인 농업 지대로 앞으로 그의 작품에서 핵심적인 무대가 된다. 더러 예외가 없는 것은 아니지만 그의 작품 대부분은 설리너스 계곡, 몬터레이, 그리고 샌아킨 계곡의 일부 지역을 중심 배경으로 펼쳐진다. 이 세 지역을 흔히 '스타인벡 컨트리'라고 일컫는 까닭이 바로 여기에 있다. 스타인벡과 캘리포니아 주는 떼려야 뗄 수 없을 만큼 서로 깊이 관련되어 있다.

스타인벡은 1920년에 미국의 사학 명문인 스탠퍼드 대학에 입학하여 영문학과 생물학을 전공했지만 강의를 듣기보다는 목장, 도로 공사장, 목화밭, 제당 공장 등에서 일했다. 결국 그는 대학을 졸업하지 못하고 학교를 떠나고 말았다. 이러한 경험이 뒷날 그가 작가가 되는 데 소중한 밑거름이 되었음은 두말할 나위가 없다. 작가에게 필요한 것은 먹물 냄새 나는 제도교육이 아니라 땀 냄새 물씬 풍기는 삶의 현장이라는 사실을 다시 한 번 실감하게 된다. 스타인벡이 여러 작품에서 스페인어로 '파이사노스'로 일컫는 농민과 빈민의 삶을 생생하게 묘사할 수 있었던 것은 이렇게 청년 시절 사회 밑바닥에서 일하는 그들과 생활하면서 그들의 삶을 몸소 겪었기 때문이다.

스타인벡 문학을 특징짓는 가장 중요한 요소 가운데 하나는 다름 아닌 장소에 대한 감각이 뛰어나다는 점이다. 흔히 '장소 감각'으로 일컫는 이 요소는 모든 작가가 지니는 것은 아니다. 마크 트웨인이나 윌리엄 포크너 같은 몇몇 작가한테서만 찾아볼 수 있는 타고난 재능이다. 대개 그들은 특정한 장소에 깊이 뿌리를 박고 살면서 그 경험을 바탕으로 작품을 썼다. 이 두 작가처럼 남달리 장소 감각이 뛰어난 스타인벡은 두 번째 작품 『천국의 목장』(1932)을 시작으로 태평양 연안 중서부 캘리포니아 지방을 지리적 배경으로 삼았다. 그러므로 이 지역의 역사적 배경과 문화적 환경을 이해하지 않고서는 그의 작품을 제대로 이해하기 어렵다.

캘리포니아 주의 여러 지명에서도 엿볼 수 있듯이 이 지역은 본디 스페인 식민지였다. 1542년 스페인의 탐험가 후안 로드리게스 카브리요가 샌디에이고 만을 처음 여행했고, 1769년에는 스페인의 성직자 후니페로 세라가 캘리포니아에 살고 있던 인디언에게 기독교를 전파하려고 선교소를 세웠다. 그러다가 1822년 멕시코 영토가 되었다. 이 무렵 캘리포니아 주는 네바다 주, 유타 주, 애리조나 주, 와이오밍 주까지 포함하는 아주 큰 지역으로 이름도 '알타칼리포르니아'로 불렀다. 1848년 멕시코-미국 전쟁에서 미국이 승리하면서 미국 영토가 되었다. 지금도 크게 달라지지 않았지만 스타인벡이 활동하는 20세기 전반기만 해도 캘리포니아 주는 스페인 문화, 좀 더 정확히 말해서 라틴아메리카 문화가 막강한 힘을 발휘하고 있었다.

이러한 역사적 배경을 지닌 캘리포니아는 스타인벡의 작품 세계에서 가장 중요한 요소다. 단순히 지리적 배경일 뿐만 아니라 상상력의 원동력 같은 역할을 했다. 그의 작품을 읽노라면 대지에 대한 애틋한 사랑, 대지의 비옥함과 풍요에 대한 기쁨과 예찬, 그리고 그러한 대지에 굳건히 뿌리를 박고 살아가는 민중에 대한 따스한 애정을 엿볼 수 있다.

스타인벡은 요즈음 기준으로 보면 짧다면 짧은 예순여섯 해를 사는 동안 고향 캘리포니아를 거의 떠난 적이 없다. 1925년 작가가 되려는 청운의 꿈을 품고 화물열차를 얻어 타고 뉴욕 시로 갔지만 사정은 그렇게 녹녹하지 않았다. 건설 현장에서 막노동꾼으로 일하기도 하고 《아메리칸》이라는 신문의 기자 노릇도 하며 작가로서의 길을 모색했지만, 서부 출신의 문학청년이 뉴욕 같은 대도시에서 작품을 출판하기란 마치 하늘의 별을 따는 것만큼이나 어려웠다. 작가로서의 꿈을 모두 접고 스타인벡은 그 이듬해 다시 고향으로 돌아올 수밖에 없었다.

제2차 세계대전 중인 1943년에는 《뉴욕 헤럴드 트리뷴》의 전쟁 특파원 자격으로 유럽에 머물렀고, 1947년에는 사진작가 로버트 캐퍼와 함께 소비에트를 방문하기도 했다. 1959년에는 1년 가까이 영국 서머셋 지방에서 거주했는데, 그는 그곳에서의 생활이 자신의 삶에서 가장 행복한 시절이었다고 회고한 적이 있다. 1951년에 뉴욕 시로 이주한 뒤 다시 롱아일랜드 끝자락의 항구 도시 새그하버로 거처를 옮기기 전까지 스타인벡은 대부분 캘리포니아에서 살면서 작품 활동을 했다. 『알 수 없는 신에게』(1933)의 첫머리에서 작중인물 조지프 웨인은 방금 구입한 땅을 두고 "저 아래 깊이, 바로 지구의 중심까지 그 땅은 내 것이지"라고 부르짖는다. 웨인의 이 말은 작가 자신이 고향 캘리포니아를 두고 하는 말로 받아들여도 크게 틀리지 않을 것이다.

스타인벡 문학의 두 번째 특징은 자전적 요소가 강하다는 점이다. 물론 자전적 요소를 찾아볼 수 없는 작가란 거의 없지만 특히 스타인벡은 작품 대부분에서 자신이 직접 겪은 사건이나 주위 사람들이 겪은 사건을 즐겨 작품의 소재로 삼았다. 스물일곱 살 때 문단에 정식 데뷔하여 사망하기 전까지 그는 모두 27권에 이르는 책을 출간했다. 그중 중편소설과 장편소설이 16권이고, 단편집이 5권, 논픽션이 6권이다. 단편소설이든 중편소설이든 장편소설이든 길이와는 관계없이 그의 허구적 작품 대부분은 자전적이라 해도 크게 틀리지 않는다. 그의 작품에는 작가가 살아온 고단한 삶의 궤적이 화석처럼 각인되어 있다.

그런가 하면 스타인벡은 『진주』(1947)에서 볼 수 있는 것처럼 어렸을 적에 전해들은 민담이나 전설을 작품의 소재로 삼기도 했다. 심지어는 이러한 작품조차 좀 더 자세히 읽어 보면 작가 자신의 삶이 녹아 있음을 알 수 있다. 흥미롭게도 그의 처녀 소설 『황금의 잔』(1929)과 마지막 작품 『불만의 겨울』(1961)만 자전적 요소에서 벗어날 뿐이다. 앞의 작품에서는 17세기 영국 해군 제독이며 사략선(私掠船) 선장인 헨리 모건이 남아메리카 파나마를 약탈한 사건을 다루고 있으며, 뒤의 작품에서는 뉴욕 시 롱아일랜드를 지리적 배경으로 삼는다.

비옥한 캘리포니아를 지리적 배경으로 삼고 자신과 주변 인물의 삶을 작품 소재로 삼아 스타인벡은 박진감 넘치는 삶의 드라마를 펼쳐 나갔다. 그의 작품에서 주제는 두 축을 중심으로 전개된다. 한 축은 공통적인 인간의 가치에 관한 관심 즉 동료 인간에 대한 따뜻한 관용과 사랑과 이해다. 이 주제는 『분노의 포도』(1939)에서 타락한 목사 짐 케이지가 "어쩌면 모든 인간은 누구나 그 일부에 지나지 않는 하나의 거대한 영혼에 속해 있는지 모른다"고 말하는 대목에서 단적으로 엿볼 수 있다. 스타인벡은 때로는 지나칠 정도로 드러내 놓고 이 주제를 언급하기 때문에 감상주의자라는 비판을 받기도 한다. 스타인벡 문학의 주제에서 또 다른 축은 미국 사회의 모순과 병폐를 폭로하여 사회를 개혁하려는 강한 의지다. 동시대에 활약한 어느 작가보다도 그는 사회 비판적 성격이 무척 강했다.

그러나 이 두 축은 서로 대척점에 있다기보다는 같은 뿌리에서 갈라져 나온 두 줄기라고 할 수 있다. 사회 개혁 의지는 어디까지나 동료 인간에 대한 따뜻한 배려와 애정에서 비롯하기 때문이다. 만약 이 두 주제와 대조되는 주제를 찾는다면 아마 인간을 생물학적 메커니즘으로 파악하려는 그의 태도가 될 것이다. 적어도 이 점에서 스타인벡을 인간을 유전과 환경의 희생자로 파악하려는 자연주의자로 보아도 크게 틀리지 않는다. 거의 평생 해양생물학에 깊은 관심을 기울인 데에서도 볼 수 있듯이 그는 인간도 자연의 일부, 궁극적으로는 생태계를 구성하는 한 요소로 파악하려고 했던 것이다.

스타인벡과 사회의식

미국 문학사에서 존 스타인벡이 차지하는 위치는 아주 독특하다. 그는 흔히 '미국 현대 문학의 삼총사'로 일컬어지는 F. 스콧 피츠제럴드, 윌리엄 포크너, 어니스트 헤밍웨이와 거의 동시대에 활약한 작가다. 좀 더 구체적으로 말하면, 스타인벡은 피츠제럴드보다는 다섯 살, 포크너보다는 네 살, 헤밍웨이보다는 세 살이 적다. 스타인벡은 그들보다 겨우 몇 해밖에는 뒤늦게 활동하지 않았는데도 문학적 경향이나 태도에서는 이들과 사뭇 다르다. 1920년대 미국 문학을 주름잡던 이른바 '길 잃은 세대'에 속한 선배 작가들과는 달리, 스타인벡은 1930년대의 사회주의 리얼리즘을 대표하는 작가로 우뚝 서서 사회의식이 강렬하고 온화한 휴머니즘이 흘러넘치는 작품을 주로 썼다. 한편 스타인벡은 피츠제럴드와 포크너와 헤밍웨이 같은 대가의 그늘에 가려 제대로 빛을 보지 못했다.

스타인벡은 피츠제럴드와 포크너와 헤밍웨이 같은 선배 작가들처럼 제1차 세계대전이나 제2차 세계대전에 참여하지 않았다. 참여하지 않은 것이 아니라 참여할 수 '없었다'는 쪽이 더 정확할 것이다. 20세기로 접어든 직후, 그러니까 1902년에 태어난 스타인벡은 제1차 세계대전이 일어났을 때 겨우 열두 살밖에 되지 않았고, 휴전되었을 때는 열여섯 살의 고등학생이었다. 헤밍웨이는 나이를 속이고 참전했지만 스타인벡은 나이를 속이기에도 너무 어렸다. 전쟁이 휴전에 들어간 뒤 미국은 유럽과는 달리 경제적으로 호황을 누렸으며, 선배 작가들은 이러한 경제적 호황에 힘입어 그런대로 물질적 풍요를 한껏 누릴 수 있었다. 다시 말해서 그들은 흔히 '재즈 시대'로 일컫는 1920년대에 직접 또는 간접으로 덕을 보았다. 그들이 예술의 메카라고 할 프랑스 파리를 비롯해 유럽의 여러 도시를 이웃집 드나들듯이 자유롭게 여행하거나 그곳에서 살면서 문학 활동을 할 수 있었던 것도 모두 이 무렵 풍요로운 미국의 경제력 때문이었다.

그러나 스타인벡은 선배 작가들처럼 풍요의 열매를 좀처럼 맛볼 수 없었다. 풍요의 열매를 맛보기는커녕 오히려 풍요가 태풍처럼 휩쓸고 지나간 뒤 신산스러운 삶을 맛보며 살아야 했다. 지난 10여 년 동안 풍요를 구가하던 미국은 1929년 10월 마침내 철퇴를 맞았기 때문이다. 뉴욕의 월스트리트 증권가가 몰락하면서 경제 대공황을 맞이한 미국은 앞으로 10여 년 동안 대공황의 어두운 터널을 통과해야 했다.

스타인벡은 미국이 경제적으로 크나큰 시련을 겪던 1930년대 사회를 묘사한 가장 대표적인 작가다. 이 무렵 자본주의에 대한 회의와 비판이 고개를 들면서 사회주의가 부쩍 관심을 받기 시작했다. 1930년대를 흔히 '붉은 10년'으로 일컫는 것도 그렇게 무리는 아니다. 한마디로 피츠제럴드, 포크너, 헤밍웨이 같은 바로 앞의 작가들이 1920년대 미국 문학을 주름잡던 이른바 '길 잃은 세대'의 작가들이었다면, 스타인벡은 그들의 뒤를 이어 1930년대의 사회주의 리얼리즘을 대표하는 작가로 우뚝 서서 사회의식이 강렬하고 온화한 휴머니즘이 흘러넘치는 작품을 쓴 것이다.

스타인벡이 1962년 노벨 문학상을 받고 한 수상 연설에서 "문학가의 높은 의무와 책임"을 강조한 것도 바로 그 때문이다. 세계 문학사에서 문학가의 이러한 임무와 사명을 역설한 작가는 많지만 스타인벡처럼 문학성을 지니면서 사회성을 강조한 작가를 찾아보기란 그렇게 쉽지 않다. 사회성에 무게를 싣는 작가 대부분은 문학성을 도외시한 채 작품을 이데올로기를 선전하는 도구로 삼기 일쑤였다. 영국과 미국 작가 중에서는『동물농장』(1945)의 작가 조지 오웰과 스타인벡이 문학성과 사회성 사이에서 절묘한 균형과 조화를 꾀하는 데 성공했을 뿐이다.

미국 자본주의에 회의를 느낀 것은 스타인벡도 예외가 아니었다. 링컨 스티븐스나 아서 밀러 같은 좌파 작가들, 좌파 저널리스트, 심지어 좌파 노동운동 지도자들과 어울리면서 그의 사회의식은 점차 깊어 갔다. 여기에는 스티븐스의 아내 엘라 윈터의 역할도 적지 않았다. 스타인벡은 한 번도 사회주의나 공산주의자로 자처한 적은 없었지만 공산주의 조직인 미국작가동맹(LAW)에 가입했는가 하면,『분노의 포도』를 집필할 무렵에는 인민전선의 당원이기도 했다. 인민전선이란, 1935년 공산주의 인터내셔널(코민테른) 7차 대회에서 파시즘에 맞선 비공산당 좌파와의 동맹을 결성하기로 하면서 국가별로 만들어진 조직이다. 미국 공산당도 산업별 노동조합의 조직에 박차를 가하는 한편, 대중운동에서도 지도력을 발휘하기 시작했다. 그러나 미국 공산당과 인민전선의 활동은 1939년 히틀러와 스탈린이 독-소 불가침 조약을 맺으면서 급속도로 위축되었다. 스타인벡은 인민전선이 붕괴한 뒤에도 미국작가동맹의 회원으로 계속 남았다.

이때부터 미국의 연방수사국(FBI)은 스타인벡을 '요주의 인물' 명단에 올려놓았다. 뒷날 공개된 비밀문서에 따르면 이 무렵 연방수사국에서는 스타인벡을 공산주의자로 의심하는 한편, 나치와 공산주의자들이 급진적이고 좌편향적이라고 할 그의 작품이 반미 선동에 이용할 것을 우려했다. 공개된 문서에는 스타인벡이 공산주의자 색출로 악명 높았던 에드거 후버 연방수사국장의 감시에 항의하면서 프랜시스 비들 법무장관에게 보낸 편지도 들어 있다. 후버는 스타인벡을 아무리 조사를 해도 트집 잡을 만한 비리가 나오지 않자 해마다 세금 보고를 제대로 하는지 감시하기도 했다. 화가 난 스타인벡은 비들에게 보낸 편지에서 "에드거의 부하들이 내 뒤를 밟지 않게 해 줄 수 있겠습니까? 정말 짜증이 납니다"라고 말하며 불쾌감을 드러냈다.

이렇게 스타인벡이 자본주의를 비판하면서 사회 문제에 관심을 기울인 데에는 물론 경제 대공황이 직접적인 영향을 끼친 것은 사실이지만 그가 태어나 자란 환경도 한몫 했다. 캘리포니아 지방은 멕시코를 비롯한 남아메리카 이민자들이 많이 사는 곳이었다. 농사일과 과일 농업에 기반을 둔 농경 사회인 캘리포니아는 이민자의 값싼 노동력에 의존할 수밖에 없었다. 이러한 과정에서 농장주와 이민 노동자 사이에는 크고 작은 마찰과 갈등이 일어났다.

스타인벡의 두 번째 작품 제목 그대로 캘리포니아는 '천국의 목장' 즉 지상의 낙원과 크게 다름없었다. 날씨가 온화한 데다 땅이 비옥하여 곡식이나 채소 농사와 과일도 풍작이고 농작물을 수확하는 데 필요한 일자리도 많았다. 그런데도 자본주의의 구조적 모순 때문에 캘리포니아의 농민들은 열악한 환경에서 일하면서 굶주림에 허덕이고 있었다. 말하자면 '풍요 속의 빈곤'을 맛보고 있었다.

어린 시절부터 이러한 마찰과 갈등을 목격하면서 자란 스타인벡은 자신도 모르게 자본주의에 대한 비판을 키우는 한편 힘없는 노동자들에게 애정을 품게 되었다. 노동자나 빈민을 그저 관념적으로만 이해하려고 한 것이 아니라 그들과 함께 어울리며 그들의 열악한 삶을 몸소 경험했다. 비록 졸업장은 받지는 못했어도 미국의 사학 명문인 스탠퍼드 대학을 다닌 지식인인 그가 이렇게 사회 밑바닥 계층과 함께 어울리면서 그들의 삶을 이해하려고 애쓴 노력은 여간 값지지가 않다.

스타인벡의 자본주의 비판과 사회의식을 가장 잘 형상화한 작품은 두말할 나위 없이 『승산 없는 싸움』(1936)과 『분노의 포도』(1939)다. 『승산 없는 싸움』에서 그는 공산주의 조직가인 주인공이 사과밭 과수원 노동자들의 파업을 조직하는 과정을 그린다. 이 소설이 출간되자 스타인벡은 미국의 보수적인 우익 비평가들로부터 맹렬한 비난을 받았지만, '캘리포니아 코먼웰스 금상'을 받았고 곧 베스트셀러 목록에 오르면서 독자들의 관심을 받았다. 만약 3년 뒤 『분노의 포도』가 출간되지 않았더라면 어쩌면 『승산 없는 싸움』이 스타인벡의 대표작이 되었을 것이라고 평가하는 학자들도 있다.

『분노의 포도』는 두말할 나위 없이 스타인벡 문학을 대표하는 가장 뛰어난 작품이다. 이 작품에서 스타인벡은 경제 대공황 기간 농업 기계화에 밀려 땅을 빼앗기고 서부로 밀려 갈 수밖에 없는 가난한 농부 일가의 절망과 분노를 묘사한다. 미국 문학사에서 이 작품만큼 그렇게 신랄하게 그리고 설득력 있게 미국 자본주의 사회의 구조적 모순을 고발한 작품도 찾아보기 쉽지 않을 것 같다. 1968년 12월 스타인벡이 사망했을 때 찰스 푸어는《뉴욕타임스》에 쓴 애도 기사에서 "존 스타인벡의 첫 번째 위대한 작품이 그의 마지막 위대한 작품이었다. 하지만 아,『분노의 포도』야말로 전에도 지금도 얼마나 훌륭한 작품이던가!"라며 찬사를 아끼지 않았다.

단편 연작소설『붉은 망아지』

『붉은 망아지』(1937)는 존 스타인벡의 작품 세계에서 비교적 초기작에 속한다. 그의 초기 작품 대부분이 흔히 그러하듯 이 작품도 캘리포니아 주 설리너스와 몬터레이 그리고 그 근교에서 일어나는 사건을 다룬다. 다만 다른 초기 작품들과 장르 형식과 주제에서 조금 다를 뿐이다. 이 작품은 장편소설이라기보다는 중편소설에 해당한다.「선물」,「대산맥」,「약속」,「민중의 지도자」등 모두 네 작품으로 구성된 4부작이다.

처음 세 작품은 1933년에서 1936년 사이에 잡지에 발표되었고, 마지막 작품을 포함하여 완전한 책으로 출간된 것은 1년 뒤인 1937년이다. 이들 네 작품과 함께 스타인벡은『천국의 목장』에서 수록한 단편소설 한 편을 이 책의 마지막에 수록했지만 사족과 같은 이 마지막 작품은 뒷날 펭귄 출판사에서 출간할 때 빼 버렸다. 이 네 작품은 단편소설로 읽어도 손색이 없을 만큼 단편소설이 갖추어야 할 모든 요소를 두루 갖추고 있다.

형식에서 보자면 『붉은 망아지』는 중편소설도 아니고 그렇다고 단편소설 네 편을 한곳에 묶어 놓은 작품집도 아니다. 그 중간 어디에 놓여 있다고 말하는 쪽이 더 정확할 것이다. 영국에서는 일찍이 모더니즘의 대부(大父) 제임스 조이스가 『더블린 사람들』(1914)에서, 미국에서는 셔우드 앤더슨이 『와인즈버그 오하이오』(1919)에서, 또 어니스트 헤밍웨이가 『우리들의 시대에』(1925)에서 이러한 새로운 장르를 시도하여 관심을 끈 적이 있었다. 윌리엄 포크너도 『패배하지 않는 사람들』(1938)과 『모세여 내려가라』(1942)에서 이 장르를 실험했다.

이 새로운 장르는 무엇보다도 구성이 느슨한 것이 특징이다. 한두 사건이 일관된 플롯으로 진행되는 대신 에피소드식으로 산만하게 전개되게 마련이다. 『붉은 망아지』에 수록된 네 작품을 관류하는 한 공통점을 찾는다면 열 살 된 조디 티플린이라는 소년을 주인공으로 삼는다는 점이다. 조디가 아버지의 캘리포니아 농장에서 겪는 일련의 사건을 중심 플롯으로 다룬다. 작중인물로는 조디 말고도 그의 아버지 칼 티플린과 그의 어머니, 말 전문가로 농장에서 일하는 빌리 벅, 조디의 외할아버지, 지타노 노인 등이 등장한다.

한편 주제에서 보면 『붉은 망아지』에 수록된 작품들은 자본주의 비판이나 사해동포주의에서 잠시 눈을 돌리고 소년이 정신적으로 성장해 가는 과정을 다룬다. 스타인벡은 그의 핵심적 주제 가운데 하나인 '이니시에이션' 즉 성인 세계로의 입문 또는 정신적 성장이나 영혼의 개안(開眼)

에 관심을 기울인다. 나이 어린 소년이나 소녀가 등장하는 작품이 흔히 그러하듯 이 작품들에서도 주인공이 온갖 경험을 겪으며 도덕적으로 성장해 가는 과정을 다룬다.

첫째, 조디는 그가 롤 모델로 삼고 있던 빌리 벅에서 볼 수 있듯이 이 세상에 완벽한 인간이란 없다는 귀중한 교훈을 배운다. 또한 아버지한테 선물로 받은 붉은 망아지처럼 아무리 신바람 나고 좋은 것도 언제나 지속할 수 없다는 사실도 함께 깨닫는다.

둘째, 조디는 아버지 같은 성인보다도 자신 같은 어린 나이 어린 청소년이 아무런 편견 없이 순수한 눈으로 낯선 사람을 대할 수 있고 이해할 수 있다는 사실을 배운다.

셋째, 조디는 모든 삶은 궁극적으로 죽음에 이를 뿐만 아니라 때로는 그 죽음 뒤에 또 다른 새로운 삶이 탄생한다는 소중한 진리를 깨닫는다.

넷째, 조디는 자연이 궁극적으로 인간에게 냉혹하거나 기껏해야 무심하다는 사실을 배운다.

그리고 마지막으로, 조디는 성인이 된다는 것은 곧 책임과 고통과 좌절의 세계에 들어가는 것을 뜻한다는 사실을 깨닫는다.

한마디로 스타인벡은 조디 티플린의 이야기를 빌려 한 사춘기 소년이 성인 세계로 입문하는 과정을 다룬다. 그렇다면 이 소설은 순진의 세계에서 경험의 세계로, 낙원의 세계에서 실낙원의 세계로 점차 이행하는 모습을 취급한다고 할 수 있다. 이 점에서 이 작품은 입문 소설 또는 성장 소설로 보아 크게 틀리지 않을 것이다.

존 스타인벡의 단편소설을 한데 묶어 놓은
연작 소설집 또는 중편소설 『붉은 망아지』의 겉표지.
이 작품집에는 조디 티플린이라는 소년이 주인공으로 등장한다.

그동안 『붉은 망아지』는 비단 청소년뿐만 아니라 성인들한테서도 많은 관심을 받았다. 또한 문학 작품에 그치지 않고 다른 매체로도 만들어지기도 했다. 가령 1949년 로버트 미첨과 피터 마일스 등이 배역을 맡은 영화로 만들어져 인기를 끌었다. 이 영화의 음악은 미국의 작곡가 에런 코플런드가 맡았는데 뒷날 그는 이 영화 음악을 오케스트라를 위한 조곡으로 다시 편곡하기도 했다. 1973년에는 텔레비전 영화로 다시 만들어지기도 했다. 이 영화에는 헨리 폰다, 모린 오하라, 제리 골드스미스 같은 쟁쟁한 배우들이 등장하여 작품의 재미를 한껏 돋웠다. 최근에는 미국 대통령 버락 오바마가 하퍼 리의 『앵무새 죽이기』(1960)와 함께 『붉은 망아지』를 읽었다고 하여 화제가 되기도 했다.

「민중의 지도자」와 프런티어 정신

『붉은 망아지』에 실린 네 편의 작품 중에서도 마지막 작품 「민중의 지도자」는 여러모로 좀 더 찬찬히 살펴볼 필요가 있다. 물론 앞의 세 작품처럼 이 작품도 나이 어린 소년 조디 티플린이 성인으로 성장해 가는 과정을 다룬다. 생물학적 나이에서 보면 조디는 앞의 세 작품과 비교하여 크게 차이가 없는 것 같다. 작품의 첫 장면에서 조디가 목장 일꾼 빌리 벅에게 "빌어먹을 생쥐들을 잡을 때까진 비가 내리지 않으면 좋으련만"이라고 말한다. 어른 흉내를 내어 '빌어먹을'이라는 욕설을 내뱉고는 빌리의 반응을 살피려고 어깨 너머로 그를 바라보지만 아무런 대꾸도 듣지 못한다. 빌리는 이렇게 치기어린 행동을 하는 조디를 아직도 어린아이 취급한다. 그러나 조디의 정신적 나이는 앞 작품들과 비교하여 훌쩍 큰 것 같다. 외할아버지는 조디에게 전에 만났을 때보다 1인치 즉 2.5센티미터 가까이 큰 것 같다고 말한다. 조디의 키가 컸다는 것은 그만큼 정신적으로도 성장했다는 것을 뜻한다.

「민중의 지도자」에서 조디는 누구보다도 외할아버지를 이해하려고 애쓴다. 외할아버지가 되풀이하여 말하는 서부 개척 이야기를 지겨워하는 아버지 칼과는 달리 조디는 행여 외할아버지가 마음에 상처를 입을까 봐 걱정한다. 물론 목장에서만 살아온 그는 목장 밖의 외부 세계에 관심이 많을 수밖에 없다. 특히 꿈 많은 소년으로서 모험담을 듣고 싶어 하는 것은 어찌 보면 당연하다. 이러한 이유 말고도 조디는 외할아버지를 즐겁게 해 주려고 그의 말에 열심히 귀를 기울일뿐더러 무척 큰 호기심과 관심을 보인다. 심지어 일부러 할아버지를 부추겨 모험담을 이야기하도록 만드는 때도 있다. 조디는 사사로운 자신의 이해관계보다는 할아버지를 배려하는 마음이 훨씬 크다. 더구나 마지막 장면에서 조디는 외할아버지가 사위 칼이 불평하는 소리를 듣고 낙담하여 집 바깥 현관에 쓸쓸하게 앉아 있는 모습을 바라본다. 조디는 외할아버지의 모습이 애처롭다고 생각하며 그에게 레모네이드 한 잔을 드리겠다고 말하고 부엌으로 달려간다. 이렇게 조디는 아버지 칼처럼 오직 자신만의 이해타산을 생각하는 것이 아니라, 타인의 감정을 배려하고 이해하는 것이 인간관계에서 얼마나 소중한지 깨닫는다. 적어도 이 점에서 조디는 아버지보다 정신적으로 더 성숙하다고 할 수 있다.

스타인벡은 「민중의 지도자」에서 좀 더 보편적인 주제 즉 과거와 현재의 긴장과 이상과 현실의 갈등을 다루기도 한다. 조디의 외할아버지는 화려한 과거의 추억으로 살아가는 인물이다. 그가 대평야를 건너고 험난한 산을 넘어 태평양 연안 서부까지 일군의 백인들을 인도한 개척자라는 사실에 자못 자부심과 긍지를 느낀다. 이 과정에서 그는 인디언들과 싸움을 벌였는가 하면 식량이 떨어져 굶은 적도 있을 만큼 온갖 시련과 역경을 겪었다. 말하자면 서부 개척의 모험이야말로 그의 삶 전체라고 할 수 있다. 이 점과 관련하여 조디의 어머니 루스는 남편에게 이렇게 말한다.

> "그 일은 우리 아버지 인생에서 엄청난 일이었어요. 포장마차 행렬을 이끌고 대평원을 건너 서부 해안까지 갔으니까요. 그 일이 끝나면서 그분의 삶도 끝난 거죠. 그 일은 엄청난 일이었지만 오래 지속되지는 못했어요. …… 그분은 마치 그 일을 하려고 태어나신 것 같아요. 그리고 그 일이 끝나자 그분이 할 수 있는 일이라곤, 그 일에 대해 생각하고 그 일에 대해 말하는 것밖에는 없었죠. 만약 서쪽으로 더 나아갈 수만 있었다면 더 나아가셨을 거예요. 그분이 제게 그렇게 직접 말씀하셨거든요. 하지만 마침내 태평양이 나타났죠. 그분은 지금 멈출 수밖에 없는 바로 그 태평양 옆에서 사시잖아요."

이렇듯 조디의 외할아버지에게는 서부 개척 모험에서 벗어난 어떤 삶도 이렇다 할 의미나 가치가 없다. 그의 말대로 서북 개척 모험을 위해 그는 이 세상에 태어난 것과 다름없다. 적어도 이 점에서 보면 조디의 외할아버지는 윌리엄 포크너의 「에밀리에게 장미를」의 주인공 에밀리 그리어슨과 비슷하다. 두 인물 모두에게 시간은 화살처럼 앞으로 향하여 나아가지 못하고 고인 물처럼 같은 자리에 그대로 정지되어 있다. 흐르지 않고 같은 자리에 고여 있는 물이 부패하듯이 그들의 삶도 정체되고 타락할 수밖에 없을 것이다.

그러나 칼의 관점에서 보면 장인은 한낱 빛바랜 과거의 추억에 매몰되어 있는 것에 지나지 않는다. 칼은 장인이 과거의 영웅적이고 낭만적 추억에 기대어 살기보다는 좀 더 현실적인 문제에 눈을 돌리고 새로운 변화에 적응하여 살아가야 한다고 믿는다. 칼의 눈에는 장인(조디의 외할아버지)이 다분히 낭만주의적이고 복고주의적인 과거 지향적 인물이자 현실 부적응자로 비친다. 아내의 충고와 분노에도 불구하고 칼이 드러내 놓고 장인을 탐탁하지 않게 생각하는 것은 바로 그 때문이다. 칼은 과거가 아무리 화려하더라도 지나간 시간에 아무 미련을 두지 않고 오직 현재와 미래만을 바라보는 실용주의자요 현실주의자다. 서부에서 목장을 운영하는 그에게는 '지금 여기'를 떠난 어떤 가치도 아무런 쓸모가 없는 것이다.

한편 스타인벡은 이 작품에서 조디의 외할아버지를 그렇게 부정적으로 간주하지만은 않는다. 부정적으로 간주하기는커녕 오히려 긍정적인 인물로 묘사한다. 그의 외모부터가 위엄을 갖추고 있어 존경받기에 충분하다. 짧게 깎은 흰 턱수염에 흰 눈썹 콧수염처럼 두 눈 위에 덮여 있다. 작품의 화자는 그의 푸른 두 눈이 엄격하면서 상냥해 보이고, "얼굴과 용모 전체에 "화강암 같은 위엄이 감돈다"고 말한다. 부녀(父女) 관계인 조디의 어머니와 외할아버지는 차치하더라도 조디와 빌리는 모두 외할아버지를 따르고 존경한다. 조디의 외할아버지는 "빌리야말로 그의 세대에서 '머리가 돌지 않은' 몇 안 되는 사람 중 하나야"라고 칭찬한다. 목장에 사는 사람 중에서 오직 조디의 아버지만이 다른 구성원들과 어울리지 못한 채 외톨이처럼 떠돈다.

그렇다면 스타인벡이 조디의 외할아버지를 이렇게 긍정적으로 묘사하는 까닭이 어디 있을까? 외할아버지가 그토록 자부심과 긍지를 느끼면서 되풀이하여 말하는 서부 개척 모험 때문일 것이다. '민중의 지도자'라고 하면 언뜻 『승산 없는 싸움』에서처럼 자본가에 맞서 투쟁하는 노동자들을 이끄는 지도자를 떠올리기 쉽지만, 이 작품에서는 서부 개척의 지도자를 말한다. 조디의 외할아버지는 단순히 개척자들을 이끈 선도자일 뿐만 아니라 일행의 안전을 책임 맡은 '지도자'였다. 그는 지도자로서 분명한 목적과 임무를 지니고 있었고, 그 목적과 임무를 성실히 수행해 냈다. 이 작품의 마지막 장면에서 조디의 외할아버지는 손자에게 자기가 단순히 퇴색한 낭만적 과거에 탐닉해 있는 것이 아니라고 밝힌다.

> "중요한 것은 인디언들이 아니었고, 모험이 아니었으며, 심지어 여기 서부에 도착하는 것도 아니었단다. 그것은 한 무리의 사람들을 기어 다니

는 거대한 한 마리 짐승으로 만드는 것이었거든. 그런데 내가 그 우두머리였어. 서부로, 서부로 나아가는 일이었지. 각자한테는 나름대로 뭔인가 원하는 게 있었지만, 거대한 짐승인 그들은 오직 서부로 나아가는 것밖에는 바라는 게 없었어. 나는 그들 지도자였지만, 내가 그곳에 없었더라면 아마 다른 누군가가 우두머리가 되었을 테지. 그 일에는 반드시 우두머리가 있어야 하거든."

조디의 외할아버지는 계속하여 서부에 도착하는 것 그 자체가 중요한 것이 아니었다고 말한다. 그보다 훨씬 더 중요한 것은 개척자들이 짐승처럼 한 무리가 되어 서쪽을 향해 부단히 움직여 나가는 일이었다. 그러면서 그는 "우리는 마치 개미들이 알을 옮기듯이 여기 이곳 서부에 삶을 옮겨 놓았지. …… 서부 개척은 하느님만큼이나 엄청난 일이었거든"이라고 밝힌다.

여기서 조디의 외할아버지가 하느님을 언급하는 점에 주목해야 한다. 서부 개척을 단순히 영토 확장을 뛰어넘어 신의 섭리로 파악하기 때문이다. 실제로 제임스 매디슨이 미국 대통령으로 재임할 당시 민주공화당을 비롯한 정치가들 사이에서는 서부 개척을 '명백한 운명' 또는 '자명한 사명'으로 간주하는 생각이 널리 퍼져 있었다. 19세기 중반에서 후반에 걸쳐 미국 정치가들은 미합중국이 전 북아메리카 대륙으로 뻗어 나가는 것이 곧 미국의 운명이자 피할 수 없는 숙명이라고 주장했다. 다시 말해서 북아메리카 전역을 정치·사회·경제적으로 지배하고 개발할 신의 명령을 부여받았다는 것이다. 물론 그것은 팽창주의와 영토 약탈을 합리화하기 위한 이론이었다.

외할아버지의 말을 모두 듣고 난 조디는 그에게 "어쩌면 저도 언젠가는 민중을 이끌 수 있을지 몰라요"라고 말한다. 이렇게 조디는 외할아버지의 역사적 소명을 이어받아 계속해 나갈 것을 천명한다. 그러자 외할아버지는 태평양이 가로막혀 있어 이제 더는 앞으로 나아갈 서부가 없다고 말한다. 그러면서 그 사실보다 더더욱 끔찍한 것은 "서부 개척이 사람들의 마음에서 사라져 버렸다. 서부 개척은 이제 더 갈망이 아니다"라는 사실이라고 지적한다.

조디의 외할아버지가 말하는 서부 개척은 지리적 이동이 아니라 정신적 여정이요, 공간적 이동이 아니라 심리적 여행인 셈이다. 그가 지금 무엇보다도 애석하게 생각하는 것은 오늘날의 젊은 미국인들의 가슴에 개척정신이 사라졌다는 점이다. 개척정신은 용기, 인내, 진취성, 가능성 등을 뜻한다. 다분히 '미국적'이라고 할 이러한 개척정신은 20세기와 21세기에 들어와서는 과학과 기술, 문화, 문학과 예술, 사상 등 각 분야에서 활짝 꽃을 피운다.

조디는 비록 막연하게나마 외할아버지가 말하고 싶어 하는 것이 서부 개척 그 자체라기보다는 서부 개척이라는 추상적 개념이나 정신이라는 사실을 깨닫는다. 외할아버지의 말대로 일군의 사람들을 이끌고 대초원을 건너 태평양 연안에 도착하는 일은 비단 조디의 외할아버지가 아니더라도 얼마든지 다른 사람들도 할 수 있었을 것이다. 외할아버지가 한 일은 온갖 역경을 겪으면서 새로운 가능성과 모험을 찾아 사람들을 이동하도록 만들었다는 사실이다. 그에게 인간이 위대한 것은 불굴의 정신으로 새로운 창조하고 개척하는 동적 힘 때문이다.

그런가 하면 「민중의 지도자」에서 또 한 가지 눈길을 끄는 것은 스타인벡의 자연 친화적인 세계관이다. 『붉은 망아지』에 실린 다른 세 작품과 비교하면 이 작품에서는 자연과 인간의 유기적 관계가 훨씬 더 돋보인다. 이 작품에는 목장에서 키우는 짐승과 가금 말고도 건초 더미 속에서 사는 생쥐를 비롯하여 고양이, 다람쥐, 토끼, 뒤쥐, 개미, 비둘기, 까마귀, 뻐꾸기류의 새 등 온갖 동물이 등장한다. 비단 동물뿐만 아니라 엉겅퀴, 양귀비, 돌부채콩, 쑥, 세이지 같은 온갖 식물들이 등장한다. 스타인벡은 동물에게도 인간과 마찬가지로 하나하나 구체적인 이름을 부여한다. 말이니 망아지니 또는 소니 돼지니 하고 부르는 법은 좀처럼 없다. 검정 소는 '더블트리 머트', 큼직한 수퇘지는 '라일리', 셰퍼드 개는 '스매셔'라고 부른다. 이와는 반대로 사람을 동물에 빗대어 부르기도 한다. 가령 빌리 벅의 아버지는 '뮬테일' 즉 노새의 꼬리라고 부른다.

이렇게 동물과 식물은 하나같이 티플린 가족을 비롯하여 조디의 외할아버지나 일꾼 빌리 벅과 함께 농장에 거주하는 식구들이다. 이를 달리 말하면 동물은 인간과 함께 생태계를 이루는 구성원이라는 말이 된다.

『붉은 망아지』에 수록된 어떤 다른 작품보다도 「민중의 지도자」에서 조디의 어머니 루스처럼 여성의 역할이 두드러지게 나타나는 것도 주목할 만하다. 그녀가 화를 낼 때마다 남편 칼은 주눅이 들기 일쑤다. 이러한 여성성의 강조는 목장 생활에서 여성의 역할이 무척 크기 때문일 것이다. 그러나 달리 생각해 보면 '대지의 어머니'나 지모신(地母神)으로서의 여성의 역할을 강조하기 위한 것이기도 하다.

8

존 치버

일상성의 미학

흔히 '386세대 소설가'로 일컫는 작가 중에서 가장 대표적이라고 할 공지영은 "나를 키운 건 팔 할(割)이 상처"라고 말한 적이 있다. 그러면서 "글쓰기야말로 남이 아니라 바로 나 자신의 고통이나 상처를 치유하는 방법"이라고 밝힌다. 두말할 나위 없이 공지영의 이 말은 "나를 키운 건 팔 할이 바람이었다"는 미당 서정주의 말을 되받은 것이다. "애비는 종이었다"로 시작하는 「자화상」에서 미당은 일찍이 "스물세 해 동안 나를 키운 건 팔 할이 바람이다./ 세상은 가도 가도 부끄럽기만 하더라"라고 노래했던 것이다.

미국 현대 작가 중에도 공지영처럼 자신을 키운 것이 팔 할이 상처라고 말할 사람이 있다. 20세기 전체를 거의 온몸으로 살면서 작품 활동을 한 존 치버(1912~1982)가 바로 그러하다. 미국 작가를 통틀어 치버만큼 그토록 큰 시련을 겪으며 성장한 작가를 찾아보기 쉽지 않을 것 같다. 시인으로 비평가로 또한 단편 작가로 이름을 떨친 에드거 앨런 포와 단편소설을 확고한 문학 장르로 끌어올려 놓은 오 헨리 정도가 어쩌면 예외에 속할는지 모르겠다. 오죽하면 치버는 한 작중인물의 입을 빌려 "공포는 녹슨 칼날 같은 맛이 난다. 공포를 집 안에 들여놓지 마라"고 말했겠는가.

뒷날 알코올 중독과 마약 그리고 동성애에 빠지게 된 것도 어린 시절에 겪은 시련이나 고통과 무관하지 않은 듯하다.

그러나 진주조개가 더러운 분비물로 은은한 빛을 내뿜는 진주를 빚어내듯, 더러운 흙탕물이 한 떨기 아름다운 연꽃을 키워 내듯, 적지 않은 작가들은 어린 시절에 겪은 쓰라린 경험을 바탕으로 찬란한 우주를 빚어냈다. 치버도 예외가 아니어서 시련과 고통에 굴복하지 않고 오히려 그것을 예술의 진주로, 예술의 꽃으로 승화시켰다. 「저스티나의 죽음」이라는 작품에서 그가 화자의 입을 빌려 "소설이란 예술이며, 예술은 혼돈에 대한 승리다"라고 말한 까닭이 바로 여기에 있다. 그는 예술을 통해 삶의 혼돈과 무질서를 제어하고 불행과 절망을 화려한 승리로 이끌었다.

'불청객' 같은 고단한 삶

존 치버는 1912년 5월 매사추세츠 주 보스턴에서 남쪽으로 몇 마일 떨어진 퀸시에서 태어났다. 그는 평생 자신이 이 세상에 태어나서는 안 되는 '불청객'과 같다는 생각을 뇌리에서 떨쳐 내지 못했다. 그의 아버지 프레더릭 치버는 마흔두 살 때 첫아들 프레드를 낳았고, 아들 하나로 만족하고 있었다. 그로부터 몇 해 뒤 아내가 둘째 아이를 임신한 사실을 알자 그는 기뻐하기는커녕 무척 실망했다. 그리하여 낙태 수술을 하려고 의사를 집에 부르기까지 했다. 그도 그럴 것이 둘째아들 존 치버가 태어날 때 그의 아버지는 무려 마흔아홉 살이었다. 뒷날 이 사실을 전해들은 존 치버는 무척 분개하면서 자신이 부모가 원하지 않은 자식일뿐더러 부모로부터 버림받은 자식이라고 생각했다. 치버가 여러 작품에서 이 사건을 언급하거나 중요한 모티프로 사용하는 것을 보면 출생을 둘러싼 이 에피소드는 그에게 깊은 심리적 외상을 남겼음이 틀림없다.

어린 시절과 청소년기에 치버가 겪은 시련과 고통은 비단 이것으로 그치지 않았다. 그는 부모의 불행한 결혼생활을 비롯하여 가족의 붕괴를 지켜보며 자라났다. 치버는 자신의 아버지가 구두 공장을 경영했었다고 말한 적이 있다. 그러나 실제로 그의 아버지는 오랫동안 구두 판매원을 하다가 조그마한 구두 공장을 운영한 듯하다. 그러나 뉴잉글랜드에서 한때 번영하던 구두 사업은 방직업처럼 1920년대에 들어오면서 점차 쇠퇴의 길을 걷게 되었다. 더구나 1929년 10월 월스트리트 주식시장의 붕괴가 불을 댕긴 경제 대공황을 맞아 존 치버의 아버지는 방직 사업이 도산하는가 하면 그동안 투자한 돈을 모두 잃고 말았다. 더구나 은행에 저당 잡힌 집마저 빼앗겨 버렸다. 하루아침에 실직자가 된 데다 집까지 잃은 그는 술로써 울분과 절망을 달래기 시작했다. 뒷날 존 치버는 자신의 전기를 쓴 스콧 도널드슨에게 "내 일생에서 가장 크고 가장 쓰라린 수수께끼는 바로 내 아버지다"라고 밝히기도 했다.

이러한 상황에서 가장으로서 무거운 짐을 진 존 치버의 어머니 메리 치버는 시내에 조그마한 기념품 가게를 차려 가족의 생계를 어렵게 꾸려 나갔다. 그러면서도 어머니는 대단한 사업가라도 되는 것처럼 행세하기 일

쓰였다. 어린 존 치버에게 어머니의 이 일은 '말할 수 없는 치욕'이었다. 또한 자신을 무시하는 도도한 아내의 태도에 자존심이 상할 대로 상한 아버지는 자살을 시도한 적도 있고 마침내 아내와 별거한 뒤 가족을 남겨두고 어디론가 자취를 감추었다. 감수성 예민한 사춘기 소년 존 치버에게 가족의 와해와 미국 자본주의 경제의 붕괴는 그야말로 엄청난 충격이었다. 뒷날 존 치버는 "내 가족들을 기억할 때면 나는 언제나 그들의 등을 기억할 뿐이다. 그들은 언제나 몹시 화가 나서 집을 떠나가고 있었다"고 고백한 적이 있다.

이러한 분위기에서 자라난 존 치버는 학교생활이 순탄할 리가 없었다. 1926년 대학 예비 학교인 세이어 아카데미에 입학했지만 성적에는 그다지 관심을 기울이지 않았던 그는 2년 뒤 공립학교인 퀸시 고등학교로 전학을 갔다. 그 이듬해에는 《보스턴 헤럴드》지(紙)가 모집하는 단편소설 콘테스트에 응모하여 당당히 입선했다. 이 일을 계기로 그는 '특별 학생' 자격으로 다시 세이어 아카데미에 조건부로 복학했다. 그러나 여전히 성적이 좋지 않은데다가 담배 피우는 것이 발각되어 결국 퇴학당하고 만다.

이때 그의 나이 열일곱으로 이 경험을 토대로 쓴 작품이 바로 「퇴학」이라는 단편소설이다. 1930년 그는 이 무렵 미국 문단에서 비평가의 대부(大父)로 《뉴리퍼블릭》을 편집하고 있던 맬컴 카울리에게 이 작품의 원고를 보냈고, 카울리는 이 작품을 읽고 곧바로 잡지에 실어 주었다. 그런데 평범한 사람들의 일상적인 삶을 예리한 관찰로 솔직하게 묘사한 이 처녀 작품에는 치버가 앞으로 그의 문학에서 사용하게 될 소재, 작중인물, 배경,

주제, 스타일 등이 모두 들어 있다. 말하자면 이 작품은 치버 문학의 씨앗으로 바로 이 씨앗이 싹을 틔워 줄기가 자라고 가지가 뻗고 잎사귀가 돋았다고 할 수 있다.

존 치버는 열여덟 살 때 「퇴학」이라는 작품으로 미국 문단에서 처음 주목을 받았지만 그가 문학적 재능을 보인 것은 그보다 훨씬 이전이다. 어릴 적에 어머니를 따라 보스턴에서 헨리크 입센의 연극을 보고 얼마나 흥분했는지 코피를 다 쏟을 정도였다. 또한 여덟 살 때 온갖 이야기를 지어내어 친구들을 즐겁게 해 주고 그로부터 2년 뒤부터는 신문에 단편소설을 기고하기 시작했다고 하니 그가 작가로서 얼마나 조숙했는지 쉽게 미루어 짐작할 수 있다. 음악과 미술에는 신동(神童)이 있어도 문학에는 신동이 없다는 말이 있다. 음악이나 미술과는 달리 문학은 삶에 대한 구체적인 경험이 없이는 창작할 수 없기 때문이다. 치버가 비록 신동은 아니라고 할지라도 신동에 가까운 재능을 보인 것은 어느 작가보다도 어렸을 적부터 삶의 신산스러움을 맛보았기 때문일 것이다.

치버는 이렇게 자신의 좌절과 절망을 예술로 승화시켰을 뿐만 아니라 문학에서 위안을 찾고 또 그것에서 이 세계를 구원하는 힘을 발견했다. 부모한테서 버림받다시피 하고 제도 교육에서 쫓겨난 그에게 문학은 유일한 도피처였다. 언제가 치버는 "문학은 저주받은 사람들을 구원하는 것이다. 문학은 연인들에게 영감을 불어넣어 주고 안내해 준다. 또한 절망을 몰아내고 어쩌면 이 세계를 구원할 수 있을는지도 모른다"고 말한 적이 있다. 또한 치버는 "글을 써야 할 필연성은 자신의 삶에서 어떤 의미를 만들어 내고 자신의 유용성을 찾아낼 필요가 있어서 생겨난다"고 밝히기도 했다. 치버는 이렇게 문학 창작을 수단으로 삼아 자신의 존재이유를 확인할 수 있었다.

치버와 《뉴요커》

뒷날 하버드 대학교에서 명예 문학박사 학위를 받고 미국의 여러 대학에서 강의를 맡았지만 존 치버는 세이어 아카데미를 떠나면서 제도 교육에 종지부를 찍었다. 고등학교를 중퇴한 그는 더 이상 학교에 다니지 않았다. 그러나 쉬지 않고 왕성하게 책을 읽으며 부지런히 작가 수업을 쌓았다. 19세기 러시아 문학의 두 거장 표도르 도스토옙스키와 레프 톨스토이를 비롯하여 프랑스 문학에서 사실주의를 완성한 귀스타브 플로베르, 마르셀 프루스트 같은 모더니즘 작가, 17세기 형이상학파 시인 존 던, 존 키츠, 조지 고든 바이런, 퍼시 비시 셸리 같은 낭만주의 시인, 토머스 스턴스 엘리엇, 윌리엄 버틀러 예이츠 같은 현대 시인 등의 작품을 치버는 닥치는 대로 읽었다. 그의 독서 폭은 놀라울 정도로 무척 다양했다.

특히 치버는 플로베르의 『마담 보바리』를 스물다섯 번 읽을 만큼 이 프랑스 작가와 그의 작품에서 받은 영향은 무척 컸다. 치버는 언젠가 『마담 보바리』(1856)를 두고 "나의 예일 대학이요 나의 하버드 대학"이라고 말한 적이 있다. 두말할 나위 없이 이 표현은 허먼 멜빌이 일찍이 『백경』에서 주인공 이시미얼의 입을 빌려 드넓은 바다와 고래잡이배를 두고 한 말이다. 멜빌에게 바다가 '예일 대학이요 하버드 대학'이었다면 플로베르의 작품은 치버에게 역시 '예일 대학이요 하버드 대학'과 같은 교육장의 구실을 했다. 말하자면 치버는 플로베르의 작품을 연구하며 중세 유럽 도시의 동직조합(同職組合) 길드에서처럼 도제에서 시작해 장인을 거쳐 도장인(都匠人)에 이르는 세 과정을 스스로 마친 셈이다.

고등학교 퇴학과 함께 집에서 가출하다시피 한 존 치버는 일곱 살 위인 형 프레드와 함께 유럽 여행을 떠났다. 미국에 돌아온 뒤에는 보스턴으로 옮겨 작가로서의 길을 걷기 시작했다. 백화점에서 일하고 지방 신문의 기자로 일하면서 치버는 작품 창작에 몰두했다. 이 무렵 그는 케임브리지와 케이프코드에서 활약하던 보헤미안적인 문인들을 만나 그들에게 여러모로 크고 작은 도움을 받았다. 이 가운데는 시인 에드워드 에스틀린 커밍스, 소설가 리처드 헨리 데이너의 아들로 하버드 대학교에서 극작을 강의한 헨리 롱펠로 데이너, 그리고 프레드가 '비트족의 원조(元祖) 중 한 사람'이라고 부른 소설가 헤이즐 호손 워너 등이 있다.

이들을 통해 치버는 보스턴에서 발행되는 아방가르드 잡지 《파가니》와 《하운드 앤드 혼》의 편집자들을 알게 되어 이 잡지에 작품을 발표하게 된다. 특히 《하운드 앤드 혼》은 엘리엇, 메리앤 무어, 월리스 스티븐슨, 커밍스 같은 쟁쟁한 시인들이 작품을 발표하던 이름 있는 잡지였다. 그러나 커밍스는 치버에게 "보스턴에서 떠나게. 이곳은 다이빙할 줄 모르는 사람들한테는 다이빙대가 없는 도시라네"라고 충고했다. 커밍스는 치버 같은 젊은 작가 지망생한테는 보스턴 같은 도시가 오히려 걸림돌이 된다고 생각했기 때문이다.

그리하여 존 치버는 경제 대공황의 회오리바람이 아직 세차게 몰아치던 1930년대 중엽 형 프레드와 헤어져 혼자 뉴욕 시로 거처를 옮겼다. 그가 뉴욕으로 거처를 옮긴 것은 커밍스의 충고도 충고였지만 한 젊은 여성을 두고 형과 빚은 불화 때문이었다. 근친상간의 혐의를 받을 만큼 친밀한 사이였지만 마침내 형이 이 여성과 결혼하면서 두 사람은 소원해졌다. 뉴욕에 도착한 치버는 그리니치빌리지에서 가난한 예술가의 삶을 영위하면서 창작에 몰두했다. 일주일에 3달러 하는 누추한 방에서 MGM 영화사를 위해 작품 줄거리를 요약하여 받는 돈으로 겨우 입에 풀칠하면서 틈틈이 작품을 썼다.

이 무렵 치버는 《뉴리퍼블릭》의 편집자 맬컴 카울리와 친교를 맺으며 그로부터 크고 작은 도움을 받았다. 가령 뉴욕 북부 사라토가 스프링스에 있는 작가 마을에서 지내면서 문인들과 교류할 수 있도록 해 준 사람이 바로 카울리였다. 또한 카울리는 그에게 잡지사에 작품을 팔려면 좀 더 짧게 쓰도록 충고를 해 주기도 했다. 또한 치버는 셔우드 앤더슨, 존 도스 패소스, 제임스 에이지, 폴 굿맨, 제임스 패럴, 조세핀 헙스트 같은 소설가들, 하트 크레인, 뮤리엘 루카이저 같은 시인들, 에드먼드 윌슨 같은 비평가들을 만나거나 사귀기 시작했다.

그런가 하면 치버는 1934년 《뉴요커》에 「브루클린 하숙집」이라는 단편소설을 발표하면서 이 잡지와 처음 관계를 맺기 시작했다. 앞으로 40여

미국의 도시 중산층의 삶을 즐겨 다룬 작가 존 치버.
흔히 '미국의 체홉'으로 일컬어지는 그는 주로 《뉴요커》에 단편소설을 많이 발표했다.

년 동안 치버는 이 잡지와 떼려야 뗄 수 없을 만큼 아주 깊은 관계를 맺었다. 이제 《뉴요커》 하면 치버를, 치버 하면 《뉴요커》를 떠올릴 정도다. 치버가 평생 발표한 단편소설 157편 가운데 무려 77퍼센트에 해당하는 121편을 이 잡지에 발표했다. 존 오하라 한 사람을 빼놓고 나면 아마 치버만큼 이 잡지에 작품을 많이 발표한 작가는 아직껏 없다.

그러나 《뉴요커》와의 관계가 치버에게 한편으로는 축복이었지만 다른 한편으로는 저주와 다름없었다. 오랫동안 고급 종합지로 이름을 날린 이 잡지는 트루먼 카포티를 비롯하여 역시 존 업다이크, 제롬 데이비드 샐린저, 앨리스 먼로, 블라디미르 나보코프, 수전 손택, 심지어 일본 작가 무라카미 하루키 등 쟁쟁한 작가들의 활동 무대였다. 치버로서는 이러한 엘리트 작가들의 대열에 합류한다는 것이 여간 다행스러운 일이 아니었다. 이 잡지에 실린 작품들은 '삶의 단편'을 다루되, 잡지의 제호 그대로 흔히 도회풍의 재치와 세련미를 지닐 뿐만 아니라 조금 퇴폐적인 인상을 풍기기도 한다. 중상류층의 천박한 풍습과 도덕을 별다른 감정을 드러내지 않고 묘사하기 일쑤다.

《뉴요커》는 치버에게 걸림돌이 되기도 했다. 문학 비평가 존 앨드리지는 치버를 "중요한 현대 미국 작가 가운데에서 가장 주목받지 못하고 있는 작가 중 한 사람"이라고 평가한다. 그러면서 앨드리지는 그가 이렇게 부당하게 제대로 평가받지 못하는 까닭 중 하나로 이 잡지와의 '부적절한' 관계를 꼽는다. 치버는 이 잡지에 작품을 발표한 작가들과는 적잖이 다른데도 도매금으로 그들과 같이 취급받는다는 것이다. 이 점을 의식했는지 치버는 "나는 한 번도 《뉴요커》를 위해 작품을 쓴 적이 없다. 그 잡지의 편집자들이 내 작품을 사들였을 뿐이다"라고 말한 적이 있다. 엄밀히 따지고 보면 치버의 작품은 이 잡지의 실린 작품에서 흔히 엿볼 수 있는 '안전하다'느니 '위생 처리했다'느니 '예측 가능하다'느니 하는 특징과는 조금 거리가 있다. 작품 활동을 처음 시작할 무렵이라면 몰라도, 치버는 자신의 독특한 작품 세계를 구축하면서 점점 이 잡지에 실린 다른 작품들과는 다른 방향으로 나아갔다. 다시 말해서 작품의 길이가 점점 길어지는가 하면 플롯도 좀 더 복잡한 양상을 띠었다.

치버는 《뉴요커》와의 밀접한 관계에서도 엿볼 수 있듯이 처음부터 장편소설보다는 단편소설에 훨씬 더 깊은 관심을 기울였다. 관심을 기울인 것이 아니라 데뷔하고 나서 25년 동안 아예 단편소설만 집필하다시피 했다. 앞에서 밝혔듯이 치버가 생전에 발표한 단편소설은 무려 157편이나 된다. 이 정도의 작품 수라면 180여 편의 단편소설을 쓴 F. 스콧 피츠제럴드와 거의 맞먹는다. 장편소설은 한 편도 쓰지 않고 오로지 단편소설만 집필한 헨리가 250여 편의 작품을 썼을 뿐이다. 치버는 이렇게 많은 단편소설을 발표하여 미국 문단에서 단편소설의 전통을 굳건히 다지는 데 크게 이바지했다는 평가를 받는다.

치버는 처녀 작품 「퇴학」을 발표한 지 13년이 뒤에야 비로소 첫 번째 단편집 『어떤 사람들이 살아가는 방법』(1943)을 출간했다. 그러나 그는 웬일인지 이 작품집을 "창피할 만큼 미숙한" 책이라고 생각했다. 그리하여 그는 평생 이 책을 입수하는 대로 곧바로 없애 버렸다. 그러나 이 책 때문에 치버는 목숨을 건졌다고 할 수도 있다. 제2차 세계대전이 막바지에 접어들던 1942년 그는 미 육군에 입대하여 보병 훈련을 마치고 유럽 전선으로 배치받게 되어 있었다. 그런데 그의 상관 한 사람이 우연히 『어떤 사람들이 살아가는 방법』을 읽고 치버의 문학적 재능을 알아차린 뒤 그를 전선이 아니라 뉴욕 시 퀸스에 있는 육군 통신부대로 배치했다. 치버가 어윈 쇼나 윌리엄 사로얀 같은 작가들과 함께 스튜디오에서 반파시즘 선전 영화 각본을 쓰는 동안 유럽 전선에 배치된 그의 보병 부대원들은 노르망디 해안 전투에서 대부분 사망하거나 심한 상처를 입었다.

특히 첫 단편집은 앞으로 치버가 사용하게 될 소재와 주제 그리고 스타일 등을 잘 보여 준다는 점에서 주목할 만하다. 앞으로 그의 작품에는 이 작품집의 제목 그대로 미국의 중류층에 속한 평범한 사람들이 삶을 영위해 가는 일상적 사건이 뼈대를 이룬다. 치버는 때로는 남달리 예리한 관찰력으로, 때로는 비판적 시선으로 주로 교외에 사는 미국 중류층의 일상적 삶을 설득력 있게 다룬다. 조금 지나치다 싶을 만큼 사물을 현미경으로 들여다보듯 세부적으로 묘사하고, 대리석을 정교하게 조탁하여 조각품을 만들 듯 어휘 하나하나에 신경을 쓴다. 이렇게 중류층의 평범한 삶에서 어떤 비범함을 찾아내는 치버의 솜씨는 대단하다.

치버가 단편소설을 비롯한 작품에서 주로 공간적 배경으로 삼고 있는 지역은 맨해튼 북부 이스트사이드 지역과 역시 맨해튼 북부 뉴욕 시 메트로폴리탄의 일부를 이루는 웨체스터 지역이다. 치버의 작품에서 사건은 비평가들이 흔히 '치버 지방'이라고 부르는 이 지역을 배경으로 대부분 펼쳐진다. 지금까지 미국 작가들은 남부, 서부, 대도시 또는 소도시 등을 공간적 배경으로 즐겨 다루었지만 교외에는 별로 관심이 없었다. 대도시에 조금 떨어진 지역인 교외(郊外)를 중심적인 배경으로 처음 다룬 작가가 바로 치버다. 그런데 치버는 이렇게 교외를 중심적인 배경으로 다루되 언뜻 사소하고 별로 중요하지 않은 것처럼 보이는 중산층의 일상적 삶 속에 숨어 있는 진실을 깨닫게 해 줌으로써 에드먼드 윌슨이 말하는 '인식의 충격'을 느끼게 해 준다.

비평가 존 레너드가 치버를 '교외의 체홉'이라고 부르는 것은 바로 그 때문이다. 실제로 치버의 작품을 읽다 보면 러시아의 작가 안톤 체홉의 그림자가 자주 어른거린다. 굵직한 사건이 좀처럼 일어나지 않는다는 점에서도 그렇고, 플롯보다는 작중인물의 성격이나 섬세한 심리적 갈등에 크게 기댄다는 점에서도 그렇다. 그런가 하면 두 작가는 직접적인 방법보다는 간접적인 방법을 사용한다는 점에서도, 언어보다는 침묵을 즐겨 구사한다는 점에서도, 겉으로 드러나 있는 의미보다는 표층 뒤에 숨어 있는 심층적 의미에 무게를 싣는다는 점에서도 서로 비슷하다. 그러고 보니 치버의 작품이 왜 러시아에서 그렇게 인기를 끌었는지 알 만하다.

또 다른 비평가는 치버를 '교외 앙스트(Angst)의 음유시인'으로 일컫는다. 치버가 교외에 사는 중류층이 느끼는 실존적 고뇌나 불안을 즐겨 다루기 때문이다. 또 다른 비평가는 치버를 '오시닝의 오비디우스'라고 일컫기도 한다. 오시닝은 만년에 치버가 살던 웨체스터 교외를 말하고, 오비디우스는 기원전 1세기 세계의 창조를 비롯한 여러 가지 그리스 신화를 서사시의 형태로 묘사한 『변신 이야기』를 쓴 로마 시대 시인을 말한다. 치버가 이렇게 로마 시인처럼 중류층의 정신적 변모 과정을 다루었다는 말이다. 미국 중산층의 정신적 공허감과 정서적 파산 상태를 치버처럼 실감 나게 묘사하는 작가도 아마 찾아보기 쉽지 않을 것이다.

치버는 『어떤 사람들이 살아가는 방법』 말고도 『거대한 라디오 및 기타 단편소설』(1953), 『셰이디 힐의 가택 침입자 및 기타 단편』(1958), 『여단장과 골프 과부』(1964), 『사과의 세계』(1973) 등 무려 단편집을 일곱 권이나 출간했다. 이로써 치버는 미국 문학뿐만 아니라 세계 문학에서도 단편소설의 대가로서 자리를 굳혔다. 레너드를 비롯한 많은 비평가가 치버를 살아 있는 단편 작가 중에서 가장 뛰어난 작가로 높이 평가하는 것도 그렇게 무리가 아니다. 미국 문학에서 오 헨리가 오노레 드 발자크와 기 드 모파상의 전통을 이어받아 플롯 중심의 객관적 단편소설을 정립했다면, 치버는 이반 투르게네프와 체홉의 전통을 이어받아 성격 형성 중심의 주관적 단편소설을 정립했다.

미국 문학으로 좁혀 보면, 이렇게 언뜻 하찮아 보이는 일상적 경험을 즐겨 소재로 다룬다는 점에서 치버는 거의 같은 시대에 활약한 레이먼드 카버와 아주 비슷하다. 다만 차이가 있다면 카버는 치버와 비교해 볼 때 좀 더 미니멀리즘에 가깝다. 치버에게서는 조금 요설적이다 싶을 만큼 맥시멀리즘적인 요소를 찾을 수 있다. 그런가 하면 치버는 중산층의 삶을 즐겨 다룬 유태계 작가 솔 벨로와도 비슷한 점이 적지 않다. 치버는 비교적 최근의 미국 소설 중에서 벨로의 『훔볼트의 선물』을 가장 좋아한다고 밝힌 적이 있는데 그 까닭을 알 만하다.

「거대한 라디오」

'미국의 체홉'과 '교외 앙스트의 음유시인'으로서 존 치버의 작품 세계를 가장 잘 엿볼 수 있는 작품은 다름 아닌 「거대한 라디오」다. 치버는 이 작품을 1947년 《뉴요커》에 처음 발표한 뒤 『거대한 라디오와 기타 단편』(1953)과 『《뉴요커》에 실린 단편소설 55편』(1949), 『존 치버의 단편소설』(1978)에 수록했다. 두 번째 작품집은 《뉴요커》 편집자들이 편찬한 책으로 치버 말고도 존 오하라, 제롬 데이비드 샐린저, 셜리 잭슨, 카슨 매컬러스, 블라디미르 나보코프 등 1940년대에 활약한 내로라하는 작가들의 작품이 수록되어 있다. 치버는 『존 치버의 단편소설』로 소설 부문 퓰리처상을 받았다. 이처럼 「거대한 라디오」는 치버의 가장 대표적인 단편소설이라고 할 수 있다.

이 작품의 줄거리는 비교적 단순하지만 치버가 염두에 두고 있는 주제는 꽤 깊고 광범위하다. 짐 웨스컷과 그의 아내 아이린은 제2차 세계 대전 이후의 미국 중산층을 대변하는 인물들이다. 결혼한 지 9년이 되었고 두 자녀를 두고 있는 데다 뉴욕 시 이스트사이드의 서턴 플레이스 근처 아파트에 사는 그들은 전형적인 중산층 가정으로 행복하게 살아가는 중년 부부다. 이 작품의 화자는 그들이 "수입, 노력, 체면"에서 모두 중간을 차지한다고 밝힌다. 이 무렵 대도시에 사는 중산층 대부분이 그러하듯 그들 부부도 뉴욕 시 북쪽에 있는 교외 웨체스터에 살고 싶어 한다. 웨스컷 부부는 1년에 평균 10.3번 음악회에 참석할 뿐만 아니라, 대중음악을 즐기는 다른 중산층 가정과는 달리 유난히 고전 음악을 즐긴다. 볼프강 아마데우스 모차르트, 프레데리크 쇼팽, 프란츠 슈베르트, 클로드 드뷔시, 주세페 베르디 등 많은 고전 음악가와 그들의 작품이 언급되는 것을 보면 그들의 음악적 취향을 가늠할 수 있다. 이러한 고전 음악은 웨스컷 가정의 조화와 균형을 상징한다.

그런데 웨스컷 부부가 음악을 즐겨 듣던 라디오가 고장 나면서 문제가 일어난다. 아내를 무척 사랑하는 짐은 거금을 들여 큼직한 라디오를 사온다. 이 무렵은 아직 텔레비전이 보급되기 이전으로 라디오의 값이 상당히 비쌌다. 그러나 아이린은 새로 구입한 라디오의 모양이 별로 마음이 들지 않았다. 검은 고무나무로 만든 이 라디오는 무척 큰 데다 거실의 다른 가구들과 잘 어울리지 않았기 때문이다. 더구나 새 라디오에는 다이얼과 스위치가 많이 달려 있었고 전원을 켜면 "악의를 품은 듯한 녹색 불빛"이 반짝여 신경을 거슬리게 한다.

이보다 아이린을 더욱 괴롭히는 것은 새 라디오가 전파 방해를 받으면서 음악 대신 같은 아파트에 사는 이웃집의 소음이 들리기 시작한다는 점이다. 그러나 시간이 지나면서 그녀는 오히려 이웃집에서 일어나는 일에 호기심을 느끼기 시작하고, 점차 호기심을 넘어서 이웃집에 일어나는 일을 일종의 관음증 같은 태도로 즐기기에 이른다. 예를 들어 허친슨 부인

존 치버의 대표적인 단편소설을 수록한 작품집『존 치버의 단편소설』.
「거대한 라디오」와 「시골 남편」 같은 그의 유명한 작품이 수록되어 있다.
치버는 이 책으로 소설 부문 퓰리처상을 받았다.

은 플로리다에 사는 어머니가 암으로 죽어가고 있는데도 돈이 없어 병원에 갈 수 없다. 멜리빌 부인은 심장병으로 고생하고 있다. 4월이 되면 직장을 잃게 되는 헨드릭 씨는 불확실한 미래에 겁을 먹고 있다. 그런가 하면 오스번 씨는 아내를 구타하는 나쁜 남편이다.

더욱 놀라운 사실은 아이린이 이웃들의 비극적 삶을 엿들으면서 점차 자신의 삶을 되돌아본다는 점이다. 라디오를 새로 구입하기 전까지만 해도 그녀는 남부럽지 않게 행복하게 살고 있었다. 그러나 이웃들이 겪는 좌절과 고통과 절망을 엿들으면서 어쩌면 그녀 자신과 가정도 그들과 마찬가지로 어려움을 겪고 있는 것은 아닌지 생각하게 된다. 새 라디오를 구입한 뒤 점차 비참해지는 아내를 보고 짐은 왜 라디오를 계속 듣느냐고 다그친다. 그러자 아이린은 이렇게 대답한다.

> "오, 그러지 말아요, 제발 그러지 말아요. 제발요."
>
> 그녀가 울부짖었다.
>
> "인생이란 너무 무섭고, 너무 누추하고, 너무 끔찍해요. 하지만 우리는 한 번도 그렇지 않았죠, 여보? 우린 안 그랬죠? 제 말은, 우린 늘 선량하고 점잖고 서로를 사랑해 왔죠? 게다가 우리에겐 두 아이가 있지요. 예쁜 두 아이요. 우리 인생은 그렇게 누추하지 않았지요, 그렇죠, 여보?"
>
> 그녀는 갑자기 두 팔로 그의 목을 감더니 그의 얼굴을 자기 얼굴에 갖다 댔다.
>
> "우린 행복해 왔죠, 여보? 지금 우린 행복한 거죠?"

발작에 가까운 아이린의 말에서 웨스컷 부부의 삶도 이웃들의 삶과 크게 다르지 않다는 사실을 알 수 있다. 아이린 자신도 이웃들처럼 그렇게 비참하다고 느끼기 때문에 이렇게 남편에게 자신들은 그렇지 않다고 확인받고 싶을 뿐이다. 이 작품의 마지막 장면에서 짐은 아내에게 전에 어머니의 보석을 미리 가로챘고, 곤경에 빠진 누이동생이 마땅히 받아야 할 돈을 한 푼도 주지 않았으며, 법을 어기면서 의사를 찾아가 낙태 수술을 받았다고 다그친다. 이 장면에서 남편은 지금까지 겉으로 점잖고 고상한 중산층으로 살아 온 아내의 가면을 마침내 낱낱이 벗겨 버린다. 이로써 웨스컷 부부는 같은 아파트에 사는 다른 이웃들과 조금도 다르지 않다는 사실을 깨닫는다.

이처럼 카버는 「거대한 라디오」에서 문학의 보편적 주제 가운데 하나라고 할 외견과 실재, 겉모습과 참모습이 서로 얼마나 다른지 설득력 있게 보여 준다. 웨스컷 부부의 삶은 그동안 중산층의 가면 속에 가려진 채 겉으로 드러나지 않았다. 그러나 새 라디오가 등장하면서 그 가면이 한 꺼풀씩 벗겨지기 시작하고, 그들은 자기 삶의 진면목을 조금씩 깨닫게 된다. 소크라테스는 일찍이 "성찰하지 않은 삶은 살 가치가 없다"고 설파한 적이 있다.

웨스컷 부부가 느끼는 자아 성찰과 자기 인식 과정은 카버가 즐겨 사용하는 이미지나 상징에서 잘 드러난다. 웨스컷 부부가 행복하게 사는 뉴욕 시의 아파트는 에덴동산과 비슷하고, 짐과 아이린은 아담과 하와로 보아도 크게 틀리지 않는다. 그렇다면 조화롭고 행복하기 그지없던 그들에게 불행을 안겨 주는 라디오는 사탄으로 볼 수 있다. 사탄처럼 그 모습이 "신체적으로 흉물스럽게" 생긴 데다 "악의를 품고" 녹색 불빛을 내뿜는다. 웨스컷 부부는 중산층의 체면이라는 동산에서 행복하게 살다가 어느 날 사탄의 유혹에 빠져 선악과를 따 먹고 낙원에서 영원히 추방되는 것이다. 낙원 추방 이후 인간은 원죄를 걸머진 채 비극적인 삶을 살고 있다. 그러나 '펠릭스 쿨파(felix culpa)'라고 하여 낙원 추방을 오히려 긍정적으로 보는 신학자들도 없지 않다. 어찌 되었든 웨스컷 부부는 앞으로 지금까지 살아 온 위선적이고 가식적인 삶의 방식을 버리고 좀 더 성실한 새로운 삶을 살게 될 것이다.

카버는 「거대한 라디오」에서 미국의 중산층의 공허한 삶을 비판하는 것에 그치지 않고 더 나아가 좁게는 작가의 창작 행위, 더 넓게는 문학의 본질을 다룬다. 이 작품에 등장하는 큼직한 라디오는 어떤 의미에서는 존 치버를 비롯한 모든 작가를 상징한다. 모름지기 작가란 이 세상의 모든 잡음 곧 삶의 희로애락을 감도가 예민한 안테나처럼 포착하여 독자들에게 널리 알리는 역할을 하는 사람이다. 다만 라디오가 전파의 힘을 빌려 그 역할을 한다면 작가는 글의 힘을 빌려 그 역할을 하는 것이 다를 뿐이다. 그렇다면 라디오에 귀를 기울이는 웨스컷 부부는 곧 독자의 역할을 하는 셈이다. 웨스컷 부부처럼 독자들도 문학 작품을 읽고 나서 자신의 삶을 반추하고 지금까지 살아온 삶의 방식을 바꾸기도 한다.

한편 이 작품은 인터넷의 발달에 따른 4차 산업 혁명을 눈앞에 두고 있는 지금 새로운 의미로 다가온다. 카버는 이 작품에서 '테크노포비아' 즉 기술공포증을 또 다른 주제로 다룬다. 1940년대 말엽과 1950년대 초엽 라디오는 과학과 기술의 상징이었다. 요즈음 사물인터넷(IoT) 같은 첨단 기기와 거의 맞먹는 수준이었다. 그런데 인류에게 문명의 혜택을 가져다 준 기계가 이렇게 행복보다는 불행을 불러오는 장본인이 되었다는 것은 아이러니가 아닐 수 없다. 현대인들도 새로운 기술 문명에 적잖이 의구심을 품는다는 점에서 웨스컷 부부와 크게 다르지 않다. 적어도 이 점에서 이 작품은 처음 발표된 지 60여 년이 지났어도 그 의미는 창조의 새 아침처럼 신선하다.

단편소설가에서 장편소설가로

존 치버는 1950년대에 들어서면서 작가로서 새로운 방향 전환을 모색하기 시작했다. 그동안 그의 상표가 되다시피 한 '단편 작가'라는 꼬리표를 떼어 버리고 '장편소설 작가'로 인정받고 싶었다. 치버는 제2차 세계대전이 끝나고 1950년대가 장밋빛으로 시작했지만 그 중간쯤 이르러서 사정이 달라졌다고 생각했다. 이 무렵 자신의 문학에 대해 치버는 동료 작가 허버트 골드에게 "뭔가 잘못되어도 크게 잘못되었다. …… 오늘날 강력한 삶의 부조리성 때문에 나는 전혀 무방비 상태에 놓여 있다"고 털어놓았다.

이렇게 갑자기 부조리해진 세계의 의미를 깨닫기 위해 치버는 단편소설에서 장편소설로 눈을 돌렸다. 또한 1958년에 그는 "나는 여전히 단편소설 형식에 관심을 두고 있다. 어떤 상황은 단편소설로서밖에는 쓸 수가 없다. 그러나 일반적으로 단편소설은 좀 더 격렬한 작가들, 지각 대상이 좀 더 파편적인 젊은 작가들한테 더욱 잘 어울리는 형식이다"라고 밝히기도 했다. 어느덧 40대 중반을 넘어선 치버는 말하자면 작가로서 위기의식을 느끼고 문학 장르에서 변신을 꾀할 필요성을 느꼈다.

치버가 장편소설 작가로 변신한 뒤 처음 출간한 첫 장편소설이 『왑숏 연대기』(1957)다. 이 작품으로 그는 1958년도 '전미(全美) 도서상'을 받았다. 그러나 이 소설이 출간되자마자 작품의 질을 두고 비평가들의 반응은 크게 엇갈렸다. 이 작품을 긍정적으로 평가하고 칭찬하는 비평가들도 없지 않았지만 부정적으로 보는 비평가들이 훨씬 많았다.

특히 부정적으로 보는 비평가들은 작중인물이 너무 많이 등장하고 배경도 너무 자주 바뀌는 데다 플롯이 없이 구성이 에피소드식으로 느슨하다고 불만을 털어놓았다. 단편적이고 개별적인 에피소드를 장편소설이라는 이름으로 한데 모아 놓은 책에 지나지 않는다는 것이다. 또한 중심 플롯에서 자주 이탈하기 때문에 독자들은 작가가 이야기를 어디로 끌고 가고 있는지 알기 어려울 때가 적지 않다고 비판하기도 했다. 실제로 몇몇 장(章)은 아예 중심 플롯과는 무관하게 리앤더 왑숏의 저널로만 구성되어 있다. 다락방 트렁크에서 발견된 리앤더 왑숏의 저널은 그리스 비극에서 코로스와 같은 구실을 하지만 중심 플롯에 흔히 찬물을 끼얹는다. 그리하여 몇몇 비평가들은 역시 치버는 단편소설을 써야 제격이지 장편소설을 쓰는 데에는 한계가 있다고 지적했다.

그러나 이러한 부정적인 평가는 어디까지나 치버의 문학을 잘못 이해한 데에서 비롯된 것이다. 그가 아리스토텔레스가 말하는 짜임새 있는 플롯을 사용하지 않고 굳이 이렇게 산만한 에피소드식 구성 방식을 택한 것은 어디까지나 의도적이었다. 치버가 "나는 플롯을 가지고 작품을 쓰지 않는다. 나는 직관, 이해력, 몽상, 개념으로써 작품을 쓴다"고 밝혔다는 점을 염두에 두어야 한다. 더구나 그는 플롯이 자신의 도덕적 확신과 양립되지 않을 뿐만 아니라 현대 사회의 무질서와 특성을 드러내기는커녕 오히려 감춰 버린다고 지적한다. 조앤 디디언의 지적대로 『왑숏 연대기』은 감성 소설이 아니고, 그렇다고 풍속 소설도 아니다. 디디언은 치버의 소설이 "『마담 보바리』라기보다는 『톰 존스』에 가깝고, 『오만과 편견』이라기보다는 『트리스트럼 섄디』에 가깝다"고 주장했다.

치버는 『왑숏 연대기』에서 세인트보톨프스를 가장 중심적인 지리적 배경으로 삼았다. 그런데 대서양 연안에 위치한 이 어촌은 지도에서는 찾을 수 없는 상상의 공간이다. 말하자면 마크 트웨인의 세인트피터스버그, 셔우드 앤더슨의 와인즈버그, 토머스 울프의 올터먼트, 또는 윌리엄 포크너의 신화적 왕국 요크너퍼토퍼 군과 제퍼슨 읍처럼 작가가 상상력으로 빚어낸 우주다. 이러한 경우에 흔히 그러하듯이 세인트보톨프스라는 공간적 배경은 단순히 사건이 벌어지는 무대 이상의 깊은 의미를 지닌다. 다시 말해서 작가는 작중인물들을 특정한 환경이 만들어 낸 구체적인 산물로 파악할 뿐만 아니라 지리적 배경은 주제와도 깊이 연관되어 있다.

이렇게 상상력으로 창안해 낸 공간적 배경을 지닌 작품이 흔히 그러하듯이 『왑숏 연대기』에는 신화적 요소가 강하게 부각되어 있다. 작중인물의 이름부터 고대 신화에 등장하는 인물들에서 연유한다. 가령 리앤더는 그리스 신화에 나오는 헤로와 사랑을 나눈 아비도스 마을의 미남 청년 레안도로스에서 따온 이름이다. 이 밖에도 호메로스의 『일리아스』에 나오는 슬기로운 노장군 네스토르의 이름을 딴 네스토, 그리스 신화에 나오는 달의 여신 아르테미스의 시녀 아레투사를 사랑한 알피우스의 이름을 딴 앨피어스, 아르테미스의 별명인 멜리사 등 하나하나 꼽을 수 없을 만큼 아주 많다.

또한 이러한 신화적 요소는 작가가 구약성서 「창세기」의 가문의 계보를 흉내 내어 "데이비드는 로렌조·존·애버디야·스티븐을 낳았다. 스티븐은 앨피어스와 네스토를 낳았다"라든지 "벤저민은 엘리자베스 머서브와 결혼해 새디어스와 로렌조를 낳았다. 엘리자베스는 벤저민이 일흔 살 때 세상을 떠났다. 그 뒤 그는 메리 헤일과 결혼해 아론과 에비니저를 낳았다. 세인트보톨프스 사람들은 벤저민의 두 부인이 낳은 아이들을 각각 '첫 수확', '두 번째 수확'으로 불렀다"고 말하는 데에서 단적으로 드러난다.

『왑숏 연대기』는 그 제목에서도 엿볼 수 있듯이 뉴잉글랜드 어촌 마을에서 오랫동안 살아 온 왑숏 가문의 연대기를 다룬다. 치버는 자신의 작품이 자서전과는 거리가 멀다고 주장하지만 왑숏 가문의 이야기는 치버 가문의 이야기와 여러모로 비슷하다. 다만 계보에 굳이 얽매이지 않고 여러 선조한테서 자유롭게 빌려 올 뿐이다. 예를 들어 이 소설에 등장하는 가장(家長) 리앤더 왑숏은 작가의 아버지 프레더릭 치버가 아니라 1630년 아벨로 호를 타고 대서양을 건너 보스턴에 식민지를 건설한 선조 이지키얼 치버에서 빌려 온다. 그러나 리앤더의 두 아들 모지스와 코벌리는 프레더릭 치버의 두 아들 프레드와 존에서 빌려 온다. 한편 리앤더의 아내 새러는 존 치버의 어머니 메리 치버의 성격과 많이 닮아 있다. 실제로 새러 왑숏은 작가의 어머니와 너무 닮은 나머지 치버는 이 작품의 출간을 어머니가 사망한 뒤로 미룰 정도였다.

한 가문의 계보를 다루는 가족사 소설이 흔히 그러하듯이 『왑숏 연대기』도 가문의 흥망성쇠를 다룬다. 치버 가문처럼 한때 이름을 떨치던 왑숏 가문도 시간이 흐르면서 점차 쇠퇴일로의 길을 걷는다. 가령 왑숏 선조는 한때 뉴잉글랜드 지방에서 바다를 주름잡다시피 한 선원들이었다. 선조 한 사람은 멀리 태평양 한가운데 하와이 섬까지 가서 기독교 복음을 전파하기도 했다. 그러나 후대로 내려오면 올수록 가문은 점점 세력이 약해졌다. 그러다가 리앤더 대에 내려와서는 더더욱 말이 아니어서 그는 사람들을 배에 태워 세인트보톨프스에서 낸개서킷으로 날라다 주는 일을 맡는다. 그 일마저 배가 폭풍우에 난파하는 바람에 중단되고 결국 그의 아내 새러는 폐선을 기념품 가게로 만들어 버린다. 어느 날 리앤더는 바닷가로 수영하러 나갔다가 다시는 집에 돌아오지 않는다. 한편 두 아들 모지스와 코벌리는 명예와 재산 그리고 정체성을 찾아 고향 세인트보톨프스를 떠난다. 이렇게 한 가문의 붕괴를 다룬다는 점에서 치버는 앤서니 트롤럽과 찰스 디킨즈 그리고 헨리 제임스의 전통을 이어받는다.

왑숏 가문의 붕괴는 상징적으로 곧 뉴잉글랜드의 붕괴를 뜻한다. 뉴잉글랜드는 일찍이 17세기에 청교도들이 '언덕 위의 도시'를 만들려는 원대한 꿈을 품고 도착한 곳이지만 세월이 지나면서 점차 그 꿈은 퇴색하고 변질되었다. 미국에서 뉴잉글랜드는 종교의 본산지일 뿐만 아니라 문화의 메카와 같은 곳이었다. 흔히 '뉴잉글랜드 문예부흥' 또는 '미국의 문예부흥' 시대로 일컫는 19세기 중엽은 미국 문학사를 통틀어 가장 찬란한 전성기였다. 너새니얼 호손을 비롯하여 허먼 멜빌, 랠프 월도 에머슨, 에드거 앨런 포, 헨리 데이비드 소로 같은 문인들이 활약한 시기도 바로 이 무렵이었다. 미국 문학은 이때 비로소 영국 문학이나 유럽 문학에서 젖을 떼고 독자적인 길을 걷기 시작했다. 그러나 뉴잉글랜드는 남북전쟁 이후 종교적으로나 문화적으로 또는 경제적으로 점차 쇠퇴하기 시작했다.

더 나아가 뉴잉글랜드의 붕괴는 현대 사회의 와해를 뜻하기도 한다. 치버는 제2차 세계대전 이후 미국 사회의 사회적·도덕적 풍조를 깊이 우려했다. 겉으로는 '미국의 꿈'을 성취한 것처럼 보이지만, 그 화려한 모습의 한 꺼풀만 벗겨 놓고 보면 온갖 부패와 공허감이 뱀처럼 도사리고 있음이 드러난다. 이러한 현대 사회의 무질서와 혼돈을 윌리엄 버틀러 예이츠는 「재림」에서 "모든 것이 무너져 내린다./ 중심은 유지될 수 없다./ 순전한 무정부 상태가 세상에 횡행한다"고 노래했다. 치버는 이렇게 중심이 없이 모든 것이 와해된 현대 사회에서 개인과 가족의 역할을 다시 한 번 깊이 성찰한다. 치버의 말대로 "뭔가 잘못되어도 아주 잘못된" 현대 사회에 대한 환멸, 비극적 상실감 그리고 삶의 구석구석에 퍼져 있는 공허감 등을 다룬다는 점에서 이 작품은 스콧 피츠제럴드의 『위대한 개츠비』와 비슷하다. 그런데 이러한 현대 사회의 무질서와 혼돈을 묘사하는 데에는 일직선적이고 선형적 플롯 방법보다는 오히려 비선형적이고 에피소드적인 플롯 방법이 훨씬 더 안성맞춤일 것이다.

또한 치버는 『왑숏 연대기』에서 이번에는 전통과 개혁, 기존 가치와 새로운 가치의 갈등이나 긴장을 다룬다. 리앤더 왑숏과 오노라 왑숏은 전통과 인습과 과거부터 전해 오는 기존 가치를 옹호하려는 인물인 반면, 모지스와 코벌리는 마치 낡은 헌옷을 벗어 버리듯 낡은 인습과 가치관을 던져 버리고 새로운 가치관을 받아들여 그것에서 삶의 자양분을 섭취하려는 인물이다. 치버가 이 작품에서 다루는 이러한 갈등이나 긴장은 공동체 의식과 현대 사회의 유목주의 사이의 대립으로 볼 수도 있다. 리앤더나 오너라 같은 인물이 추구하는 세계가 조상이 처음 정착한 곳에 뿌리를 내리고 더불어 살아가는 유기적 공동체라면, 모지스와 코벌리 같은 젊은 세대들이 지향하는 세계는 유목민처럼 이곳저곳 떠돌아다니며 살아가는 좀 더 자유로운 생활방식을 지향한다.

이 점에서 리앤더가 두 아들을 두고 두 번에 걸쳐 "이카로스, 이카로스!"라고 부르짖는다는 점을 눈여겨보아야 한다. 두말할 나위 없이 이카로스는 그리스 신화에 등장하는 장인 다이달로스의 아들이다. 이카로스는 밀랍 날개를 달고 크레타 섬의 미궁에서 탈출한 뒤 더 높이 날고 싶은 나머지 태양 가까이로 날아오르다가 밀랍 날개가 녹아 그만 바닷물 속으로 추락한다. 이카로스는 바로 인간의 욕망과 미지의 세계를 향한 동경을 상징한다. 그렇다면 이카로스에게 "너무 높이 날지 마라"고 경고한 다이달로스는 전통적 가치와 인습을 중시하는 아버지 리앤더로 보아도 크게 틀리지 않을 것이다. 그런데 이렇게 첨예하게 대립하는 두 갈등과 긴장을 다루되 치버는 이제 생존력을 상실했으면서도 여전히 우아함을 간직하고 있는 '잃어버린 시간'에 한 가닥 애틋한 향수를 느낀다. 작가의 그러한 태도는 리앤더 왑숏을 현실 감각이 없는 엉뚱한 희극적 인물로 묘사하면서도 위엄과 동정심을 지닌 낙관적 몽상가로 묘사하는 데에서도 엿볼 수 있다.

그런가 하면 이러한 갈등과 대립은 좀 더 형이상학적인 문제로 발전하기도 한다. 즉 치버는 이 작품에서 때로는 이중적 인간성을 다루기도 하고, 때로는 선과 악의 문제를 다루기도 한다. 근엄하고 품위 있는 사회적 가면 뒤에는 내적 부패나 타락이 독버섯처럼 자라고 있으며, 삶의 겉모습과 실제 모습, 이상과 현실 사이에는 건너지 못할 심연이 가로놓여 있다. 이 작품에서 그다지 어렵지 않게 아이러니를 느낄 수 있는 것은 바로 그 때문이다. 한편 모지스와 코벌리 사이의 갈등과 긴장은 상징적으로 선과 악의 대립을 보여 주기도 한다. 물론 치버는 선과 악을 뚜렷이 대조시키거나 두 가지 중 어느 한쪽을 택하지는 않는다. 이 점과 관련하여 그는 "지혜란 선과 악을 깨닫는 데 있을 뿐 그중 어느 한쪽을 선택하는 데 있지 않다"고 못 박아 말한다.

모지스와 코벌리에 초점을 맞추면 『왑숏 연대기』은 성장 소설(빌둥스로만)로 읽어도 크게 무리가 없다. 이 작품에서 치버는 두 주인공이 소년 시절부터 사춘기를 지나 성인으로 성장해 가는 모습을 다루기 때문이다. 물론 이 소설에서는 그들의 육체적 성장 못지않게 정신적 발전 즉 영혼의 개안(開眼)이 중요하다. 그들의 정신적 성장은 주인공들의 지리적 여정과 깊이 관련되어 있다. 그들은 뉴잉글랜드 어촌에서 뉴욕 같은 대도시를 거쳐 하와이 섬까지 이동하는 여정을 통해 그들은 온갖 경험을 겪으며 정신적으로 조금씩 성숙해 간다.

『왑숏 스캔들』

존 치버는 첫 장편소설을 출간한 지 6년 뒤에 두 번째 장편소설 『왑숏 스캔들』(1964)을 출간한다. 이 작품은 첫 작품의 속편이라고 할 수 있다. 이 밖에도 치버는 『불릿 파크』(1969), 『매잡이』(1977), 『오 이 얼마나 낙원 같은가』(1982) 등 모두 다섯 권의 장편소설을 출간했다. 작가의 생애 중에서 전반기에 주로 단편소설에 관심을 기울였다면 후반기에 이르러는 주로 장편소설을 썼다고 할 수 있다.

치버가 『왑숏 스캔들』을 집필하기 시작한 것은 『왑숏 연대기』를 출간한 지 2년이 지나서부터다. 그는 1959년부터 1964년까지 5년에 걸쳐 이 작품을 집필했다. 그가 이 작품을 쓰는 데 이렇게 많은 시간이 걸린 것은 이전처럼 작품 활동에 전념할 만한 상태에 있지 않았기 때문이다. 역시 소설가인 치버의 딸 수전에 따르면 치버는 마치 직장인처럼 절도 있게 작품 활동을 했다고 한다. 그는 아침 일찍 정장 차림으로 같은 아파트에서 사는 샐러리맨들과 함께 엘리베이터를 타고 일층으로 내려간다. 다른 사람들은 일층에서 내려 저마다 직장을 향해 발길을 돌리지만 그는 내리지 않고 계속 엘리베이터를 타고 지하로 내려간다. 지하에는 창고 같은 조그마한 방이 하나 있고, 그 방에는 타자기를 올려놓을 수 있는 작은 책상이 하나 놓여 있다. 치버는 정장을 벗고 속옷만 입은 채 그곳에서 점심시간이 될 때까지 집필에 몰두한다. 정오쯤 밖에 나가 점심을 먹은 뒤 다시 그 방에 돌아와 작업을 계속한다. 그리하여 《뉴요커》의 편집자이자 치버의 오랜 친구인 윌리엄 맥스웰은 거트루드 스타인의 그 유명한 말을 인용하면서 "만약 '장미가 장미고 장미라면 장미는 또한 장미를 만들어 내는 기계다. 치버는 스토리를 만들어 내는 기계다"라고 밝혔다. 맥스웰의 말대로 전성기에 치버는 그야말로 계속하여 스토리를 써 내는 기계에 지나지 않았다.

그러나 평소 술을 좋아한 치버는 1950년대 말엽부터는 알코올 중독 증세를 보이기 시작했다. 술을 마시는 양도 점점 늘어났고, 술을 마시고 난 이튿날이면 전처럼 집필 작업을 강행할 수도 없었다. 또한 이 무렵 치버는 알코올 중독 말고도 마약과 동성애 그리고 원만하지 못한 결혼생활 등 여러 문제에 시달리고 있어 작가로서의 능력을 마음껏 발휘할 수 없었다. 능력을 발휘하기는커녕 그나마 집필 활동을 계속할 수 있었다는 것이 기적이었다. 그래서 그런지 두 번째 장편소설은 치버의 작품 중에서 가장 음울하고 비관적이다. 그의 첫 장편소설 『왑숏 연대기』에서 흔히 엿볼 수 있는 유머나 희극적 비전을 이 작품에서는 좀처럼 찾아볼 수 없다. 이 작품을 집필하면서 그는 한때 자살을 생각한 적이 있었다고 고백한 적이 있다.

『왑숏 스캔들』은 『왑숏 연대기』에 비해 비평가들에게 별다른 관심을 받지 못했다. 첫 장편소설처럼 이 작품에서도 이렇다 할 플롯이 없이 에피소드식으로 산만하게 이야기가 진행된다. 특히 제1장에서 제6장에 이르는 처음 부분은 시냇물이 흐르다가 큰 나무 그루터기나 돌에 걸려 같은 자리에서 맴돌고 있는 것처럼 좀처럼 앞으로 나아가지 못한다. 그러나 판매량으로 보면 이 작품은 첫 장편소설보다 수십 배 많이 팔려 나가 한동안 베스트셀러 리스트에 올라 있었다. 더구나 치버는 이 작품으로 미국 예술원이 수여하는 '윌리엄 딘 하우얼스' 상을 받기도 했다. 이 두 번째 작품이 독자들한테서 관심을 끌자 시사 주간지 《타임》은 치버를 커버스토리로 다루면서 「오시닝의 오비디우스」라는 글을 실었다.

『왑숏 스캔들』은 첫 번째 장편소설이 끝나는 곳에서 시작한다. 그 제목에서 엿볼 수 있듯이 이 두 번째 작품에서도 왑숏 가문의 집안 식구들을 중심적인 작중인물로 삼는다. 그러나 두 번째 작품에서 리앤더 왑숏과 새러 왑숏은 이미 사망했고, 오노러 왑숏은 살아 있지만 앞의 작품에서처럼 성격이 별나다거나 고압적이지 않고 좀 더 동정적인 인물로 바뀌어 있다. 리앤더와 새러의 두 아들 모지스 왑숏과 코벌리 왑숏이 주역으로 전면에 등장하고, 앞 작품에서 스케치풍으로 간략하게 묘사된 모지스의 아내 베치와 코벌리의 아내 멜리사의 성격이 좀 더 구체적으로 부각된다. 그런가 하면 코벌리의 상관인 캐머런 같은 인물이 새롭게 등장하기도 한다.

치버는 이 작품에서 제2차 세계대전 이후 20세기 중엽을 시대적 배경으로 삼는다. 이 무렵은 미국과 소련의 냉전이 최고조에 달한 시기다. 또한 하버드 대학교의 경제학 교수 존 갤브레이스가 말하는 '풍요로운 사회'이기도 했다. 갤브레이스는 이제는 고전이 되다시피 한 『풍요로운 사회』(1958)에서 "미국 경제가 개인적 부(富)를 창출하고 있지만 학교와 고속도로 등 공공 수요에는 적절히 접근하지 못하고 있다"고 말하면서 정부의 개입을 촉구했다.

왑숏 가문의 후예들은 좀 더 넓은 세계에서 삶을 개척하기 위해 뉴잉글랜드의 세인트보톨프스를 떠나간다. 그들이 머무는 곳도 한 곳이 아니라 지상의 지옥이라고 할 탤리퍼, 웨체스터 근처에 있는 듯한 프록스마이어 매너, 그리고 대서양 건너 이탈리아 등 여러 지역이다. 그런데 어느 한 곳에 자라 온 식물을 다른 땅에 옮겨 심은 것처럼 그들은 새로운 세계에 뿌리를 내리는 데 적잖이 어려움을 겪는다. 그들이 어디에 머물든 정신적 공허감이 안개처럼 짙게 그들을 에워싸고 있을 뿐만 아니라 과학과 기술 문명이 무자비한 힘으로 그들을 압도한다. 그러므로 17세기 식민지 시대부터 선조들이 살아 온 세인트보톨프스는 미덕과 가치를 지닌 낙원으로 드러나는 반면, 현대 사회는 온갖 부패와 타락이 판을 치는 실낙원으로 드러난다. 이 점과 관련하여 미국 소설가 글렌웨이 웨스콧은 "이 작품은 미국을 지상 낙원으로 묘사한다. 그러나 그 낙원은 한 마리 이상의 뱀이 살고 있으며 악으로 가득 찬 낙원이다"라고 말한 적이 있다. 그렇다면 왑숏 가문의 후예들은 구약성서의 저 아담과 하와처럼 에덴동산에서 쫓겨난 셈이다.

치버는 언젠가 "삶이란 위험한 도덕적 여정이다"라고 밝힌 적이 있다. 존 버니언의 『천로역정』이 기독교인이 영적으로 거듭 태어나는 영혼의 순례를 다룬 작품이라면, 『왑숏 스캔들』은 젊은이가 도덕적으로 성장해 가는 과정을 그린 작품이라고 할 수 있다. 도처에 뱀처럼 위험이 도사리고 있는 지상 낙원에서 치버의 주인공들은 도덕적으로 파멸하지 않고 살아가는 방법을 배우려고 한다. 치버의 작품에서 결혼생활은 마치 살얼음판을 걷는 것처럼 위태롭다. 남편과 아내 사이에는 갈등과 긴장이 마치 활시위처럼 팽팽하다. 그런데도 미국의 현대 작가 중에서 치버만큼 일부일처제를 찬양하면서 가정의 신성함을 믿는 사람도 찾아보기 쉽지 않다. 리앤더 왑숏은 「아들들에게 주는 충고」라는 메모에서 "꼿꼿하게 서라. 세상에 감탄해라. 부드러운 여자의 사랑을 즐겨라. 주님을 믿어라"라고 말한다. 그 때문에 절박한 도덕적 통찰에서 치버 문학의 의미를 찾으려는 비평가들도 있다.

『왑숏 스캔들』에서 치버가 다루는 또 다른 주제는 물질주의적 미국의 성공 신화에 대한 회의요 경계다. 지금까지는 근면하고 성실하게 일해서 물질적 부를 축적하고 결혼하여 행복한 가정을 이루어 교외에서 삶을 영위하는 것이 미국 중산층의 꿈이었다. 비단 중산층에 그치지 않고 모든 미국인이라면 으레 품게 마련인 꿈이라고 할 수 있다. 그러나 이 작품에서 치버는 그러한 삶의 방식에 적잖이 도전한다. 모지스는 두 번째로 결혼한 아내 베치가 열아홉 살 난 청년과 벌이는 혼외정사의 치욕을 목격해야 하는가 하면, 비인간적인 미사일 기지에서 근무하는 코벌리는 반미(反美)활동위원회에 연루된다. 그런데도 두 인물은 절망하지 않고 꿋꿋이 살아간다. 적어도 이 점에서 그들은 어니스트 헤밍웨이가 말하는 '압력에서의 우아함'을 보여 준다고 할 수 있다.

치버의 작품에서 주인공이 이렇게 물질주의에 굴복하지 않고 자신의 도덕적 성실성을 유지할 수 있는 것은 가문의 전통과 사회의 계급 구조를 존중하기 때문이다. 그의 작품에는 '경건(piety)'이라는 낱말이 유난히 많이 나온다. 그런데 그가 사용하는 이 말은 일반적으로 사용하는 종교적 의미와는 조금 다르다. 다시 말해서 치버는 이 말의 뿌리인 라틴어 '피에타스(pietas)'에 가까운 의미 즉 미국의 사전 편집자 노어 웹스터가 이 어휘의 두 번째 의미로 정의하는 "부모, 가족, 민족 등에 대한 충성스러운 헌신"의 뜻으로 사용한다.

치버가 가문의 뿌리에 강박관념 같은 것을 느끼고 있는 것은 바로 그 때문이다. 개척 시대부터 20세기 중엽에 이르기까지 뉴잉글랜드에 뿌리를 박고 살아 온 것에 자부심과 긍지를 느끼는 그는 언젠가 로스앤젤레스를 방문하고 크나큰 충격을 받는다. 이 도시에는 하나같이 '뿌리 뽑힌 사람들'이 득실거리기 때문이다. 한 작중인물에 대해 치버는 "그 사람은 어떤 곳의 출신도 아니지. 내 말은, 그 사람한테는 어떤 좋을 일을 기억할 것도 없다는 거야. 그래서 그 사람은 다른 사람들의 기억을 빌려 오는 거지"라고 말한다.

작가와 독자

존 치버는 존 앨드리지의 지적대로 미국 문단에서 제대로 평가받지 못한 작가 중 한 사람이다. 그런데 치버가 이렇게 과소평가된 데에는 그의 책임도 적지 않았다. 그는 좀처럼 비평가들이나 학자들의 눈치를 보지 않고 오직 독자들만을 의식하여 작품을 썼다. 이 점과 관련하여 치버는 "나는 독자 없이는 글을 쓸 수가 없다. 글을 쓴다는 것은 정말로 키스를 하는 것과 같다.—두 가지 모두 혼자서는 할 수 없으니까 말이다"라고 밝혔다. 작가는 비록 비평가들이나 학자들의 비위를 맞출 필요는 없지만 적어도 그들의 비판에 귀를 기울일 줄 아는 아량 정도는 지닐 필요가 있다. 또한 치버는 어니스트 헤밍웨이나 노먼 메일러처럼 대중의 이목을 끌려고 이상하게 행동하지도 않았다. 스캔들이나 엉뚱한 주장으로 신문에 그의 이름이 오르내리지도 않았으며, 텔레비전에 좀처럼 모습을 드러내지도 않았다. 한 친구에 따르면 치버는 대여섯 사람 이상만 모인 곳에 가면 주눅이 들어 거의 그의 존재가 잊힐 정도였다고 한다.

작품의 형식적 실험에 비교적 무관심한 것도 치버가 정당한 대접을 받는 데 걸림돌이었다. 그는 "소설은 실험이며, 실험을 하지 않을 때 더 이상소설이 아니다"라고 밝힌 적이 있다. 그러나 그의 작품을 읽고 있으면 왠지 이 말이 공허하게 느껴진다. 솔 벨로나 버나드 맬러머드 또는 필립 로스 같은 유태계 작가들처럼 치버는 전통적 리얼리즘 형식의 테두리에서 좀처럼 벗어나지 않은 채 작품 활동을 했다. 제2차 세계대전 이후 포스트모더니즘의 바람이 미국 문단을 한바탕 휩쓸고 지나갔지만 치버는 그것에 좀처럼 아랑곳하지 않고 그동안 자신이 추구해 온 작품 스타일에 전념했다. 어떤 의미에서 그는 일부러 미국 문단의 주류에 역행하여 정반대 방향으로 가고 있었다고 할 수 있다.

치버는 본디 타고난 이야기꾼이다. 단편소설이건 장편소설이건 작가로서의 그의 재능은 무엇보다도 이야기꾼이라는 사실에서 찾아볼 수 있다. 1961년에 쓴 저널에서 치버는 "나는 내 생애의 처음부터 이야기꾼이었다. 나는 사실들을 좀 더 의미 있는 것으로 만들기 위해 그것을 재배열했을 뿐이다"라고 적었다. 작가라면 누구나 사실을 '재배열'하게 마련이지만 그 방법이 저마다 다를 뿐이다. 치버처럼 독자들이 비교적 쉽게 알아보도록 재배열할 수도 있고, 도널드 바설미나 존 바스처럼 독자들의 창조적 참여를 유도하면서 재배열할 수도 있다. 어찌 되었든 치버는 밧줄 위에서 절묘하게 줄타기를 하는 광대보다는 차라리 시장바닥에 앉아 구성지게 이야기를 늘어놓는 재담꾼에 가깝다.

치버는 타고난 이야기꾼일뿐더러 뛰어난 스타일리스트기도 했다. 시점이나 플롯의 전개 방식 등은 전통에서 크게 벗어나지 않으면서도 스타일에는 세심한 주의를 기울였다. 어떤 구절은 리듬이나 상징 또는 이미지에서 시인이 무색할 만큼 무척 시적이다. 문장 하나하나에, 심지어 어휘 하나하나에 세심한 주의를 기울이고 있다. 언젠가 치버는 "좋은 산문이란 마치 빗방울 소리를 듣는 것과 같다"고 말한 적이 있다. 실제로 그의 작품을 읽다 보면 처마 밑에 떨어지는 빗방울 소리를 듣는 것처럼 율동

적이어서 편안한 느낌이 든다.

어떤 비평가는 기 드 모파상의 작품을 읽는 것은 마치 벌레 먹은 사과에서 성한 쪽을 먹는 것과 같다고 말한 적이 있다. 치버의 작품을 읽는 것도 그와 크게 다르지 않다. 치버가 출간한 150여 편의 단편소설 중에서 상당 부분은 '벌레 먹은' 작품들이지만 '성한' 작품도 꽤 많이 있다. 가령 「시골 남편」을 비롯한 「저스티나의 죽음」, 「거대한 라디오」, 「형이여 안녕」, 「셰이디 힐의 가택 침입자」, 「수영 선수」 같은 그의 몇몇 단편소설은 미국 문학은 말할 것도 없고 세계 문학에 내놓아도 조금도 손색이 없다. 또한 일곱 편의 장편소설 중에서도 2부작 『왑숏 연대기』와 『왑숏 스캔들』, 『매잡이』(1970) 같은 작품은 훌륭하다. 이러한 작품으로 그는 미국 문학사에서 아주 독특한 위치를 차지한다. 그동안 비평가들이나 학자들한테 어떤 평가를 받았든 존 치버가 없는 미국 문학은 사과가 없는 과일가게처럼 그만큼 초라할 것이다.

9

레이먼드 카버

미니멀리즘과 단편소설

제2차 세계대전 이후 단편소설은 미국 문학에서 점차 힘을 잃어 갔다. 종전과 그 이후에 본격적으로 대두한 냉전 체제에서 단편소설보다는 오히려 장편소설이 더욱 힘을 얻기 시작했다. 이렇게 힘을 잃어 가던 단편소설에 그야말로 신선한 새바람을 불어넣으며 이 장르의 수준을 한 단계 올려놓는 데 크게 이바지한 작가가 바로 레이먼드 카버(1938~1988)다. 미국 소설가 제이 매키너니는 "1970년대 카버의 소설과 만나는 것은 우리 세대의 많은 작가에게는 글자 그대로 눈을 씻는 것과 같았다"고 말한다. '눈을 씻는다'는 것은 곧 문학과 세계를 이전과 전혀 다른 시각으로 새롭게 바라본다는 뜻이다. 카버를 분수령으로 미국의 단편소설은 새로운 전환점을 맞이했다.

미국 문학사에서 카버만큼 단편소설에 온 힘을 기울인 작가도 찾아보기 어렵다. 예외가 있다면 19세기 중엽의 에드거 앨런 포, 20세기에 들어와서는 오 헨리를 들 수 있다. 카버의 동시대 작가로 존 치버가 단편소설을 많이 썼지만 치버는 단편소설 못지않게 장편소설도 다섯 권이나 출간했다. 그러나 카버는 1988년 폐암으로 사망할 때까지 단편소설 72편, 시 306편, 단막극 1편, 두 번째 아내 테스 갤러거와 함께 쓴 영화 대본 1편,

논픽션(에세이, 명상, 서문, 서평 등) 32편을 썼다. 장편소설은 집필하다가 그만둔 것이 전부다. 그렇다면 장편소설을 쓴다는 것은 카버에게는 호사스러운 사치가 아닐 수 없다.

카버가 오직 단편소설에만 매달린 것은 문학적 이유보다는 오히려 개인적 이유가 더 컸다. 스물 살이 되기 전에 가장(家長)의 무거운 짐을 진 그는 시간에 쫓기며 살다시피 했다. 그는 "부모 노릇에 허덕이던 이 가혹한 세월 동안 나는 무엇인가 아주 긴 것을 시도해 볼 시간을, 또는 엄두를 내지 못했다"고 말한 적이 있다. 그러면서 그는 그를 둘러싼 여러 상황 때문에 "만약 내가 무엇인가 쓰고 싶다면, 무엇인가 완성하고 싶다면, 그 완성된 작품에서 만족을 느끼고 싶다면 시와 단편소설에 매달릴 수밖에 없었다. …… 한자리에 앉아서 재빨리 쓰고 해치워 버릴 수 있는, 그렇게 짧은 글이 아니라면 나에게는 해당 사항이 없었다"고 잘라 말한다. "한자리에 앉아서"라는 구절에서는 에드거 앨런 포가 말하는 단편소설의 요건이 떠오른다. 그러나 포가 단편소설의 문학적 특성을 언급하는 것과는 달리, 카버는 젊은 시절부터 시간에 쫓기며 살아갈 수밖에 없는 개인적 상황을 언급한다. 언젠가 카버는 "1960년대 중반 나는 긴 대화체의 장편소설에 정신을 집중시키기가 상당히 어렵다는 사실을 깨달았다. 그러한 장편소설을 쓰는 것은 말할 것도 없고 읽는 것조차 부담스러웠다"고 고백한 적이 있다.

그런데 카버는 여러모로 존 치버와 비슷하다. 가난한 가정에 태어나 온갖 고생을 하며 어린 시절을 보냈다는 점에서 그러하고, 일찍부터 문학에 대한 꿈을 키워 나갔다는 점에서도 그러하다. 앞 장에서 치버가 '불청객 같은 고단한 삶'을 살았다고 말했지만, 이 점에서는 카버도 크게 다르지 않다. 또한 어느 문학 장르보다 단편소설에 온 힘을 쏟았다는 점에서도 두 작가는 서로 닮은 데가 많다. 카버가 "존 치버를 위하여"라는 부제를 붙인 단편소설 「기차」(1983)를 집필했다는 것은 우연한 일이 아니다. 더구나 카버는 이 작품의 주인공 이름을 치버의 한 작품에서 그대로 따오기도 했다.

그러나 치버가 중산층을 삶을 묘사하는 데 초점을 맞춘다면 카버는 중산층보다 한 단계 아래 노동자의 삶을 주로 묘사하는 데 주력한다. 이 무렵 카버와 치버 말고 미국 문학에서 단편소설 작가로 크게 활약한 사람을 하나 더 든다면 아마 서른아홉 살의 나이로 요절한 남부 작가 플래너리 오코너를 꼽을 수 있다. 그녀는 장편소설 2편을 출간했지만 문학가로서의 명성은 역시 그녀가 남긴 단편소설 39편에 있다고 해도 크게 틀리지 않을 것이다.

카버의 부모는 본디 미국에서도 가장 가난한 주 중의 하나라고 할 수 있는 아칸소 주 출신으로 일거리를 찾아 서부로 왔다. 이 무렵은 미국 역사에서 그 유례를 찾기 힘든 경제 대공황을 겪던 시절이어서 일자리 얻기가 마치 하늘에서 별을 따는 것만큼이나 어려웠다. 그의 아버지는 중학교를 마친 뒤 아칸소 주에서 줄곧 일용 잡역부로 일하다가 파업에 휘말려 일자리를 잃자 오리건 주로 이주하여 주로 과수원과 댐 건설 공사장에서 노동자로 일했다. 어머니는 도매점 점원과 웨이트리스로 일하고 일자리가 없을 때는 집에서 지냈다.

레이먼드 카버는 오리건 주 클래츠카나이에서 경제 대공황의 긴 터널을 거의 빠져나갈 즈음에 태어났다. 카버 가족은 다시 일자리를 찾아 이번에는 태평양 연안 북서부의 워싱턴 주 오마크와 야키마로 이주했다. 레이먼드는 알코올 중독으로 늘 고생하던 아버지와 신경증에 걸린 어머니 밑에서 외롭게 자라났다. 초등학교 시절 카버는 감수성이 예민하고 즉석에서 이야기를 잘 지어 내며 별로 말이 없는 우울한 소년이었다고 전해진다. 그는 펄프 잡지에 실린 싸구려 소설을 좋아했고, 아버지의 동료와 함께 사냥을 즐겼다. 어느 크리스마스 날 레이먼드는 아버지에게 작가가 되고 싶다고 하자 아버지는 "무슨 이야기를 쓸 것이냐"고 물으면서 "네가 잘 알고 있는 것들에 관해서 써 봐라. 우리가 함께 낚시 다닌 이야기도 괜찮겠지"라고 말했다. 그러면서 "글을 쓰거든 내게도 보내 다오"라고 덧붙이기도 했다. 실제로 카버는 뒷날 「아무도 아무 말도 하지 않았다」(1973)라는 작품에서 한 소년이 학교를 빼먹고 송어 낚시질을 가는 이야기를 썼다. 카버 작품을 일본어로 번역한 무라카미 하루키(村上春樹)는 이 작품을 카버가 잡지에 발표한 당시의 제목 그대로 여름무지개송어를 뜻하는 '서머 스틸헤드'로 번역했다.

미국 단편소설에 새바람 불어넣은 레이먼드 카버.
그는 미니멀리즘 수법으로 미국 노동자들의 소소한 일상을 즐겨 그렸다.

카버의 문학 수업

레이먼드 카버는 문학적 재능을 그의 아버지한테서 물려받았다. 아버지는 이렇다 할 교육을 받지 못했지만 입담 좋게 이야기를 엮어 가는 솜씨가 뛰어났다. 그의 아버지는 레이먼드에게 자신의 어린 시절 이곳저곳 떠돌던 이야기, 레이먼드의 할아버지와 관련한 이야기, 또 남북전쟁에 참여했던 레이먼드의 증조할아버지 이야기를 들려주었다. 레이먼드의 증조할아버지는 남군과 북군을 오가며 싸웠다는 것이다. 레이먼드의 아버지는 아들에게 제인 그레이의 서부 모험 소설을 읽어 줄 때도 있었다. 뒷날 레이먼드는 어린 시절부터 아버지 곁에서 온갖 일화를 듣는 것을 좋아했다고 술회한 적이 있다. 비록 물질적으로는 궁핍했어도 레이먼드의 정신세계는 이렇게 풍요로웠다.

작가 대부분이 그러하듯이 레이먼드 카버도 가난과 가정환경 탓으로 제대로 제도 교육을 받지 못했다. 1955년 여름, 열여덟 살이 되던 해 워싱턴 주 유니언캡에 있는 도넛 가게에서 두 살 아래인 매리엔 버크를 만나 2년 뒤에 결혼했다. 결혼할 당시 그의 아내는 임신한 상태였다. 처음 만났을 때부터 카버의 문학적 재능을 알아본 매리엔은 1982년 이혼할 때까지 남편의 가장 든든한 후원자이자 지지자였다. 그러나 이 신혼부부에게 가난과 궁핍은 쉽게 벗을 수 없는 굴레였다. 카버는 채 스물 살이 되기 전에 벌써 딸 둘을 낳아 길렀다. 어린 나이에 가정을 돌볼 책임을 진 카버는 낮에는 약국, 주유소, 목재소 등에서 일했다. 또한 수위, 배달원, 창고지기,

청소부, 농부 등 그가 하지 않은 일이 거의 없다시피 했다.

카버는 생계를 유지하기 위해 온갖 허드렛일을 하면서도 그러한 과정에서 삶에 관한 소중한 교훈을 얻었다고 고백한다. 그 가운데 하나는 "굽어지지 않으면 부러진다"는 사실이었다. 여기서 그는 "부러지는 것보다는 차라리 굽는 것이 낫다"는 영국 속담을 언급한다. 그러나 카버는 "동시에 나는 실컷 굽어지고서도 부러질 수 있다는 사실도 배웠다"고 털어놓았다. 그에게 삶이 그렇게 녹록치 않았음을 알 수 있다. 그러나 카버는 이러한 시련과 역경에 좀처럼 굴복하지 않고 마침내 그것을 창조적인 것으로 승화시키는 데 성공했다.

카버는 낮에는 온갖 일을 하면서도 밤에는 야키마 초급대학에서 공부했다. 1958년 5월 카버 부부는 아이들과 함께 치코로 이사했고, 이곳에서 카버는 치코 주립대학에 다녔다. 그의 가족 중에는 대학 문턱을 밟아 본 사람이 한 명도 없었고, 심지어 고등학교 8학년 이상의 학력을 가진 사람도 없었다. 그런데도 카버가 이렇게 대학을 다닌 것은 일찍이 작가가 되기로 결심했기 때문이다. 이 점과 관련하여 그는 "정말이지 작가가 되기 위해서는 일정한 교육을 받지 않으면 안 되겠다는 생각을 뼈에 사무칠 만큼 절실하게 느꼈다"고 회고한 적이 있다.

카버는 치코 소재 캘리포니아 주립대학교가 되는 이 학교에서 최초의 문학 스승이라고 할 존 가드너를 만났다. 이 무렵 존 가드너는 아이오와 대학에서 막 박사 학위를 받은, 패기 넘치고 자신만만한 스물여섯 살의 문학가였지만 아직 미국 문단에는 잘 알려지지 않은 무명작가와 다름없었다. 뒷날 가드너를 두고 카버는 그의 생김새나 검은 양복에 흰 셔츠와 넥타이를 단정하게 맨 옷차림이 장로교회 목사나 FBI 요원을 떠올리게 했다고 회고한 적이 있다.

카버는 가드너가 가르치는 '영어 20A: 창작 입문' 과목을 이수했다. 학기마다 작품을 쓰고 평가받는 과정을 겪으면서 카버는 작가 수련을 쌓아 갔다. 뒷날 카버는 가드너가 작가에게 정확한 어휘를 구사하는 능력이 얼마나 소중한지 일깨워 주었다고 회고했다. 카버는 "애매하거나 희미한 것, 색유리를 통해 무엇인가 바라보는 듯한 산문은 가차 없는 비판을 받았다. 또한 그는 평범한 언어, 누군가를 만나 대화를 나눌 때 흔히 사용하는 지극히 평범한 언어를 구사하는 것이 중요하다고 나에게 주입시켰다"고 말했다. 마침내 카버는 치코 주립대학에서 발간하는 잡지 《선집》에 「분노의 계절」이라는 단편소설을 발표함으로써 작가로서의 첫발을 내디뎠다. 카버가 가드너한테서 받은 도움은 비단 문학 수업만이 아니었다. 카버가 주말에 글을 쓸 마땅한 공간이 없다는 사실을 안 가드너는 그에게 자신의 연구실 열쇠를 건네주기도 했다. 물론 카버는 연구실에 있는 타자기도 마음대로 사용할 수 있었다.

여기서 한 가지 주목할 것은 가드너가 강의 시간에 카버를 비롯한 수강생들에게 들려준 말이다. 이 무렵 미국 문단에서는 윌리엄 포크너와 어니스트 헤밍웨이가 가장 대표적인 작가로 꼽히고 있었다. 카버는 아직 이 두 작가의 작품을 모두 합쳐 두어 권밖에는 읽지 못했다. 가드너는 "포크너의 작품은 손에 넣을 수 있는 모든 것을 구해서 읽어라. 그런 다음에는 헤밍웨이의 작품을 모두 읽어서 포크너를 여러분의 시스템에서 몰아내라"고 말했다. 그렇다면 가드너는 도대체 왜 포크너의 작품을 먼저 읽은 뒤 헤밍웨이의 작품을 읽으라고 했을까? 또 왜 포크너를 시스템에서 몰아내라고 했을까? 모르긴 몰라도 아마 포크너의 문체보다는 헤밍웨이의 문체를 배우라고 말하려고 한 것 같다. 헤밍웨이와 관련해서는 이미 앞장에서 언급했듯이 문체에서 두 작가는 하늘과 땅만큼 차이가 났다. 그런데 가드너는 포크너의 만연체 문장보다는 헤밍웨이의 간결체 문장에 손을 들어준 듯하다.

그 뒤 카버는 캘리포니아 주의 훔볼트 주립대학교로 전학 갔고, 그곳에서 문학사 학위를 받고 졸업했다. 그러고 나서 그는 아이오와 대학교의 아이오와 작가 워크숍(IWP)에 참여하기 위해 캘리포니아를 떠났다. 세계적인 문학 레지던시 프로그램으로 유명한 이 창작 프로그램은 수많은 작가와 시인을 배출했다. 이 프로그램에서 문학 수업을 받고 뒷날 미국 문단에서 활약한 사람으로는 로버트 블라이, 윌리엄 디윗 스노드그래스, 윌리엄 디키 같은 시인들이 있다. 소설 분야에서는 존 가드너를 비롯하여 플래너리 오코너, 마거릿 워커, 마이클 커닝햄, 바라트 무케레지, 산드라 시스네로스 같은 작가들이 활약했다. 그런가 하면 한국계 미국 작가 중에는 리처드 김(한국명: 金恩國)과 김용익(金溶益), 수지 김 등이 이 프로그램에서 작가 수업을 받고 문단에 데뷔했다.

카버는 아이오와 창작 프로그램에서 시 창작을 공부할 계획이었다. 그러나 안타깝게도 그는 이 프로그램을 끝까지 마치지 못했다. 가족을 부양

해야 하는 그는 이곳에서도 아내와 함께 일하며 프로그램을 수강해야 했기 때문이다. 아내가 웨이트리스로 일하므로 카버는 두 아이를 돌보면서 허드렛일을 도맡아했다. 「불」(1982)이라는 에세이에서 카버는 농담 반 진단 반으로 "적어도 내가 생각하는 작가들은 토요일 오후를 동전 세탁기 가게에서 보내야 하는 사람들, 깨어 있는 시간을 자식 뒷바라지에 바쳐야 하는 사람들은 아니었다"고 말한다. 가령 헤밍웨이나 피츠제럴드만 같아도 동전 세탁기 가게에서 토요일 오후를 보내는 모습을 상상할 수 없다. 열에 아홉, 이 두 사람은 카페에 앉아 술을 마시고 있을 것이다. 또한 온화한 워싱턴 주와 캘리포니아 주의 날씨에 익숙한 카버는 아이오와 주의 혹독한 겨울과 학업 분위기에 적응하지 못하자 마침내 프로그램을 중단하고 새크라멘토로 돌아갔다. 그의 아버지가 갑자기 사망한 것도 카버가 아이오와 시에 머물던 무렵이었다.

그 뒤 카버는 백화점, 서점, 병원 등의 청소부를 전전하며 생계를 이어가면서도 글 쓰는 것을 멈추지 않았다. 1967년 그는 파산 신청을 한 뒤 과학 교과서를 만드는 '사이언스 리서치 어소시에이츠(SRA)' 출판사에 편집자로 취직했다. 캘리포니아 주 팔로알토에 있는 이 회사에 취직한 그는 태어나 처음으로 화이트칼라 직종에 종사했다. 그러나 그의 편집이 문제가 되어 이 출판사에서 쫓겨나지만 이곳에서 편집자 고든 리시를 만난 것은 큰 행운이었다. 리시는 카버가 미국 문단에 진입하는 데 크게 이바지한 인물이다. 카버는 자신이 작가가 되는 데 가장 큰 영향을 끼친 인물로 가드너와 리시 두 사람을 꼽는다. 물론 카버는 두 딸을 "자신의 삶과 작품의 중요한 동인이자 규정자"라고 언급한다.

리시의 도움으로 카버는 단편소설 「제발 조용히 해 줄래요?」(1966)를 1967년도 『전미(全美) 최우수 단편 선집』에 수록했다. 이 작품은 두 대학생 랠프와 매리언이 결혼하여 교사가 되는 이야기다. 랠프는 과거에 한때 매리언이 자신을 배신했다는 강박관념에 빠져 있다. 마침내 매리언은 랠프에게 그 사실을 고백하고, 이 고백을 들은 그는 크게 좌절하지만 결국 아내의 과거를 받아들이기로 마음먹는다. 카버는 첫 작품집을 출간할 때 이 작품을 제호로 삼았다.

이즈음부터 가버는 미국 문단에 단편소설 작가로서 점차 알려졌고 대학에서 일자리를 구하는 일도 훨씬 쉬워졌다. 1970년에는 그의 「60에이커」가 1970년도 『전미 최우수 단편 선집』에 선정되었고, 1971년에는 「이웃 사람들」이 미국의 유수 잡지 《에스콰이어》에 실렸다. 이 무렵 이 잡지의 편집자는 다름 아닌 고든 리시였다. 카버는 1977년에 소설집 『제발 조용히 해 줄래요?』가 '전미 도서상' 후보에 오르면서 문학가로서의 입지를 탄탄히 다졌다. 이 무렵 그는 몇 년 동안 시러큐스 대학교에서 창작을 가르쳤다.

그러나 카버는 지금껏 그를 괴롭히던 알코올 중독으로 모든 것을 송두리째 잃게 되었다. 그의 알코올 중독은 비단 하루 이틀의 일이 아니었다. 어렸을 적부터 신산스러운 삶을 살아 온 그에게 술은 동반자요 큰 위로였으며, 이제는 술에서 헤어날 수 없는 단계에 이르렀다. 심지어 카버는 강의하면서도 사이사이에 술을 마셨고, 알코올 중독 때문에 아내와 다투기 일쑤였다. 마침내 카버는 건강은 물론이고 가족과 친구를 모두 잃어버렸을 뿐만 아니라, 자신이 그토록 사랑하던 문학에서도 점점 자신감을 잃었다. 《파리 리뷰》와의 인터뷰에서 카버는 "솔직히 말해서 제 인생에서 그 무엇보다 술을 끊은 게 가장 자랑스럽다"고 밝힌 적이 있다. 그만큼 그는 심각한 알코올 중독에 빠져 있었고, 그것으로부터 탈출한 사실을 무척 자랑스럽게 생각했다.

알코올 중독과 이혼을 비롯한 여러 불운에도 불구하고 카버는 1983년에 작품집 『대성당』을 출간했다. 이 작품집으로 '전미 도서상'과 문학 부문 '퓰리처상' 후보에 오르면서 그는 명실공히 미국 단편소설이라는 산맥에서 최고봉의 위치를 올랐다. 이 밖에도 카버는 『사랑을 말할 때 우리가 하는 말』(1981), 『내가 지금 전화를 하는 곳에서』(1988)를 출간했다. 또한 카버는 미국 작가로서는 최고 영예라고 할 '미국 문학예술아카데미'의 정식 회원에 추대되었다.

1987년 카버는 폐암 초기 선고를 받았고, 이듬해 암이 뇌로 전이되어 돌이킬 수 없는 상태에 이르러 포트 앤젤레스의 자택에서 사망했다. 이때 그의 나이 겨우 쉰 살이었다. 비록 요절했지만 이제 미국 문학사에서 카버를 빼놓고 단편소설을 말할 수 없을 만큼 미국 단편소설에서 그가 차지하는 몫은 무척 크다. 미국의 단편소설은 에드거 앨런 포가 씨를 뿌리고 오 헨리가 싹을 틔우고 윌리엄 포크너와 어니스트 헤밍웨이가 줄기와 가지를 뻗게 하고 마침내 존 치버와 카버에 이르러 활짝 꽃이 피었다고 할 수 있다.

카버 문학의 소재와 주제

레이먼드 카버가 그의 작품에서 즐겨 다루는 소재와 주제는 다른 미국 작가들과는 조금 다르다. 그는 1983년에 《파리 리뷰》를 위해 모너 심슨과 루이스 버즈비와 인터뷰를 한 적이 있다. 이 인터뷰에서 그는 소설 장르를 어떻게 생각하느냐는 질문을 받았다. 그러자 카버는 소설이 어떤 거창한 것이라고는 생각하지 않는다고 답했다. 그러면서 그에게 소설이란 한낱 당구나 볼링을 치거나 카드 게임을 하는 것 같은 오락에 지나지 않는다고 밝혔다.

> 예술이란 당구를 치거나 카드 게임을 하거나 볼링을 치는 것과 같습니다. 다만 뭣인가 다른 형태, 어쩌면 좀 더 고상한 형태의 오락일 뿐입니다. 그렇다고 예술에 정신적인 자양분이 없다고 말하는 것은 아닙니다. …… 소설은 반드시 무슨 일인가 해야만 하는 것이 아니지요. 소설은 오직 그것에서 얻는 강렬한 즐거움 때문에 존재합니다. 뭣인가 지속적이고 오래가고 그 자체로 아름다운 어떤 것을 읽는 데서 비롯하는 색다른 종류의 즐거움 말입니다. 아무리 희미할지라도 계속해서 타오르는 불꽃을 쏘아 올리는 것처럼 말이지요.

카버는 소설 같은 예술이 일반적인 오락과 같은 구실을 하되 당구나 볼링을 치는 것보다는 조금 더 '고상한' 오락이라고 말한다. 그런데 소설이 이렇게 좀 더 고상한 오락이 될 수 있는 것은 어디까지나 어떤 '정신적 자양분'이 들어 있기 때문이다. 다시 말해서 그저 재미있게 즐기는 것 이상의 어떤 의미를 담고 있다는 것이다.

또한 카버는 소설이 독자들에게 '강렬한 즐거움'을 준다고 말하기도 한다. 이를 달리 말하면 좁게는 소설과 문학, 넓게는 어떤 유형의 예술이든 이데올로기를 전달해야 할 필요는 없다는 것이다. 지금까지 문학과 예술의 기능을 크게 실용적 기능과 유희적 기능, 공리적 기능과 심미적 기능의 두 가지로 구분해 왔다. 그러나 카버는 전자보다는 후자의 손을 들어준다. 물론 '강렬한 즐거움'도 '아름다운 어떤 것'도 엄밀히 말하면 실용적이고 공리적인 것과 따로 떼어서 생각할 수 없을 것이다. 그러나 적어도 드러내 놓고 어떤 정치적 메시지나 윤리적 교훈을 강요하지는 않는다는 점에서는 유희적이고 심미적 기능이 강하다.

카버는 육체노동자나 소시민의 소소한 일상적 삶에서 소설 작품의 존재이유를 찾는다. 그가 유년과 소년 시절을 보낸 워싱턴 주 야키마는 카버 문학의 나무가 자라는 데 소중한 밑거름이 되었다. "나일 강의 계곡보다 풍요로운 고장"이라는 표어에서도 엿볼 수 있듯이 야키마 지역은 화산재로 덮여 있어 토질이 비옥하여 농작물이 잘 자랐다. 더구나 야키마는 작가 카버가 한껏 문학적 상상력의 날개를 펼치는 데도 비옥한 토양이 되었다.

야키마는 워싱턴 주의 어느 지역보다 가난한 노동자 계급이 많이 사는 곳이었다. 그래서 카버는 가난한 노동자들의 삶의 모습을 가까이서 지켜

레이먼드 카버가 청소년 시절을 보낸 미국 워싱턴 주 야키마 마을.
포도와 사과 생산으로 유명한 곳으로, 카버는 이 마을에서 온갖 일에 종사했다.

볼 수 있었다. 앞으로 카버가 작품에서 다루게 될 작중인물들과 사건은 대부분 이때의 경험에 바탕을 두고 있다. 존 치버는 뉴욕 시 같은 대도시에 사는 중산층의 일상적 삶을 다루지만, 카버는 땀 냄새 풍기는 육체노동자들의 고단한 삶을 주로 다룬다. 달리 말하면, 치버의 작중인물들이 대부분 화이트칼라 직종에 종사하는 반면, 카버의 작중인물들은 대부분 블루칼라 직종에 종사한다. 그래서 미국의 한 비평가는 카버의 작중인물들이 힘겹게 살아가는 시골 마을이나 소도시를 '미국의 호플리스빌'이라고 부른 적이 있다. 굳이 번역하지 않고 그냥 영어 'Hopelessville, U.S.A.'로 표기하면 그 뜻이 선뜻 다가올 것이다. 미래에 대한 꿈과 가능성을 좀처럼 품을 수 없는, 그야말로 '희망 없는 마을'이라는 뜻이다.

카버는 그의 작품 대부분에서 틀에 박힌 노동자들의 지루한 일상, 희망이 그렇게 많지는 않지만 좀처럼 삶의 끈을 놓지 않고 묵묵히 살아가는 그들의 삶의 방식, 그러한 생활 속에서 느끼는 삶의 애환을 즐겨 다룬다. 이 무렵에 활약한 다른 작가들과 비교하여 카버가 눈에 띄게 다른 것이라면 그는 미국 생활의 어두운 면을 탐구한다는 점이다. 시골 마을이나 소도시에 사는 노동자들의 소박한 일상적 삶의 겉모습 뒤에 숨어 있는 고독, 폭력, 분노, 좌절 등은 카버 문학에 관류하는 주제다.

좀 더 구체적으로 말해서 카버가 즐겨 다루는 문제는 실패한 결혼과 그에 따른 가정 파탄이다. 그의 작품에는 이혼한 부부의 이야기가 유난히 많이 나온다. 가정은 가장 작은 공동체이자 사회 구성의 최소 단위로 가정 파탄은 곧 사회의 와해로 이어진다. 그렇다면 카버의 작중인물들이 결혼에 실패하는 이유는 무엇일까? 알코올 중독, 폭력, 부정(不貞), 마약, 실직, 금전 문제 등이 그 주범이다. 부부를 갈라놓고 가정을 파괴하는 요인들은 『사랑에 관해 말할 때 우리가 하는 말』에 수록된 작품에서 가장 뚜렷이 엿볼 수 있지만 카버의 다른 작품에서도 쉽게 볼 수 있다.

그런데 여기서 한 가지 눈여겨볼 것은 카버 문학이 절망이나 허무주의에 빠지지 않는다는 점이다. 얼핏 보면 그의 작중인물들은 절망과 허무주의의 늪에 빠져 좀처럼 헤어나지 못하는 것 같다. 그러나 좀 더 찬찬히 살펴보면 그들은 순간순간 삶에 절망하면서도 마침내 꿋꿋하게 견뎌 낸다. 앞에서 언급한 제이 매키너니는 "카버의 작품이 음울하다고 말하는 사람들도 있다. 그러나 많은 젊은 작가들은 카버의 작품을 읽고 간신히 어깨에서 짐을 내려놓은 듯한 느낌을 받는다"고 밝힌다. 젊은 작가들이 어깨에 걸머지고 있던 짐은 바로 작가와 사회 구성원으로서 살면서 느끼는 우울과 절망의 짐이 아니고 무엇이겠는가.

작중인물들이 삶에 품는 기대가 처음부터 그렇게 크지 않기도 하거니와 강인한 정신력이 대들보처럼 그들을 떠받치고 있다. 카버의 작품에 등장하는 노동자들은 야키마의 노동자들처럼 좀처럼 역경과 시련에 무릎 꿇지 않는다. 그들은 경제 대공황기의 험난한 시련을 슬기롭게 견뎌 냈을 뿐만 아니라 이 기간에 크고 작은 파업을 겪으면서 투쟁정신과 자신감을 얻었기 때문이다. 노동자들은 삶이 그렇게 풍족하다고는 할 수 없어도 환경에 적응해 가며 그런대로 만족스럽게 살아간다. 카버의 초기 작품에서는 어두움이 자주 나타나지만 후기 작품으로 가면 갈수록 점차 어두움이 걷히고 희미하게나 빛이 드러난다.

카버와 미니멀리즘

레이먼드 카버가 작품의 내용에서는 노동자 계층을 중심적인 작중인물로 삼아 그들이 느끼는 삶의 애환을 담담하게 다룬다면, 형식에서는 흔히 미니멀리즘으로 일컫는 기법을 즐겨 구사한다. 미니멀리즘은 잘 알려진 것처럼 어니스트 헤밍웨이가 단편소설에서 처음 사용한 기법이다. 헤밍웨이는 독일 건축가 루트비히 미스 반데어로에가 유행시킨 "적은 것이 많다"는 모더니즘의 기본 원칙을 기반으로 작품 활동을 했다. 헤밍웨이는 비정하고 무미건조한 세계를 간결하고 무감각한 문체로 묘사한다. 그러한 문체를 흔히 '하드보일드 스타일'이라고 부른다. 카버는 좀처럼 감정을 드러내지 않는 냉담하고 간결한 헤밍웨이의 문체에서 적잖이 영향을 받았다.

그러나 카버는 헤밍웨이에게서 중산층한테서 흔히 볼 수 있는 점잖음이나 체면, 낭만적 이상주의를 제거해 버린다. 가령 헤밍웨이 작중인물이 즐겨 송어를 낚는 맑고 깨끗한 강과는 달리 카버의 작중인물이 낚시질하는 강은 더럽고 오염되어 있다. 헤밍웨이의 작중인물이 파리의 옥외 카페나 고급 레스토랑에서 술을 마시고 음식을 즐긴다면, 카버의 작중인물은 싸구려 골목식당에서 싸구려 술을 마신다. 포화가 터지는 전쟁터, 대도시의 거리, 아프리카 사파리 사냥터, 스페인의 투우장 등이 헤밍웨이가 즐겨 사용하는 공간이라면 코인 세탁소, 톱밥이 날리는 목재소, 트레일러 주차장 등은 카버가 즐겨 사용하는 공간이다. 카버의 미니멀리즘은 어떤 의미에서는 평범한 노동자 계층의 가정에서 일어나는 온갖 갈등과 불화, 소소한 일상을 묘사하는 데 그야말로 안성맞춤이다.

카버는 「글쓰기에 대하여」에서 영국의 작가요 비평가인 빅터 소든 프리쳇이 단편소설을 "눈꼬리로 힐끗 쳐다본, 스쳐 지나가는 그 무엇"이라고 규정한 것을 언급한다. 그러면서 카버는 "먼저 무엇인가를 힐끗 쳐다본다. 그다음에는 그것을 통해 생명력이 부여되고 그 순간을 조명하는 무엇인가가 탄생한다. 더 나아가 운이 좋으면 …… 좀 더 깊이 있는 결과와 의미에 도달할 수도 있다"고 말한다. 카버는 단편소설 작가의 임무란 자신의 모든 역량을 이렇게 삶의 모습을 '힐끗 쳐다보는' 데 투자하는 것이라고 밝힌다. 그는 여러 작품에서 이렇게 힐끗 쳐다본 삶의 모습에 주목한 뒤 생명이 살아 숨 쉬는 순간을 포착하려고 노력한다. 이 점에서 미니멀리즘은 지나치다 싶을 만큼 거시적인 사건에 초점을 맞추고 작중인물들의 감정을 헤프게 털어놓는 맥시멀리즘과는 전혀 다르다.

흔히 '부재의 미학'으로 일컫는 미니멀리즘은 포스트모더니즘 계열의 미국 소설가 존 바스의 말에서 좀 더 자세히 엿볼 수 있다. 1986년에 그는 《뉴욕타임스》에 기고한 「미니멀리즘에 관한 몇 마디 말」에서 미니멀리즘은 "현재 미국 문학 풍경에서 볼 수 있는 가장 인상적인 현상 기저에 깔린 원칙"이라고 정의를 내린다. 바스는 그 특징으로 "간결하고, 모호하고, 사실주의적이거나 초사실주의적이며, 플롯은 빈약하고, 외향적이고, 냉정한 소설"이라고 규정짓는다. 그러면서 그는 미니멀리즘의 대표적인 작가로 카버를 비롯하여 프레더릭 바설미, 앤 비티, 바비 앤 메이슨, 제임스 로비슨, 토비어스 울프 등을 든다. 또한 바스는 미니멀리즘을 'K-마트 리얼리즘'이나 '다이어트 펩시 미니멀리즘' 등으로 부르면서 한편으로는 찬사를 받고 다른 한편으로는 비난을 받는다고 밝힌다. 바스의 말대로 카버는 포스트모더니즘의 영향권 아래 메타픽션이 풍미하던 미국 문단에 리얼리즘의 새바람을 불러일으켰다.

카버의 미니멀리즘 문체를 가장 잘 엿볼 수 있는 작품은 「제리, 몰리, 그리고 샘」(1967)이다. 작품집 『제발 조용히 해 줄래요?』에 수록된 이 작품은 혼란과 좌절로 점철된 삶을 끝내기 위해 키우던 개 '수지'를 버리는 한 남자의 이야기다. 다음은 이 작품의 마지막에서 두 번째 단락이다.

> 그를 발견한 개는 걸음을 멈추고 고개를 쳐들었다. 앨은 땅바닥에 쪼그리고 앉아서는 두 팔을 내민 채 기다렸다. 그들은 서로를 쳐다보았다. 개가 꼬리를 흔들어 아는 체했다. 그러고는 앞다리 사이에 머리를 얹고 엎드려 그를 바라보았다. 앨은 기다렸다. 개가 일어섰다. 그러나 개는 담장을 돌아 사져져 버렸다.

이 인용문에서 카버는 마치 구슬을 실로 꿴 것처럼 어휘를 차례로 나열한다. 그런데 그 어휘마저도 고대 그리스어나 라틴어에 뿌리를 둔 다음절

(多音節)의 난해한 단어가 아니라 짧은 음절로 된 앵글로-색슨 계통의 토착어가 대부분이다. 카버는 땅이나 대지를 뜻한 영어 어휘 'earth'를 사용할 것이냐 'ground'를 사용할 것이냐를 두고 무척 고심했다. 비단 어휘뿐만 아니라 문장 구조에서도 어떤 논리적 비약 없이 순차적으로 일어나는 사건을 차례로 묘사하거나 기술할 뿐이다. 인용문에서 일어난 사건을 도표로 그려 보면 '개가 주인을 발견함' → '주인이 개가 다가오기를 기다림' → '개와 주인이 서로 쳐다봄' → '개가 주인을 알아보는 척함' → '개가 주인을 바라봄' → '주인이 개가 다가오기를 기다림' → '개의 자리에서 일어섬' → '개가 사라짐'이 될 것이다. 카버는 모든 감정을 극도로 절제한 채 오직 외적 행동만을 담담하게 기술할 뿐이다. 그러나 작은 고추가 맵다는 한국 속담도 있듯이 이렇게 전보문처럼 응축된 문장 속에 작중인물이 느끼는 온갖 감정이 살아서 꿈틀거린다. 또한 번역하는 과정에서 놓치고 말았지만 시적 리듬을 느낄 수도 있다.

한편 카버는 여러 작품에서 대화체를 한껏 살려 구사하기도 한다. 배경이나 작중인물, 상황 등을 설명하는 문장을 최대한으로 줄이는 한편 작중인물이 주고받는 대화에 무게를 싣는다. 카버의 작품 중에서 「신호」(1970)는 아마 이러한 경우를 보여 주는 가장 좋은 예일 것이다. 첫머리의 짧은 서너 단락과 끝부분 두 단락을 제외하고는 이 작품은 하나같이 웨인과 캐롤라인이 레스토랑에서 식사하며 주고받는 대화로 구성되어 있다. 어쩌다 웨이터가 그들의 대화에 끼어든다. 이렇게 대화체의 묘미를 최대한 살리려고 한다는 점에서 「신호」는 헤밍웨이의 「살인자」와 아주 비슷하다. 이 두 작품은 단편소설이라기보다는 차라리 단막극에 가깝다.

카버의 문학에서 자칫 놓치기 쉬운 점은 그는 단편소설 작가 못지않게 시인으로도 활약했다는 사실이다. 그는 『클래마스 근처에서』(1968)와 『겨울 불면증』(1970)을 비롯해 시집을 무려 여덟 권이나 출간했다. 그의 산문에서 등록상표 같은 미니멀리즘도 따지고 보면 시를 쓰면서 배운 기법이다. 카버는 시에서처럼 단편소설에서도 "최소한의 언어로 최대한으로 말한다"는 경제 원칙에 따라 언어를 응축해 표현하려고 했다. 만약 그가 단편소설 작가로 성공하지 않았더라면 아마 시인으로 인정받았을 것이다.

여기서 카버의 문체와 관련하여 앞에서 언급한 《에스콰이어》의 편집장 고든 리시를 조금 언급하고 넘어갈 필요가 있다. 최근 들어 리시는 카버의 작품을 작가의 의도와는 관계없이 수정·보완했다는 비판을 받으면서 주목받고 있기 때문이다. 그는 카버가 보내는 작품을 줄거리는 물론이고 문체와 제목 등을 고친 것으로 알려져 있다. 이러한 과정에서 카버의 문학 작품은 리시의 손에 의해 어떤 식으로든지 굴절될 수밖에 없었다. 이러한 수정은 편집자의 권한을 벗어나는 작업임은 두말할 나위가 없다. 그러나 리시의 수정은 카버에게도 책임이 있다. 이 무렵 카버는 알코올 중독과 그것에서 비롯된 불안감을 느끼고 있었던 데다가 작품을 빨리 출간하려고 조바심을 냈으며, 작품을 계속 써야 한다는 강박관념에 사로잡혀 있다시피 했다. 카버가 편집자로서의 리시의 재능을 지나치게 신뢰한 것도 한몫 했다. 그래서 카버는 리시에게 원고를 보내고 난 뒤에는 원고를 꼼꼼히 살피지 않았다.

이 문제를 맨 처음 제기한 사람은 카버의 두 번째 아내요 시인인 테스 갤러거다. 2007년에 그녀는 '라이브러리 어브 아메리카' 판을 위해 카버의 작품을 편집하면서 『사랑을 말할 때 우리가 말하는 것』에 수록된 작품의 원본을 자세히 검토했다. 그 결과 놀랍게도 1981년에 출간된 텍스트와 카버의 원본 원고는 적잖이 차이가 있음이 드러났다. 그 차이는 리시가 원고에 수정을 가했기 때문에 생긴 결과였다. 그리하여 갤러거는 카버의 창작 의도를 가장 충실히 반영한 텍스트로 2009년에 『레이먼드 카버 단편선』을 출간했다.

「성당」

레이먼드 카버의 많은 작품 중에서 가장 대표적인 단편소설 한 편을 꼽는다면 아마 「성당」을 빼놓을 수 없다. 그의 단편집 『성당』의 타이틀 작품이기도 한 이 단편소설은 카버의 문학 세계뿐만 아니라 미국 현대 단편소설에서도 가장 빼어난 작품 중 하나로 꼽힌다. 이 작품은 1982년 『가장 훌륭한 미국 단편소설선』에 수록될 만큼 뛰어난 단편소설로 평가받는다. 「성당」은 카버의 작품 특징을 엿볼 수 있는 더할 나위 없이 좋은 작품이다. 카버는 이 작품을 발표하면서 마침내 그가 그토록 바라던 비평가들의 관심과 주목을 받았다. 그뿐만 아니라 카버는 이 작품을 분수령으로 작품 세계도 조금씩 달라지기 시작한다. 한 인터뷰에서 카버는 이 작품에 대해 이렇게 밝혔다.

> 단편소설 「성당」은 지금까지 내가 썼던 모든 작품과 전혀 다른 것 같습니다. 이 작품으로 나는 이제 관용의 시기에 접어들었습니다. 작중인물은 시각 장애인에 관한 편견에 크게 사로잡혀 있습니다. 그러나 그는 변하고 성장합니다. 시각이 정상적인 작중인물은 삶의 태도가 달라지지요. 그는 시각 장애인의 처지를 생각하게 됩니다. 이 작품은 무엇인가를 긍정합니다.

여기서 카버가 말하는 작중인물이란 이름이 밝혀지지 않은 서술 화자 '나'를 말한다. 그는 아내로부터 그녀가 전에 책을 읽어 주던 시각장애자 로버트가 코네티컷에 있는 친척 집을 방문하는 길에 집에 찾아와 하룻밤 묵고 간다는 말을 듣고 시큰둥해진다. 화자는 아내가 과거에 알고 지내던 남자들에게 질투심을 느끼는 데다 방문객이 시각장애인이라는 사실이 별로 마음에 들지 않았기 때문이다. 화자로서는 손님의 방문으로 다람쥐 쳇바퀴 도는 듯한 틀에 박힌 일상이 깨지는 것도 싫었다.

화자의 아내가 로버트의 제안을 흔쾌히 받아들이는 것은 10년 전 책을 읽어 주는 도우미로 처음 만난 뒤 그와 계속 연락했기 때문이다. 결혼한 뒤에도 아내는 글을 읽을 수 없는 로버트에게 자신의 근황을 오디오테이프에 녹음해 보냈고 로버트도 자신의 근황을 녹음해 그녀에게 보냈다. 이렇게 두 사람은 비록 지리적으로는 멀리 떨어져 있어도 심리적으로는 서

미국의 출판사 크노프에서 배포한 레이먼드 카버의 작품집 『성당』의 광고지.
"미국에서 가장 영향력 있는 단편소설 작가 중 한 사람의 세 번째 작품집"이라는
문구가 보인다.

로 가깝게 지내는 친구 같은 사이였다. 더구나 로버트는 얼마 전 암으로 사랑하던 아내 뷸러를 여위어 슬픔에 빠져 있다. 아내는 화자와 결혼하기 전에 공군 장교와 결혼한 적이 있는데 결혼생활이 너무 비참해 자살을 기도한 적이 있다. 그녀가 이렇게 위기에 놓여 있을 때 도움을 준 사람이 로버트였다. 아내로서는 이런 기회에 10년 만에 로버트를 만나고 싶을 것이다.

화자의 아내는 물론 첫 번째 결혼과 비교해서는 훨씬 낫지만 두 번째 결혼생활에서도 그다지 행복하지는 않다. 지금의 남편은 별로 대화를 하지 않을뿐더러 비록 대화한다고 해도 아내를 놀리거나 빈정대기 일쑤였다. 화자는 아내가 로버트에게 자신이 '사랑스러운 남편'이라고 말해 주기를 은근히 바라지만, 그는 실제로 그러한 남편과는 거리가 멀었다. 무엇보다 화자는 아내와 대화가 별로 없다. 매일 밤 혼자 텔레비전을 보고 술을 마시고 대마초를 피다가 늦게야 잠을 잔다. 그는 "아내와 나는 동시에 잠자리에 드는 때가 거의 없다"고 밝힌다.

화자는 로버트의 사망한 아내 뷸러에 관해서도 사랑하는 남편이 자기 얼굴을 보지 못하는 것이 얼마나 끔찍할까 하고 생각한다. 화자는 뷸러가 안 되어서 그렇게 생각한 것이 아니다. 시각장애인 남편과 사는 것이 얼마나 '끔찍할까' 하고 생각했기 때문이다. 화자의 아내에 따르면 로버트와 뷸러는 영혼의 동반자와 다름없는 사이였다. 화자가 하는 말이나 행동 또는 생각을 보면 그는 동료 인간, 심지어 아내에게도 꽤 무감각한 사람이다. 직장에서 집에 돌아오면 술을 마시거나 대마초를 피우거나 텔레비전을 볼 뿐이다. 시각장애인 로버트와 관련해 화자가 아내에게 "나한테는 시각장애인 친구가 없지"라고 불평한다. 그러자 화자의 아내는 그에게 "당신에게는 아예 친구라는 게 없지요!"라고 대꾸한다.

이렇게 무감각하고 냉소적인 화자의 태도는 자신의 집을 방문한 로버트를 대하는 데서 더욱 잘 드러난다. 화자는 심지어 시각장애인인 로버트의 입에서 자신의 이름이 언급되는 것조차 이상하게 생각할 정도다. 로버트가 턱수염을 길게 기른 것을 보고 화자는 "시각장애인이 턱수염을 기르다니! 이건 너무 나가는 거 아닌가"라고 말한다. 아무리 무신론자라고는 하지만 손님을 앞에 놓고 식사 기도를 하면서 "식사하는 동안 전화벨이 울리지 않기를, 또 음식이 식지 않기를!"이라고 기도하는 것은 예의에 어긋난다. 또한 앞을 보지 못하는 사람에게 기차를 타고 올 때 오른쪽 좌석에 앉았는지 왼쪽 좌석에 앉았는지를 묻는 것도 예의에 벗어날뿐더러 사회적 약자를 희롱하는 말이다. 이러한 질문은 마치 청각장애인에게 음악 연주회가 좋았느냐고 묻는 것과 같다.

이 작품의 화자는 비록 우회적이기는 하지만 로버트를 성적으로 희롱하기도 한다. 손님맞이로 피곤한 아내는 식사가 끝난 뒤 편안한 옷으로 갈아입고 소파에 기대어 있다가 곧 잠이 든다. 물론 그녀는 로버트에게 잠자리를 준비해 놓았으니 언제든지 자고 싶을 때 잠을 자라고 이르고 난 뒤다. 소파에 머리를 기대고 입을 벌리고 잠이 든 아내가 몸을 뒤척이는 바람에 입고 있던 실내복 자락이 그만 흘러내리면서 육감적인 허벅지가 훤히 드러났다. 무안한 듯이 화자는 손을 뻗어 아내의 실내복 자락을 끌어당겨 허벅지를 덮어 준 뒤 힐끗 로버트를 쳐다본다. 그러더니 화자는 아내의 옷자락을 도로 펼쳐 놓는다. 비록 로버트가 눈으로 직접 볼 수 없다고는 하지만 화자의 이러한 행동은 시각장애인을 두고 벌이는 성희롱임이 틀림없다.

그러나 화자와는 달리 로버트는 좀처럼 자신이 시각장애인이라는 사실을 의식하지 않을 뿐만 아니라 중년 신사로서의 여유도 잃지 않는다. 가령 로버트는 시각장애인이 흔히 그러하듯이 지팡이를 짚고 다니지도 않고 검은색 안경을 끼고 다니지도 않는다. 어색함을 덜기 위해 화자가 텔레비전을 켜자 로버트는 화자에게 집에 낡은 흑백텔레비전과 컬러텔레비전 두 대를 가지고 있다고 말한다. 그러면서 그는 화자에게 "참 이상하지요. 텔레비전을 켤 때면—늘 그것을 켜놓고 지내지요.—난 언제나 컬러텔레비전을 켠답니다. 우습지 않습니까"라고 농담하기도 한다. 평소에 대마초를 피던 화자가 로버트에게 같이 피지 않겠냐고 제안한다. 그러자 로버트는 지금껏 한 번도 대마초를 핀 적이 없는데도 주인의 제안을 받아들인다. 이를 보고 놀란 화자의 아내가 로버트에게 대마초를 피는지 몰랐다고 불평 섞인 말투로 말하자, 그는 "지금은 피고 있잖아요. 모든 일에는 처음이라는 게 있는 법이지요. 하지만 아직 아무런 느낌이 오지 않는군요"라고 대답한다. 로버트가 상대방을 배려하는 마음이 얼마나 큰지 엿볼 수 있는 대목이다. 이러한 로버트와 비교하면 화자는 그야말로 자기밖에 모르는 무척 이기적인 사람이다.

「성당」에서 클라이맥스는 세 사람이 저녁식사를 마치고 후식까지 먹고 난 뒤에 일어난다. 화자는 아내가 잠들자 그녀를 대신하여 어쩔 수 없이 로버트의 말동무가 되어 준다. 바로 그때 텔레비전에서는 중세 유럽의 유명한 성당에 관한 다큐멘터리를 방영하고 있다. 프로그램 해설자는 두 세기나 걸쳐 지었다는 파리의 노트르담 성당을 비롯하여 유럽의 여러 성당을 차례로 소개해 준다. 여러 성당 모습을 바라보던 화자는 갑자기 로버트에게 "성당이 무엇인지 느낌이 드나요? 다시 말해서 성당이 어떻게 생겼는지 말이오. 내 말 알아듣겠어요? 누군가가 당신에게 성당이라고 하면, 그 사람이 무슨 말을 하고 있는지 느낌이 듭니까? 말하자면 성당과 침례교 교회가 어떻게 다른지 압니까?"라고 묻는다.

로버트는 화자에게 성당을 짓는 데 오랜 세월이 걸리고 수많은 사람이 동원된다는 사실을 알고 있다고 대답한다. 한 가족이 할아버지 세대에서 손자 세대에 걸쳐 같은 성당을 지었다는 말을 들었다는 것이다. 그러면서 로버트는 화자에게 성당이 어떻게 생겼는지 설명해 달라고 부탁한다. 화자는 성당에 대해 설명하려고 애쓰지만 막상 제대로 설명할 수가 없다. 그러자 로버트는 화자에게 종이와 펜을 가지고 오라고 부탁한 뒤 종이 위에 그림을 그려 보라고 한다. 즉 로버트는 펜을 잡은 화자의 손에 자기 손을 얹어놓고 화자의 손이 성당의 모습을 그리며 움직이는 대로 쫓아간다. 로버트는 화자에게 눈을 감은 채 계속 성당을 그리라고 말한다. 그런데 바로 그 순간 화자에게 놀라운 일이 일어난다.

> 그래서 우리는 계속 성당을 그렸다. 내 손이 종이 위에서 움직이는 동안

그는 손가락으로 내 손가락을 움켜잡았다. 그것은 지금껏 살면서 한 번도 느껴보지 못한 것이었다.

그때 그가 말했다.

"내 생각으로는 그 그림 같소. 제대로 그린 것 같아요."

그가 말했다.

"자 보시오. 어떻게 생각하나요?"

그러나 나는 두 눈을 감고 있었다. 조금만 더 그러한 상태로 있을 생각이었다. 꼭 그래야만 할 것 같았다.

"어때요?"

그가 물었다.

"그림을 쳐다보고 있나요?"

내 두 눈은 여전히 감겨 있었다. 나는 내 집 안에 있었다. 나는 그것을 잘 알고 있었다. 하지만 그 무엇 안에도 들어가 있는 것 같지 않았다.

"참으로 대단하군요."

내가 말했다.

화자와 로버트가 함께 종이 위에 성당을 그리며 대화를 나누는 마지막 장면이다. 이 경험은 화자의 고백대로 그가 이제껏 겪어 보지 못한 아주 색다른 것이다. 시각장애인이 화자가 그린 성당을 보고 제대로 그린 것 같다고 말하는 것도 이상하고, 시각이 정상인 화자가 두 눈을 꼭 감고 성당을 그리는 것도 이상하다. 로버트가 화자에게 눈을 뜨고 방금 그린 성당을 보라고 말하는데도 화자는 왜 여전히 두 눈을 감고 있을까? 그는 왜 "조금만 더 그러한 상태로 있을 생각이었다. 꼭 그래야만 할 것 같았다"고 말하는 것일까? 또한 화자는 왜 지금 집 안 거실에 있다는 사실을 잘 알고 있으면서도 "하지만 그 무엇 안에도 들어가 있는 것 같지 않았다"고 말하는 것일까? 이 마지막 장면에서는 하나같이 일상 세계에서는 좀처럼 일어날 수 없는 비상식적이고 비정상적인 일들이 일어난다.

카버가 「성당」에서 말하려는 주제가 한두 가지가 아니지만 그중에서 눈멂과 통찰, 시각장애와 자기인식은 첫손가락에 꼽을 만하다. 작가는 인간이 시각을 잃을 때 삶에 대한 깊이 있는 통찰과 자기인식에 이를 수 있다는, 언뜻 역설적으로 보이는 진리를 새삼 일깨워 준다. 이 작품은 "시각장애인이요 아내의 옛 친구, 그가 우리 집에서 하룻밤을 보내기 위하여 지금 오는 중이다"라는 문장으로 시작한다. 지금까지 나는 이 글에서 '시각장애인'이라는 표현을 사용했지만, 카버는 「성당」에서 정치적으로 적합한(PC) 용어인 'visually impaired man' 대신 'blind man'이라는 정치적으로 적합하지 않은(PI) 용어를 일관되게 사용한다. 카버는 1981년 《애틀랜틱 먼슬리》에 이 작품을 처음 발표했다. 이 무렵은 PC 선풍이 미국 사회를 한바탕 휩쓸고 지나간 뒤로 온갖 차별에 대한 철폐가 사회 곳곳에 자리 잡은 때라서 카버가 이렇게 PI 용어를 사용하는 것이 자못 의아하다. 작품의 시작뿐만 아니라 방금 앞에서 인용했듯이 마지막 장면에서도 카버는 두 눈을 꼭 감고 있는 화자를 언급하며 어느 신체 기관보다도 눈에 주목한다.

여기서 시각이란 단순히 눈을 통해 사물을 인지하는 감각을 뜻하지 않는다. '눈뜬장님'이라는 표현도 있듯이 이 작품의 화자처럼 눈이 멀쩡해도 사물을 제대로 인식하지 못하면 시각장애인이다. 인간은 눈으로 보는 것을 이해하기 위해 이미 본 경험이 있는 것을 해석한다. '주관적 윤곽 현상'에서 볼 수 있듯이 인간은 자신이 본 것을 종합적으로 인식하려는 경향이 있다. 물리적으로 윤곽이 그려져 있지 않은데도 실제로 존재하는 것처럼 느끼는 것은 바로 그 때문이다.

앞에서 이미 밝혔듯이 화자는 이미 시각장애인에 대해 온갖 편견에 사로잡혀 있다. 또한 그에게는 시각장애인이란 이러저러하리라는 선입관이 있다. 작품 첫머리에서 화자는 "그의 방문에 관하여 나는 그다지 열을 올리지 않았다. 그는 내가 모르는 사람이었다. 그리고 그가 시각장애인이라는 사실이 마음에 걸렸다. 시각장애에 관한 내 생각은 영화를 보고 얻는 것이었다"고 밝힌다. 이렇듯 시각장애인과 관련된 화자의 지식은 기껏 영화를 보고 얻은 것이었다. 그러므로 구체적인 경험이나 책을 통해 간접적으로 얻은 경험과 비교해 보면 화자의 지식은 지극히 피상적이고 상투적일 수밖에 없다.

화자는 정상인과 장애인을 구분 짓는 차별주의자일 뿐만 아니라 더 나아가 인종 차별주의자이기도 하다. 화자의 아내가 그에게 로버트가 뷸러라는 여성과 결혼했었다는 말을 전해 주자 그는 곧바로 흑인 여성이었느냐고 묻는다. 그러자 화자의 아내는 그가 지금 술에 취해 있는지 아니면 정신이 어떻게 된 것이 아니냐고 반문한다. 그러자 화자는 '뷸러'라는 이름이 어쩐지 흑인 여성 같은 생각이 든다고 대꾸한다. 화자는 로버트 같은 시각장애인이 백인 여성과는 결혼할 수 없고 흑인을 비롯한 유색 인종 여성과 결혼할 수밖에 없을 것이라는 고정관념에 빠져 있다. 로버트가 뭐라고 말할 때마다 화자가 "알고 있었지요"라고 입버릇처럼 대꾸하는 것도 이러한 고정관념 때문이다.

한편 로버트는 비록 시각장애인일망정 화자보다 훨씬 더 사물을 잘 파악하고 동료 인간을 이해하고 배려하는 능력도 훨씬 더 뛰어나다. 다시 말해서 로버트는 심안(心眼) 즉 마음의 눈으로 사물을 바라본다. 미국의 해체주의 이론가 폴 드 만은 『눈멂과 통찰』(1971, 1983)이라는 책을 써서 관심을 끌었다. 이 책에서 그는 비평가란 상식적인 눈이 멀 때 오히려 텍스트를 새로운 시각에서 읽어 낼 수 있다고 말한다. 가령 소포클레스의 『오이디푸스 왕』에서 주인공이 눈이 먼 뒤 사물을 제대로 파악할 수 있었고, 윌리엄 셰익스피어의 『리어 왕』에서 글로스터 백작이 눈이 먼 뒤에야 비로소 어느 아들이 효자인지 불효자인지를 헤아릴 수 있었던 것과 같은 이치다.

여기서 잠깐 영어 어휘 'look'와 'see'의 차이를 살펴보자. 다 같이 시각을 통해 사물을 바라보는 것을 가리키는 동의어로 쓰지만 함축적인 의미에서는 조금 차이가 난다. 전자가 단순히 신체적 시각을 통해 사물을 바라보는 행위라면, 후자는 이해와 해석이 따르는 다분히 정신적 인지 작용과 관련 있는 행위다. 그러므로 후자에서는 전자보다 훨씬 더 적극적인 차원의 참여가 요구된다. 이 점에서 로버트의 시각은 'look'보다는 'see'와

더 관련되어 있다. 눈으로 직접 보지 못하면서도 그는 화자의 아내를 남편보다 훨씬 더 잘 이해한다. 한편 화자는 작품 전반부에서는 'look'과 관련되어 있지만 점차 이야기가 진행되면서 'see'에 가깝게 다가간다. 다시 말해서 화자는 조금씩 사물의 겉모습 뒤에 숨어 있는 깊은 의미를 바라볼 수 있는 단계에 이른다. 그러고 보니 앙투안 드 생텍쥐페리가 왜 『어린 왕자』(1943)에서 여우의 입을 빌려 "마음으로 보아야만 잘 보인다. 본질적인 건 눈에 보이지 않는다"고 말하는지 알 만하다.

이러한 눈뜸과 통찰은 「성당」에서도 엿볼 수 있다. 작품이 시작할 때 정신적 시각장애인과 다름없던 화자는 시각장애인 로버트를 만나 비록 짧은 시간이나마 함께 지내면서 점차 정신적으로 개안(開眼)을 한다. 눈을 지그시 감고 로버트와 함께 성당을 그리는 화자에게 갑자기 섬광 같은 어떤 통찰이 찾아온다. 화자는 비로소 내면의 자신을 들여다보며 자기인식에 이른다.

한마디로 「성당」은 한 무감각한 인간이 '영혼의 개안'을 얻는 과정을 그린 작품이다. 화자가 자기 집 안 거실에 앉아 있으면서도 그 무엇 안에도 들어가 있지 않은 것 같다고 말하는 것은 지금까지의 편견과 선입견의 굴레에서 벗어난다는 것을 의미한다. 그는 작품의 마지막 장면에 이르러 비로소 정신적 각성에 이르는 것이다. 여전히 눈을 감고 있는 그가 로버트에게 "참으로 대단하군요"라고 말할 수 있는 것은 이제 물리적 시각이 아닌 정신적 시각으로 사물을 바라보기 때문이다.

카버가 인터뷰에서 왜 「성당」을 발표하면서 '관용의 시기'에 접어들었다고 말했는지 이제 알 만하다. 화자는 마침내 편견과 선입견의 껍질을 깨뜨리고 세상 밖으로 나오면서 좀 더 폭넓은 관용으로 동료 인간을 바라보기 시작한다. 카버가 화자를 두고 "변하고 성장한다"고 말한 까닭도 바로 여기에 있다. 화자는 지금까지 육체적으로만 성인으로 성장했을 뿐 정신적으로는 여전히 어린아이와 다름없었다. 지금까지 견지해 온 삶의 태도를 바꿀 때 비로소 그는 성인으로 성장한다. 다시 말해서 화자는 로버트를 만나고 나서야 비로소 새로운 인간으로 탈바꿈한다.

카버의 「성당」은 시간과 공간은 크게 달라도 조선 중기의 학자 서경덕(徐敬德)과 관련된 일화와 비슷하다. 어느 날 서경덕은 길에서 집을 잃고 울고 있는 사람을 만난다. 낯선 사내에게 길에서 울고 있는 사연을 묻자 그는 "저는 다섯 살 때 눈이 멀어서 지금 20년이나 되었습니다. 오늘 아침나절에 밖으로 나왔다가 홀연 천지 만물이 맑고 밝게 보이기에 기쁜 나머지 집으로 돌아가려 하니 길은 여러 갈래요, 대문들이 서로 비슷비슷하여 저희 집을 분별할 수가 없습니다. 그래서 지금 울고 있지요"라고 대답한다. 그러자 서경덕은 그에게 "네게 집에 돌아가는 방법을 가르쳐 주겠다. 도로 눈을 감아라. 그러면 곧 너의 집이 보일 것이다"라고 일러 준다. 장님은 다시 눈을 감고 지팡이를 두드리며 낯익은 걸음걸이로 걸어서 곧장 집에 돌아갈 수 있었다. 이 일화는 실학자 연암(燕巖) 박지원(朴趾源)이 저암(著庵) 유한준(俞漢雋)에게 보낸 편지에 나온다. 눈을 감거나 눈이 멀 때 사물을 바라보는 통찰이 생긴다는 점에서 카버의 「성당」의 화자는 박지원이 전하는 장님과 비슷하다.

「성당」과 관련하여 비평가 새뮤얼 콜은 "심지어는 그렇게 허무주의적인 풍경에서도 현현(顯現)은 여전히 일어날 수 있다. 카버는 오직 그렇게 정확하고 명징한 소설의 풍경만이 만들어 낼 수 있는 은은하고 조용한 기쁨으로 그 현현을 느끼게 해 준다"고 지적한다. 여기서 현현이란 그리스어 '에피파네이아(epiphaneia)'에서 파생한 영어 '이피퍼니(epiphany)'를 번역한 말로 어떤 사소한 사건이나 사물이 계기가 되어 순식간에 작중인물에게 중요한 일이 일어나거나 깨달음을 얻는 현상을 말한다. 예수가 태어났을 때 동방박사들이 별을 따라 베들레헴 마구간으로 찾아온 것이 '현현'이다. 기독교에서는 이날을 주현 기념일로 지킨다. 그렇다면 이 작품에서 로버트는 이 세상에 빛을 주는 예수의 역할을 하는 셈이다.

카버의 「성당」은 여러모로 제임스 조이스의 『더블린 사람들』(1914)에 수록한 「죽은 사람들」을 떠올리게 한다. 조이스는 이 작품을 창작한 의도와 관련하여 "아일랜드 도덕사의 한 장"을 쓰는 것이라고 밝힌 적이 있다. 그는 이피퍼니를 통해 더블린 사람들의 '마비된 일상'을 표현하려고 했다. 그렇다면 카버의 「성당」은 미국 도덕사의 한 장이라고 할 만하다. 이 작품에서 카버는 미국 중산층의 소소한 삶에서 한 개인이 익숙한 관습이나 편견의 벽을 허물고 통찰이나 깨달음을 얻어 가는 과정을 설득력 있게 그린다.

한편 「성당」에서 카버는 의사소통의 어려움과 그것을 극복해 가는 과정을 다룬다. 이 주제를 좀 더 쉽게 깨닫기 위해서 작가가 이 작품에서 유난히 의사소통과 관련한 일이나 매체를 자주 언급한다는 점을 눈여겨보

무라카미 하루키가 일본어로 번역한 레이먼드 카버의 『성당』 표지.
카버는 F. 스콧 피츠제럴드와 함께 하루키에게 문학적 스승이었다.
하루키는 카버의 모든 작품을 일본어로 번역했다.

아야 한다. 가령 바깥 활동이 자유롭지 못한 로버트는 집에서 아내와 함께 암웨이 판매원으로 일한다. 잘 알려진 것처럼 암웨이는 미국의 대표적인 네트워크 마케팅 회사로 통신이 아주 중요한 역할을 한다. '네트워크 마케팅'이라 부르는 '직접 판매'를 담당하는 암웨이 판매원에게는 회원과 회원 사이의 네트워킹이 무엇보다도 중요하다.

로버트가 집에 텔레비전을 두 대 소유하고 있다는 사실은 앞에서 이미 밝혔다. 더구나 그는 '햄'이라는 아마추어 무선 통신을 취미로 즐긴다. 그는 햄 라디오를 통해 미국 영토인 알래스카와 괌은 물론이고 멀리 필리핀과 타히티 섬에 있는 동료 통신자와 대화를 나누고 정보를 교환한다. 그런가 하면 로버트와 화자의 아내는 오디오테이프를 교환하며 서로에게 소식을 알린다. 또한 카버가 이 작품의 제목으로 삼는 '성당'은 신과 인간이 교류하는 장소다.

이 밖에도 카버는 「성당」에서 시와 그림 같은 예술을 언급하기도 한다. 화자의 아내는 본격적으로 문단에 데뷔한 시인은 아니지만 때로 시를 쓰는 사람이다. 화자의 아내가 공군 장교와의 결혼으로 로버트에게 책을 읽어 주던 일을 그만두던 날, 로버트는 그녀의 허락을 받고 손가락으로 코와 목덜미 등 그녀의 얼굴을 구석구석 만진다. 이 경험을 잊을 수 없던 그녀는 그 경험을 한 편의 시로 쓰려고 했다. 카버는 "그녀는 늘 시를 쓰려고 하고 있었다. 어떤 아주 중요한 일이 일어나고 나면 그녀는 해마다 한두 편의 시를 쓰곤 했다"고 말한다. 그녀는 로버트에게 공군 장교의 아내 노릇을 한다는 것이 어떤 것인지 시를 쓴 적도 있다고 털어놓는다. 그러나 이렇게 다양한 의사소통 매체에도 화자와 그의 아내는 좀처럼 고독과 소외에서 벗어나지 못한다. 이 작품에서 카버는 미국 현대 사회에서 개인이 얼마나 고독과 소외 속에서 살고 있는지 실감 나게 보여 준다.

카버가 「성당」에서 다루는 또 다른 주제는 문학을 비롯한 예술의 존재 이유와 중요성이다. 작가는 이 작품에서 시와 스토리텔링과 그림을 화제로 삼을 뿐만 아니라 아일랜드 배우 배리 피츠제럴드를 언급함으로써 간접적으로나마 연극과 영화를 화제로 삼기도 한다. 이러한 예술은 고독과 소외의 굴레에 갇힌 인간에게 잠시나마 위안을 준다. 비단 위안을 줄 뿐만 아니라 더 나아가 삶에 관한 통찰과 자기인식에 이르는 길을 열어 주기도 한다. 그러고 보니 이 작품의 마지막 장면에서 화자가 로버트에게 "참으로 대단하군요"라고 내뱉는 말도 예사롭게 들리지 않는다. 그는 지금 그림을 그려 로버트에게 성당의 모습을 보여 줌으로써 예술가의 역할을 하는 셈이다. 그리고 시인과 단편소설 작가로서 카버가 그동안 해 온 것도 바로 그러한 역할이었던 것이다.

참고문헌

Anesko, Michael. *Friction with the Market: Henry James and the Profession of Authorship*. New York: Oxford University Press, 1986.

Bakhtin, Mikhail. *The Dialogic Imagination: Four Essays*. Trans. by Michael Holquist and Caryl Emerson. Austin, TX: University of Texas Press, 1981.

Barthes, Roland. *Critical Essays*. Trans. by Richard Howard. Evanston, IL: Northwestern University Press, 1972.

Beachcroft, T. O. *The Modest Art: A Survey of the Short Story in English*. Oxford: Oxford University Press, 1968.

Bonheim, Helmut. *The Narrative Modes: Techniques of the Short Story*. Cambridge: D. S. Brewer, 1986.

Booth, Wayne C. *A Rhetoric of Irony*. Chicago, IL: University of Chicago Press, 1974.

Brown, Julie. ed. *Ethnicity and the American Short Story*. New York: Garland, 1997.

Fusco, Richard. *Maupassant and the American Short Story: The Influence of*

Form at the Turn of the Century. University Park, PA: Pennsylvania State University Press, 1994.

Gerlach, John C. *Toward the End: Closure and Structure in the American Short Story.* Tuscaloosa, AL: University of Alabama Press, 1985.

Hanson, Clare. *Short Stories and Short Fictions, 1880-1980.* New York: St. Martin's Press, 1985.

Iftekharrudin, Farhat. et al. ed. *Postmodern Approaches to the Short Story.* Westport, CN: Praeger, 2003.

Ingram, Forrest L. *Representative Short Story Cycles of the Twentieth Century: Studies in a Literary Genre.* The Hague: Mouton, 1971.

James, Henry. *The Art of the Novel: Critical Prefaces.* New York: Scribner, 1962.

Kermode, Frank. *The Sense of an Ending: Studies in the Theory of Fiction.* Oxford: Oxford University Press, 2000.

Levy, Andrew. *The Culture and Commerce of the American Short Story.* Cambridge: Cambridge University Press, 1993.

Lohafer, Susan. *Coming to Terms with the Short Story.* Baton Rouge, LA: Louisiana State University Press, 1983.

Lohafer, Susan and Jo Ellyn Clarey. eds. *Short Story Theory at a Crossroads.* Baton Rouge, LA: Louisiana State University Press, 1990.

Mann, Susan Garland. *The Short Story Cycle: A Genre Companion and*

Reference Guide. New York: Greenwood Press, 1989.

Matthews, Brander. *The Philosophy of the Short-Story.* New York: Longmans, Green and Company, 1901.

May, Charles E. ed. *The New Short Story Theories.* Athens, OH: Ohio University Press, 1994.

Nagel, James. *The Contemporary American Short-Story Cycle: The Ethnic Resonance of Genre.* Baton Rouge, LA: Louisiana State University Press, 2004.

Patea, Viorica. ed. *Short Story Theories: A Twenty-First-Century Perspective.* Amsterdam: Rodopi, 2012.